COLEÇÃO *margens* ✺ AMÉRICA LATINA

volume 3

COLEÇÃO *margens* AMÉRICA LATINA

volume 3

Revoluções de independências e nacionalismos nas Américas
NOVA GRANADA, VENEZUELA E CUBA

Hans-Joachim König Inés Quintero Maria Ligia Coelho Prado
Stella Maris Scatena Franco Rafael Marquese

Marco A. Pamplona
Maria Elisa Mäder
organização

PAZ E TERRA

© Maria Elisa Mäder e Marco A. Pamplona

Tradução
Miriam Xavier (exceto Artigos 3 e 4)

Revisão
Cecília Madarás

Projeto gráfico e capa
Miriam Lerner

Diagramação
Join Bureau

CIP-BRASIL. CATALOGAÇÃO-NA-FONTE
SINDICATO NACIONAL DOS EDITORES DE LIVROS, RJ

R35

Revoluções de independências e nacionalismos nas Américas: Nova Granada, Venezuela e Cuba / Inés Quintero... [et al.]; Marco A. Pamplona, Maria Elisa Mäder, organização. – São Paulo: Paz e Terra, 2009.
324 p. (Margens. Margens América Latina; v.3)

    Inclui bibliografia
    ISBN 978-85-7753-090-8

    1. América Latina – História – Movimentos de autonomia e independência.
    2. América Latina – História – Guerra de Independência, 1806-1830.
    3. Revoluções – América Latina. 4. Nacionalismo. I. Quintero, Inés.
    II. Pamplona, Marco A. (Marco Antônio). III. Mäder, Maria Elisa. IV. Série.

09-018
    CDD: 980
    CDU: 94(8)
    010576

EDITORA PAZ E TERRA
Rua do Triunfo,177
Santa Ifigênia, São Paulo, SP - CEP 01212-010
tel: (11) 3337-83-99
E-mail: vendas@pazeterra.com.br
home page: www.pazeterra.com.br
2009
Impresso no Brasil/ *Printed in Brazil*

Sumário

Introdução 7

Sobre os autores 16

Independência e nacionalismos em
Nova Granada / Colômbia
– *Hans-Joachim König* 21

Documentos 67

A independência da Venezuela: resultados
políticos e alcances sociais
– *Inés Quintero* 109

Documentos 135

A participação das mulheres na independência
da Nova Granada: gênero e construção de
memórias nacionais
– *Maria Ligia Coelho Prado*
– *Stella Maris Scatena Franco* 171

Documentos 211

A escravidão caribenha entre dois atlânticos:
Cuba nos quadros das independências americanas
– *Rafael de Bivar Marquese* 237

Documentos 283

INTRODUÇÃO

Maria Elisa Mäder e Marco A. Pamplona

Este terceiro volume da Coleção Margens trata das revoluções de independência e dos nacionalismos no antigo vice-reino de Nova Granada, na Venezuela e em Cuba. Com esta publicação avançamos em nosso objetivo de apresentar ao público brasileiro discussões historiográficas atualizadas sobre os temas relacionados às independências e à formação dos Estados-nação na América Ibérica, selecionando mais uma vez um número de destacados historiadores contemporâneos latino-americanos, europeus e brasileiros, que se especializaram no seu tratamento.

Como já mencionamos nas introduções aos volumes 1 e 2, a submissão da Monarquia Espanhola às baionetas de Napoleão, inaugurou um conjunto de transformações que se mostraram irreversíveis. Modificando radicalmente o porvir do continente daí para frente, foram experimentadas novas coalisões e reivindicadas soberanias políticas locais em ambos os lados do então vasto império espanhol que se derramava pelo Atlântico. Assim, seja em Portugal, onde a invasão napoleônica ocasionou a transferência da família real para o Brasil, seja na Espanha, onde ocorreu a chamada "acefalia do reino", com a captura do rei Fernando VII, as colônias iberoamericanas viveram a partir daí uma fase de intensa experimentação política. Nesse novo espaço de experimentação, simbolizado pela Era das Revoluções e caracterizado como moderno, construíram-se novos conceitos, palavras e projetos na tentativa de dar sentido às situações então vivenciadas.

Americanos e peninsulares debateram entre si o fundamento e o conceito de soberania, a representação, a ideia de nação, e a necessidade de dar uma Nova Constituição à monarquia. Começaram a compartilhar sentimentos e a constituir um novo vocabulário político, capazes de fazer nascer uma modernidade característica do mundo atlântico, traduzida tanto em termos de ideias como de ações que configurariam uma nova prática política no interior das sociedades coloniais e metropolitanas. Enfim, tratou-se de uma verdadeira revolução que o tradicionalismo da Monarquia Espanhola não conseguiu pressentir tão próxima.

Nesse cenário, não obstante os traços comuns, as distintas regiões vice-reinais seguiram trajetórias muito particulares. Os dois primeiros volumes já publicados nos mostraram os desdobramentos da crise ibérica em casos bastante distintos: nas mais novas regiões administrativas criadas, o vice-reino do Prata e a Capitania Geral do Chile e na mais antiga região de Terra Firme nas Américas, a Nova Espanha e as províncias da América Central.

Neste terceiro volume abordaremos a região do vice-reino de Nova Granada, a Venezuela e a Capitania Geral de Cuba. Diferentemente dos casos mencionados acima, estas últimas criações administrativas tardias dos tempos dos Bourbons no século XVIII, comportavam algumas das mais antigas audiências e cidades hispanoamericanas (e nesse sentido, se assemelhavam muito mais às muito povoadas Nova Espanha e Capitania Geral da Guatemala). Em Nova Granada (a região costeira) e Cuba – partes constituintes do Grão Caribe e, consequentemente, as regiões mais próximas à metrópole, em tempo de viagem – muito precocemente se fizeram sentir as notícias e os efeitos da crise da monarquia hispânica.

A então chamada Real Audiência do Novo Reino de Granada estava sediada na cidade de Santa Fé e possuía, em 1810, a jurisdição direta sobre nada menos que 19 importantes províncias: Santa Fé, Tunja, Cartagena, Santa Marta, Panamá, Popayán, Antióquia, Portobelo, Rioacha, Darién, Veragua, Chocó, Los Llanos, Pamplona, Socorro, Mariquita, Neiva, San Faustino e Salazar de las Palmas. Em 1809, todas as cidades e vilas haviam jurado obediência ao rei cativo e escrito instruções para o deputado que as representariam ante a Junta Suprema de Espanha e das Índias. A derrota desta Junta e a sua substituição pelo Conselho de Regência, acrescida aos sucessos da Junta de Quito, permitiram novas conjeturas e articulações entre os opositores ao Estado régio tutelado sobre os rumos a tomar no combate a Napoleão, embora estas ainda representassem atitudes em defesa do rei, da religião católica e, quase sempre, das respectivas pátrias locais.

A chegada do comissário régio, o quitenho don Antonio de Villavicencio, precipitou a formação de Juntas Provinciais, contra a vontade do vice-rei e dos ouvidores da Real Audiência. Desencadeou-se a partir daí um rápido processo de transformações políticas que levou à divisão das províncias, tornando-as contra ou a favor do Conselho de Regência. Em busca de uma solução de continuidade nesses novos tempos, constituiram-se os primeiros estados provinciais na região – quer pela via da adesão dos poderes locais ao estado de Cudinamarca, quer pela incorporação desses mesmos poderes locais ao Congresso das Províncias Unidas.

As guerras civis grassaram com intensidade na região e, continuando a política por outros meios, consolidaram em torno do Congresso a autoridade das províncias independentes (Pamplona, Socorro, Mariquita, Mompós, Santa Fé, Tunja, as cidades do Vale do Cauca e Los Llanos), combatendo aquelas outras províncias, em especial as mais identificadas ao litoral caribenho (Santa Marta, Rioacha, Popayán, Pasto, Barbacoa, El Patía e Panamá) que haviam se mantido fiéis à Regência, então associada à dominação de Napoleão. Cartagena manteve-se fiel até novembro de 1811, quando a pressão popular precipitou a separação também nessa importante cidade e província. Esta situação de autonomia, não sem conflitos internos, foi mantida até 1816, quando a chegada do Exército Expedicionário de Terra Firme pôs fim à experiência da Primeira República (1810-1816), ou "Pátria Boba", como foi chamada por uma historiografia nacionalista e conservadora, que não encontrava aí a centralização e a unidade desejadas.

Essa Primeira República deve ser entendida como "muitas pátrias que competíam entre si por suas autonomias e independências", diz-nos Ana Catalina Reyes, uma séria estudiosa do período. A sua incompreensão e subestimação impede-nos de perceber as importantes experiências de autonomia e reivindicação de soberania ensaiadas por diferentes agentes sociais e forças políticas. Não em vão, as análises sobre a configuração social e a representação racial nas províncias em luta tornaram-se mais frequentes nos estudos mais recentes sobre esse período. Nestes destacam-se os eventos que envolveram uma maior participação popular nas cidades do Caribe colombiano (Cartagena,

Santa Marta e Rioacha), colocando em evidência a reivindicação de igualdade política para os pardos à época. Diferentemente, os estudos sobre a elite dos altiplanos centrais, centrada em Bogotá, mostram como esse setor buscou enfatizar uma nação colombiana apenas andina, branca e mestiça, minimizando a sua identidade afrocaribenha.

A rápida militarização da luta política e as guerras civis tiveram papel central na construção dos novos Estados-nação na Nova Granada e Venezuela. Com a mobilização e participação das classes populares subalternas lutando nas guerras nos diferentes exércitos formados, por vezes a demanda pela cidadania e igualdade política para os pardos puderam ser encaminhadas pelos novos estados. O trabalho de Hans-Joachim König sobre a Colômbia e o de Inés Quintero sobre a Venezuela abordam alguns desses temas.

Hans-Joachim König inicia seu artigo sobre o tema da "Independência e Nacionalismo em Nova Granada/Colômbia", com um conjunto de reflexões teóricas sobre o conceito de nacionalismo, fazendo um balanço do estágio atual das pesquisas sobre este fenômeno. Ele nos descreve tanto as causas e condições sociais e econômicas, como as formas e as funções específicas do nacionalismo, no que chamou de "primeira fase" da formação do Estado nacional da Nova Granada, de fins da época colonial a meados do século XIX, quando o Estado nacional atingiu, segundo ele, a sua meta mais importante: a autonomia. Tomando como base o processo histórico ali experimentado e analisando a maneira como os diferentes grupos da sociedade neogranadina/colombiana imaginaram uma certa entidade com identidade própria e conseguiram impô-la, König afirma ter-se formado, nessa primeira fase, um nacionalismo anticolonial.

Dirigido para fora, contra a Espanha, de anticolonial ele passou a modernizador, isto é, dirigido contra os traços coloniais sobreviventes na indústria e na sociedade, a partir de meados do século XIX, conformando, assim, a sua "segunda fase". O primeiro documento que acompanha seu artigo é a *Representação do Cabido de Santa Fé, capital do novo reino de Granada, à Suprema Junta Central da Espanha no ano de 1809*. Escrito por Camilo Torres e conhecido como o famoso *Memorial de Agravios*, contém toda uma argumentação que procura justificar por que os neogranadinos decidiram, por fim, separar-se da Espanha. O segundo documento *À imparcialidade e à Justiça*, de 1848, trata da "segunda fase" analisada no artigo e comenta a modernização ocorrida em meados do século XIX. Trata-se de um texto de Florentino González, ministro responsável pela nova política econômica do livre cambismo, mencionado também ao longo do artigo, durante a descrição das ideias econômicas e políticas da época tratada.

Inés Quintero, em seu artigo intitulado "A independência da Venezuela: resultados políticos e alcances sociais", afirma que a ruptura definitiva com a ordem monárquica e a construção de uma República liberal foi o seu resultado político mais visível. Para a autora o tema em si da independência não apresenta grandes polêmicas historiográficas, entretanto, o mesmo não acontece com o seu alcance social, sobretudo quando se pensa a composição heterogênea da sociedade venezuelana da época. Este último aspecto, mesmo hoje em dia, divide a opinião dos historiadores. O objetivo de Quintero em seu artigo é examinar o conteúdo e os resultados políticos do processo de independência e discutir, ao mesmo tempo, o seu alcance e impacto sobre a estrutura e o ordenamento da nova sociedade que se constrói sob a égide republicana. Foram selecionados como material de apoio vários documentos fundamentais para se pensar as conquistas políticas e os efeitos sociais decorrentes da independência. Os dois primeiros são a *Ata da Declaração de Independência* e uma seleção de artigos da Constituição de 1811, referidos aos deveres e direitos dos cidadãos. Ambos expressam os principais resultados formais da independência no âmbito político. Os dois outros documentos são o *Decreto de Liberdade dos Escravos* redigido por Simon Bolívar em 1816 e a *Lei sobre a Abolição da Escravatura* sancionada posteriormente pelo Congresso de Angostura, de 1820, na qual se condiciona e se posterga a abolição definitiva da escravatura. Inclui-se ainda outro decreto de Bolívar ordenando a divisão de bens aos soldados e oficiais do Exército Libertador. Estes três documentos finais nos remetem a alguns dos efeitos sociais da independência e às dificuldades que representou a sua instrumentação, tal como expressa o texto da autora. Permitem-nos também, uma visão mais crítica da própria imagem difundida *a posteriori* sobre o Libertador, que excessivamente romantizada, engajada e construída anacronicamente, por voltar-se apenas para os problemas do presente, esquece-se do Bolívar sujeito a ambiguidades específicas como os seus contemporâneos, todos filhos daquele tempo.

Por fim, mais recentemente, é preciso lembrar que as mulheres também tiveram o seu protagonismo reconhecido e destacado pela historiografia sobre as lutas pela independência. Dentre as figuras femininas destaca-se a mais conhecida de Manuelita Sáenz, até o momento também a mais atrativa personagem biografada por historiadores e literatos. O artigo de Maria Lígia Coelho Prado e Stella Maris Scatena Franco explora a personagem de Manuelita conjuntamente com uma outra, a mais controvertida Policarpa Salavarrieta, ou simplesmente a Pola, fornecendo-nos biografias mais contextualizadas e explorando a construção de suas respectivas memórias.

No artigo "A participação das mulheres na independência da Nova Granada: gênero e construção de memórias nacionais" as duas autoras analisam como a historiografia produzida no século XIX sobre o tema das independências na América Latina tem reservado um espaço privilegiado para os líderes dos exércitos revolucionários, consagrados como "heróis da pátria" ou como "pais fundadores da nação". Em contraposição, bem pouco espaço foi dedicado aos indivíduos pertencentes aos setores populares, ainda que esses também tenham se constituído em atores de destaque na difícil conquista da separação da Espanha. Estes setores compuseram o enorme quadro das "pessoas comuns". Foram mulheres, índios, negros, mestiços e brancos pobres que, a despeito de defenderem os propósitos independentistas e engrossarem sempre as fileiras dos exércitos revolucionários durante o curso das guerras, se viram relegados a posições secundárias e obscuras pela historiografia tradicional. A ênfase do artigo está em mulheres que participaram ativamente dos movimentos de independência, atuando como sujeitos políticos no âmbito da esfera pública, uma raridade à época. Vamos encontrá-las envolvidas nas tramas e combates de um cenário histórico incerto e violento. Posteriormente, algumas foram transformadas em símbolos de resistência contra a dominação espanhola, suas imagens tendo sido apropriadas nos processos de construção de memórias nacionais. As personagens escolhidas neste texto - Policarpa Salavarrieta e Manuela Sáenz - são duas mulheres que atuaram no processo emancipatório do vice-reino da Nova Granada. Para analisá-las, as autoras utilizaram fontes diversas, tais como biografias, cartas, imagens pictóricas, peças de teatro e crônicas, um rico material que nos permite acompanhar suas respectivas trajetórias e perceber como se deram as construções de suas memórias pela posteridade.

Por fim, as autoras lembram que a atuação feminina nas lutas pela independência não se restringiu à sua participação militar ou ao conflito direto. Assumiu outras modalidades, por vezes igualmente importantes, dependendo do contexto. Essas mulheres compareciam a reuniões políticas subversivas e clandestinas onde se debatiam candentes temas da política e da guerra em curso. As mais ricas contribuíam materialmente para "a causa patriota", comprando o que fosse necessário, desde material tipográfico até peças de armamento bélico. Outra perigosa manifestação do comprometimento feminino com a causa da independência aparecia em seu trabalho como "mensageiras", isto é, "espiãs". Provavelmente porque a condição de mulher levantava menos desconfiança, assim facilitando a busca de informações para os patriotas insurgentes.

Cuba, como não poderia deixar de ser, merece um especial comentário nessa nossa Coleção. Foi a primeira base importante dos espanhóis e o último bastião do seu poder nas Américas, juntamente com Porto Rico, libertados apenas em 1898, numa guerra outra, que não mais pertence à temporalidade por nós tratada na Coleção. Mesmo mantida colônia espanhola ao longo de todo o século XIX, Cuba não esteve imune aos terremotos políticos deslanchados pelo bloqueio napoleônico e, muito menos, esteve isolada dos dramáticos e vigorosos debates constituintes que, entre 1810 e 1811, ocuparam as Cortes em Cádiz. Ademais, a adoção da escravidão em grande escala na vida econômica da colônia, dividia os deputados cubanos quanto a adoção de certas liberalidades na ilha. Os ventos da autonomia e da independência alí foram desviados por suas elites.

O artigo de Rafael de Bivar Marquese, "A escravidão caribenha entre dois atlânticos: Cuba no quadro das independências americanas" apresenta-nos uma excelente síntese do que a historiografia sobre Cuba vem publicando nos últimos vinte anos a respeito da particularidade da ilha nesse momento, no contexto maior da crise do colonialismo ibérico. Dentre as importantes reflexões sobre a historiografia atual e sobre o tema, o autor analisa as muitas proximidades existentes entre a "solução cubana" e a "solução brasileira" para a crise do sistema colonial. Ou seja, Marquese nos mostra como ambas buscaram a manutenção do tráfico e da escravidão em uma conformação política monárquica e constitucional. Para tanto, centra sua análise em uma fonte por demais clássica e canônica para a história cubana, mas pouco veiculada no Brasil, que são os escritos de Francisco de Arango y Parreño dos quais foi feita uma seleção para o conjunto de documentos que acompanham o artigo.

Sobre os autores que contribuíram neste terceiro volume:

Hans-Joachim König é professor de História da América Latina na Universidade Católica de Eichstätt-Ingolstadt. Doutor em filosofia pela Universidade de Hamburgo, foi Diretor do Centro de Estudos Latinoamericanos da Katholische Universität Eichstätt Ingolstadt, até o ano de 2006. Suas pesquisas estão centradas na problemática da conquista e da colonização europeia na América e seus efeitos, no processo de formação do Estado e da nação na América Latina e na historiografia latino-americana. Publicou inúmeros artigos e livros, dos quais destacamos as três seguintes obras importantes: *En el camino hacia la Nación. Nacionalismo en el proceso de formación del Estado y de la Nación de la Nueva Granada, 1750-1856* (Bogotá, 1994), *Nationbuilding in Nineteenth Century Latin America*, com M. Wiesebron (Ed con. Leiden. 1998) e *Kleine Geschichte Lateinamerikas.* (Stuttgart, 2006).

Inés Quintero é historiadora, pesquisadora do Instituto de Estudios Hispanoamericanos, professora titular da Universidad Central de Venezuela. Mestra e doutora em História, é membro do programa nacional de Investigación (PPI-III) e da Academia Nacional de Historia. A autora possui inúmeros livros sobre a história venezuelana, dentre os quais se destacam: *El Ocaso de una estirpe* (1989), *El Pensamiento Liberal Venezolano del siglo XIX* (1992), *Antonio José de Sucre. Biografía Política,* (1998); *Mirar tras la ventana (Testimonios de viajeros y legionarios sobre mujeres del siglo XIX),* (1998); *La Conjura de los Mantuanos* (2002); *La Criolla Principal,* (2003); *Las Mujeres de Venezuela. Historia Mínima* (2203); *El último marqués* (2005); *Francisco de Miranda,* (2006); *La palabra ignorada. La mujer testigo oculto de la Historia en Venezuela* (2008); e, *Más allá de la guerra. Venezuela en tiempos de la Independencia* (2008).

Maria Ligia Coelho Prado é Professora Titular de História da América da Universidade de São Paulo. Desde 1984, orienta pesquisas na área de História da América Latina, tendo formado muitos alunos que hoje são docentes na área, em diversas universidades brasileiras. Foi Professora Visitante no *Colégio de México* e no *Claeh* de Montevidéu. Também lecionou em importantes universidades dos Estados Unidos. Publicou artigos em revistas especializadas, capítulos de livros e livros. Entre os seus últimos livros estão: *América Latina no Século XIX. Tramas, Telas e Textos*, (São Paulo: Edusp, 1999 e 2004) e o mais recente *Reflexões sobre a Democracia na América Latina*, em co-autoria com Sylvia Colombo e Gabriela Pellegrino Soares (Editora Senac, 2007). É coordenadora do Projeto Temático/Fapesp (2007-2010): *Política e Cultura nas Américas: Circulação de ideias e configuração de identidades (séculos XIX e XX)*. Foi presidente da Anphlac (Associação Nacional de Pesquisadores em História das Américas).

STELLA MARIS SCATENA FRANCO é doutora em História pela Universidade de São Paulo, com trabalhos na área de História da América Latina no século XIX e professora de História da América Independente no curso de História da Universidade Federal de São Paulo (Unifesp/Guarulhos). É autora dos livros *Luzes e sombras na construção da nação argentina: os Manuais de História Nacional (1868-1912)*, Edusf, 2003 e *Peregrinas de outrora: viajantes latino-americanas no século XIX*, Editora Mulheres; Edunisc, 2008.

RAFAEL DE BIVAR MARQUESE é doutor em História e professor do departamento de História da Universidade de São Paulo. Suas pesquisas tratam do tema da escravidão negra nas Américas. Dentre suas publicações, destaca-se o livro *Feitores do corpo, missionários da mente. Senhores, letrados e o controle dos escravos nas Américas, c.1660-1860* (São Paulo: Companhia das

Letras, 2004). O artigo que apresenta nesta coleção se inscreve em um projeto coletivo mais amplo, cujos resultados finais irão aparecer em breve em livro escrito em parceria com Márcia Regina Berbel e Tâmis Peixoto Parron.

Independência e Nacionalismos em Nova Granada / Colômbia

Hans-Joachim König,

I. Introdução

Em geral, a maioria das pesquisas sobre o nacionalismo dedicou-se aos casos europeus, ou seja, às diferentes formas que o nacionalismo adotou desde o seu surgimento no processo de formação dos Estados-nações relacionado com o incipiente processo de modernização iniciado com a Revolução Industrial e a Revolução Francesa, ou a chamada "dupla revolução da sociedade burguesa da Europa ocidental".[1] Entretanto, a América Latina é muito importante para a análise do nacionalismo, porque as Américas fizeram os primeiros esforços para estabelecer nações, ou seja, Estados-nações, em face da queda dos impérios europeus. Estes Estados-nações têm uma longa história no processo de *nation building*, de "forjar a pátria" e de "forjar a nação", isto é, de modelar cidadãos patrióticos, obedientes e leais ao Estado.

---

[1] Veja a respeito Hans Kohn: *Nationalism. Its Meaning and History*. Princeton, 1955. Cf. sobre a história do conceito A. Kenniläinen: *Nationalism. Problems Concerning the Word. The Concept and Classification*, Jyväskylä, 1964. Reinhard Bendix: *Nation-Building and Citizenship*. Berkeley, 1974. Entre os ensaios de pesquisa histórica sobre a modernização, cabe mencionar R. Bendix: Nation-Building and Citizenship. Berkeley, 1974. S. N. Eisenstadt/Stein Rokkan (ed.): *Building States and Nations. Models and Data Resources*. Beverly Hills e Londres, 1973, três vols. Eric J. Hobsbawm: *Nations and Nationalism since 1780*. Programme, Myth, Reality. Cambridge University Press, 1992. Anthony D. Smith: *Nationalism an Modernism. A critical survey of recent theories of nations and nationalism*. Londres e Nova York, 1998.

É lógico que a maioria dos estudos correspondentes trata da temática no contexto da independência, ou seja, a dissolução dos impérios ibéricos e o surgimento de muitos Estados, pelo menos na América Espanhola. O que significa a independência? O que eram os novos Estados? Quais foram os atores sociais e políticos nessa época? Em que critérios os novos Estados se baseavam? Qual era a origem dos nacionalismos? Como foram construídos o Estado e a nação? Em que modelos se inspiraram aqueles que tentaram esta construção? Estas são algumas das principais perguntas com relação ao processo histórico da América Ibérica.

Antes de descrever o movimento independentista de Nova Granada, gostaria de fazer algumas reflexões teóricas e metodológicas sobre o nacionalismo, isto é, o porquê do nacionalismo e sua relação com a formação ou a construção do Estado e da nação.[2]

Estas reflexões têm grande relação com a minha própria pesquisa sobre a história de Nova Granada e Colômbia.[3]

---

[2] Cf. Hans-Joachim König: "Reflexiones teóricas acerca del nacionalismo y el proceso de formación del Estado y la Nación en América Latina", em: *Memorias de la Academia Mexicana de la Historia*, tomo XXXVIII (1995), pp. 5-26. Id.: "Nacionalismo y nación en la historia de Iberoamérica", em: Hans-Joachim König et. al. (coords.): *Estado-nación, Comunidad indígena, Industria. Tres debates al final del Milenio*. Ridderkerk, 2000, pp. 7-47.

[3] Veja, por ex. Hans-Joachim König: "Entwicklung nach außen'. Voraussetzungen, Maßnahmen und Ergebnisse des Entwicklungskonzepts der Liberalen in Kolumbien in der 2. Hälfte des 19. Jahrhunderts", em: Inge Buisson y Manfred Mols (eds.): *Entwicklungsstrategien in Lateinamerika in Vergangenheit und Gegenwart*. Paderborn, 1983, pp. 67-82. Id.: "Auf dem Wege zur Nation. Nationalismus im Prozeß der Staats- und Nationbildung Neu-Granadas 1750 bis 1856", Stuttgart, 1988; edição espanhola: *En el camino hacia la Nación. Nacionalismo en el proceso de formación del Estado y de la Nación de la Nueva Granada*, 1750-1856. Bogotá, 1994. Id. "Los años veinte y treinta en Colombia: ¿Epoca de transición o cambios estructurales?", em: *Ibero-Amerikanisches Archiv, Neue Folge*, Jg. 23 (1997), Nrs. 1-2, pp. 121-155. "Artesanos y soldados contra el proyecto modernizador liberal en Nueva Granada: el movimiento revolucionario del 17 de abril de 1854", em: Antonio Escobar Ohmstede et. al. (comps.): *Pueblos, comunidades y municipios frente a los proyectos modernizadores en América Latina, siglo XIX*. San Luis Potosí, Amsterdã, 2002, pp. 207-223.

II. Aspectos teóricos: as relações entre nacionalismo e mudança social

Por que não são satisfatórias as afirmações de grande parte dos estudiosos do nacionalismo? Sem dúvida, é porque analisam mais as manifestações do nacionalismo e seu conteúdo do que as condições de formação e as diferentes funções que o nacionalismo adquiriu de acordo com a situação histórica.

As dificuldades que a ambiguidade do conceito de nacionalismo suscita – tendências positivas a princípio e tendências destrutivas como suporte ideológico para as guerras de expansão – levaram, em estudos mais recentes, a defini-lo não tanto pelo seu conteúdo, mas pelo seu caráter funcional-instrumental.[4] De acordo com estas pesquisas, o nacionalismo pode ser definido como um instrumento – a maioria das vezes manipulado pelas elites políticas – para motivar as atividades e a solidariedade política. Serve para mobilizar as parcelas da sociedade identificadas com a "nação" ou a coletividade concebida como "nação", contra opositores internos e externos ou contra qualquer ameaça.[5] Serve para combinar lealdade ao Estado com lealdade à "nação", que de acordo com as novas reflexões é definida como "ordem pensada"[6] ou "comunidade imaginária"[7] baseando-se

---

[4] Veja Hobsbawm, *Nations and Nationalism*, op. cit.

[5] Cf. John Breuilly: *Nationalism and the State*. Manchester, 1982, pp. 186-191, 221-249.

[6] Emerich Francis: *Wissenschaftliche Grundlagen soziologischen Denkens*. Munique 1957, p. 100 ss.: Eugen Lemberg: *Nationalismus*, 2 vols. Munique, 1964, vol. II, p. 53; propõe não derivar o conceito de nação do conceito de comunidade com algum traço distintivo, mas considerá-la como um sistema de ideias, valores e normas, como uma imagem do mundo e da sociedade. Id.: "Soziologische Theorien zum Nationalstaatsproblem" em: Th. Schieder (ed.): *Sozialstruktur und Organisation europäischer Nationalbewegungen*. Munique-Viena, 1971, pp. 19-30.

[7] Benedict Anderson: *Comunidades imaginadas*.

em diferentes critérios ou atributos. O nacionalismo pode se referir, então, à população que vive dentro dos limites do Estado ou estabelecer a delimitação frente a outros Estados-nações. Neste sentido, exige que a lealdade para com a "nação" tenha primazia absoluta sobre todas as outras lealdades e coloca os interesses da nação na frente de todos os demais como norma da ação política.[8]

Esta definição torna possível, por um lado, distinguir mais nitidamente entre nacionalismo e consciência nacional ou auto--consciência – ou seja, entre ideologia ou doutrina, sentimento ou paixão e, por outro, abrange o leque de todas as possíveis funções do nacionalismo, que corresponde à ambivalência do conceito. A definição não subordina nem limita o nacionalismo a nenhum grupo social. Também não supõe nenhuma avaliação prévia, mas permite especificar e avaliar as funções sociais e políticas do nacionalismo em cada caso e em cada situação histórica concreta.

Entre sociólogos, cientistas políticos e historiadores que se dedicam à problemática do nacionalismo e da nação, existe um consenso considerável sobre a relação entre o nacionalismo, por um lado, e os processos de modernização e industrialização, isto é, de mudanças estruturais na esfera do Estado, da sociedade e da economia, por outro. Principalmente Ernest Geller analisou

---

[8] Cf. König: p. 25 s.; cf. as definições muito parecidas de Gellner, em que o nacionalismo é "essencialmente um princípio segundo o qual as unidades política e nacional devem ser congruentes", Ernest Gellner: *Nations and Nationalism.* Oxford, 1983, p. 1; e de Hobsbawm, que utiliza o termo nacionalismo no sentido de "que esse princípio implica também que o dever político dos ruritânios (um povo inventado, um povo de fantasia) frente à comunidade política que abrange e representa a nação ruritânia suplanta todas as demais obrigações públicas e, em casos extremos (tais como guerras), todas as obrigações de qualquer tipo", Hobsbawm, *Nations and Nationalism,* p. 9.

esta relação em seus estudos desde 1964 até 1998.[9] Entende-se modernização como o processo histórico de mudanças estruturais que começou na Europa Ocidental, no século XVIII. Como este tipo de transformação social atualmente abrange o mundo inteiro, podemos falar de um processo de modernização universal, sem que isto implique que as repercussões sociais sejam iguais em todos os lugares. Precisamente a pesquisa histórico-comparativa da modernização constata a expansão desigual da modernização tanto no contexto internacional como no nacional, e considera que o nacionalismo é motivado por deficiências e desníveis na modernização ou por uma modernização parcial. Neste aspecto, o nacionalismo ou o movimento nacional pode ser uma resposta ao desafio da modernização – especialmente em países do mundo não-europeu –, na medida em que é uma reação perante o atraso econômico e uma condição prévia para alcançar as metas de desenvolvimento de uma sociedade.[10] Portanto, na pesquisa sobre o fenômeno do nacionalismo, é importante a questão sobre as relações entre nacionalismo e mudança social – modernização – desenvolvimento.

Na América Latina também foram concebidas as relações entre desenvolvimento e nacionalismo. Sobretudo no Brasil, no Instituto Superior de Estudos Brasileiros (Iseb, 1956-1964), foram discutidos conceitos sobre o desenvolvimento nacional.

---

[9] Veja a compilação de ensaios, às vezes críticos, mas na maioria afirmativos sobre o enfoque de Gellner em: John A. Hall (ed.), *The State of the Nation. Ernest Gellner and the Theory of Nationalism*. Cambridge, 1998. Podemos encontrar concepções mais críticas no livro de Anthony D. Smith: *Nationalism and Modernism*.

[10] Sobre a relação entre modernização, nacionalismo e superação do atraso, veja, entre outros Gellner: *Nations and Nationalism*, passim. Bendix: *Nation-Building and Citizenship*. Bert F. Hoselitz: "Nationalism, Economic Development and Democracy", em: *The Annals of the American Academy of Political and Social Science* 305 (1956), pp. 1-11.

Dentre muitos autores, gostaria de mencionar Hélio Jaguaribe, que resumiu:

> O nacionalismo, que só faz sentido quando serve à promoção da emancipação e do progresso nacionais, é também uma condição necessária para o desenvolvimento econômico. Sem o impulso dos nacionalismos e a estrutura de um Estado nacional como, respectivamente, o motor primordial e o controlador da sociedade nacional, as contradições internas desta última atuarão como freios a seu desenvolvimento, tornando-o indefeso frente às pressões externas exercidas pelas Grandes Potências.[11]

Consequentemente, parece oportuno ver o nacionalismo e seu surgimento no contexto dos processos político-sociais de desenvolvimento. Isto é válido tanto no que se refere ao nacionalismo precoce ou genuíno, quando estimulava "movimentos nacionais" e contribuía para a formação dos Estados nacionais, quanto ao nacionalismo posterior vinculado ao triunfo da produção industrial ou com Estados já existentes. Algumas sugestões muito interessantes e importantes para estudar as intenções sociais do nacionalismo são fornecidas pelo conceito sociológico-comunicativo de Karl W. Deutsch. Para ele, a formação da consciência nacional e do nacionalismo de um povo depende da extensão, intensificação e modificação de seus hábitos e possibilidades de comunicação, como resultado de uma crescente

---

[11] Helio de Mattos Jaguaribe: "The Dynamic of Brazilian Nationalism", em: Claudio Veliz (ed.): *Obstacles to Change in Latin America*. Londres, Nova York, 1965, p. 186. Cf. Ronald H. Chilcote: "Development and Nationalism in Brazil and Portuguese Africa", em: *Comparative Political Studies*, 1 (1969), pp. 504-525.

mobilização social e de uma progressiva integração.[12] A importância deste enfoque está, entre outros aspectos, em demonstrar que a própria formação de um comportamento nacional é um processo social elementar, e não pressupor simplesmente a existência de nações como formas sociais dadas. Deutsch concebe a nação como produto de um desenvolvimento no longo prazo, como um processo paulatino de formação até alcançar uma "complementaridade" social consciente. O nacionalismo é concebido, então, como uma ideologia que tende a forçar este processo mediante uma comunicação mais intensiva dentro de uma coletividade que se identifica por compartilhar um idioma e uma cultura. Portanto, de acordo com Deutsch, o nacionalismo existe antes que exista uma nação.

Outro enfoque que é muito adequado para analisar o nacionalismo no contexto de fenômenos de transformação social e que suscitou várias pesquisas é o "modelo de crise do desenvolvimento político", elaborado pelo *Committee on Comparative Politics*. Esta proposta baseia-se em uma série de hipóteses sobre as funções e os problemas de qualquer sistema político. Pressupõe que as sociedades, no curso de sua modernização política dentro do processo de modernização mais amplo, são confrontadas com seis problemas ou desafios que os governos ou as elites políticas devem resolver para evitar situações concretas de crise. São eles: a crise de penetração (o problema de uma administração efetiva, que alcance todos os níveis sociais), a crise de integração (o problema da integração das diferentes camadas da população na vida pública), a crise de participação (o problema

---

[12] Karl W. Deutsch: *Nationalism and Social Communication*. Cambridge, Mass. 1953; cf. seus ensaios sumários Id.: *Nationenbildung – Nationalstaat – Integration*. Düsseldorf, 1972. Benedict Anderson elaborou ainda mais estas reflexões.

da participação política de grupos cada vez maiores no poder político), a crise de identidade (o problema da identidade nacional, ou seja, da criação de uma consciência nacional comum, da identificação dos diferentes grupos da população com a sociedade como um todo e com o respectivo sistema político), a crise de legitimidade (o problema da legitimidade do poder, da responsabilidade do governo e do reconhecimento do sistema por parte da população) e a crise da distribuição (o problema da distribuição de bens e recursos na sociedade).[13]

A meta do processo de modernização política e, ao mesmo tempo, as características de um sistema político moderno – as respostas, por assim dizer, que resolveram os problemas das crises – podem ser caracterizadas por uma politização da identidade, uma legitimidade baseada, em grande parte, em critérios de eficiência, uma capacidade cada vez maior de mobilizar e (re)distribuir os recursos nacionais, um aumento da participação política e uma integração progressiva dos diversos setores da sociedade.

Várias razões induzem-me a utilizar este modelo como um instrumento heurístico para estudar o nacionalismo. Já que não se restringe a uma sequência rígida de crises e desafios, nem a uma sequência de etapas evolutivas válida universalmente, permite considerar as circunstâncias históricas concretas em cada caso, tanto em relação aos fatores internos de mudança social como aos fatores externos do processo de modernização,

---

[13] Em oito estudos fundamentais do *Committee on Comparative Politics*, Gabriel A. Almond, James S. Coleman, Joseph La Palombara, Lucian W. Pye, Dankwart A. Rustow, Sidney Verba, Robert E. Ward, Myron Weiner e Charles Tilly elaboraram o modelo do desenvolvimento político. O sétimo volume resume as principais teses: Leonhard Binder e outros (eds.): *Crisis and Sequences in Political Development*. Princeton, 1971. Veja também Charles Tilly: "Western State-Making and Theories of Political Transformation", em: Id. (ed.): *The Formation of National States in Western Europe*. Princeton, 1975, pp. 601-638, especialmente pp. 608-611.

como a guerra e a dominação colonial, o imperialismo e a política internacional ou, em geral, a influência das sociedades desenvolvidas sobre as chamadas sociedades em vias de desenvolvimento. Partindo da estreita relação e da conexão recíproca entre nacionalismo e fenômenos de transformação social, ou também, processo de modernização, o modelo de crise permite, por exemplo, delimitar os períodos pesquisados considerando as crises do processo de mudança social e modernização, visto que as diferentes crises parecem desempenhar um papel importante no surgimento dos nacionalismos. Além disso, o modelo de crise descreve a formação do Estado e da nação que, no fundo, constitui a meta do nacionalismo precoce, como etapa ou também como tarefa específica do desenvolvimento. Este modelo apresenta uma base teórica que permite explicar e estudar o surgimento do nacionalismo e dos movimentos nacionais em suas diversas formas e funções dentro do processo de transformação social e política.[14]

Neste modelo, as elites que se encontram ou no poder ou na oposição e que aparecem como o grupo que toma as decisões no processo de modernização são extremamente importantes; é, pois, a política das elites que cria novas condições para a mudança socioeconômica. Por isso, a recopilação de materiais pode se

---

[14] Em diferentes trabalhos alemães sobre a América Latina, esta base teórica foi utilizada proveitosamente, por exemplo, em Peter Waldmann: *Der Peronismus*, 1943-1955. Hamburgo 1974. Id.: "Stagnation als Ergebnis einer "Stückwerkrevolution". Entwicklungshemmnisse und - versäumnisse im peronistischen Argentinien", em: *Geschichte und Gesellschaft II*, 2 (1976), pp. 160-187. Manfred Mols e Hans Werner Tobler: México. *Die institutionalisierte Revolution*. Colônia-Viena, 1976. Veja também o volume compilatório de Otto Dann (ed.): *Nationalismus und sozialer Wandel*. Hamburgo, 1978, que contém alguns trabalhos sobre importantes movimentos nacionais europeus e sobre o nacionalismo atual no Terceiro Mundo; neles se expõe a dependência funcional do nacionalismo com relação ao processo de modernização.

dedicar, em primeiro lugar, aos critérios para a ação política, às declarações e às decisões destas elites. Isto permite englobar tanto as medidas políticas ou burocráticas efetivas no processo de modernização, como os conflitos resultantes entre os grupos que competem pelo poder. É certo que, ao proceder assim, limitam-se até certo ponto os problemas de desenvolvimento de uma sociedade aos problemas das elites políticas e dos governos. É quase lógico que os estudos sobre a formação do Estado e da nação no contexto da modernização e das estruturas políticas, administrativas e socioeconômicas adotem essa perspectiva, isto é, o ponto de vista das elites, como também critica Hobsbawm.[15] Mas isto não restringe a aplicação de uma concepção funcional para avaliar o nacionalismo e suas funções. Entretanto, a análise da formação da nação também precisa de uma perspectiva da base, isto é, a percepção da nação por parte das massas populares, mesmo sendo muito mais difícil encontrar este tipo de material. Resumindo, falta considerar as atitudes e condutas de toda a população, que é objeto da propaganda nacionalista, para não reduzir o problema da formação da nação à função que coube as elites nesse processo.

III. Nacionalismo anticolonial na primeira fase de formação do Estado-nação

A primeira fase da formação do Estado-nação de Nova Granada, no final da época colonial, mostra que existe uma relação funcional entre nacionalismo e processo de modernização. Naquela época, formou-se uma consciência coletiva – pelo

---

[15] Hobsbawm, *Nations and Nationalism*, op. cit., p. 10 e seg.

menos em partes importantes da elite – e elas tentaram criar um "movimento nacional".

III. 1. Processo de formação de uma identidade neogranadina

A Coroa da Espanha se esforçava, desde a segunda metade do século XVIII, para modernizar e transformar o seu império em ambos os lados do oceano, mediante uma reorganização e uma penetração administrativa e econômica cada vez mais intensa, por meio das chamadas Reformas Bourbônicas. Este controle cada vez maior provocou uma forte reação entre parte da população de Nova Granada, que foi afetada, especialmente entre aqueles crioulos identificados ao grupo econômico dominante, e estimulou-os a articular uma "ideia nacional", um "protonacionalismo" ou, no conceito da época, um patriotismo relacionado com Nova Granada, pois as elites "nacionais", ou seja, as nascidas no país, viam-se prejudicadas pelo modo como a Espanha repartia os cargos-chave no governo e na administração, preferindo as elites estrangeiras, ou seja, os espanhóis nascidos na Península, e pela maneira rigorosa como o Visitador Geral e Regente, Gutiérrez de Piñerez, exercia a nova política. Uma primeira manifestação importante desta vontade foi representada pela insurreição dos *Comuneros* em 1780-1781. Esta mostrou a tendência dos crioulos de recusar um governo que afetasse sua autonomia local e assumir a responsabilidade pelo desenvolvimento do próprio país, como expressou o famoso pasquim contra o Visitador, *Salud, Señor Regente* [Saúde, Senhor Regente], chamado de Nossa Cédula ou Real Cédula do Povo, de abril de 1781, estrofe 29:

> A más de que si estos dominios tienen
> Sus propios dueños, señores naturales,
> Porqué razón a gobernarnos vienen
> De otras regiones malditos nacionales?
> De esto nuestras desdichas nos provienen,
> Y así, para excisar fines fatales,
> Unámonos, por Dios, si les parece.
> Y veamos el Reino a quien le pertenece.[16]

O conflito entre os *Comuneros* e a administração colonial explodiu na província de Socorro e rapidamente expandiu-se para outras regiões, de modo que dois meses mais tarde, cerca de 20 mil homens acamparam a 30 quilômetros de Bogotá, em Zipaquirá, ameaçando a capital do Novo Reino de Granada. Com as famosas capitulações de Zipaquirá, acordos que de certo modo pareciam uma Constituição negociada entre os americanos e a administração colonial espanhola, com relação à organização econômica e política de Nova Granada, o conflito foi solucionado pelo menos naquele momento. A Capitulação 22 ilustra de maneira explícita a ideia de que o governo político devia estar nas mãos de naturais do país, isto é, da classe alta crioula que dominava os assuntos administrativos e cargos locais.

> Que en los Empleos de primera, segunda y tercera plana
> hayan de ser antepuestos y privilegiados los nacionales de esta
> América a los europeos, por cuanto diariamente manifiestan la

---

[16] Cédula, em Pablo Cárdenas Acosta: *El movimiento comunal de 1781 en el Nuevo Reino de Granada*. Bogotá, 1960, t. I, p. 127. Já que estes domínios têm / seus próprios donos, senhores naturais, / por que vêm a governar-nos / de outras regiões malditos nacionais? / Disto provêm nossas desditas / E assim, para evitar fins fatais / Unamo-nos, por Deus, se lhes parece / E vejamos a quem pertence o reino.

antipatía que contra la gente de acá conservan, sin que baste conciliarles correspondida voluntad, pues están creyendo ignorantemente que ellos son los amos y los Americanos todos, sin distinción, sus inferiores criados; y para que no se perpetúe este ciego discurso solo en caso de necesidad, según su habilidad, buena inclinación y adherencia a los Americanos, puedan ser igualmente ocupados, como todos los que estamos sujetos a un mismo Rey y Señor debemos vivir hermanablemente; y al que intentare señorearse y adelantarse a más de lo que le corresponde a la igualdad, por el mismo caso sea separado de nuestra sociabilidad.[17]

Com isto, os crioulos não se limitaram a reivindicar a participação no poder político, mas exigiram, inclusive, o exercício integral da autoridade do governo, não tanto em nome do rei, mas, pelo menos de forma autônoma e sem controle por parte da Espanha. A petição dos crioulos de governar a si mesmos sem o controle da Espanha e de forma autônoma está expressa na Capitulação 22, complementada com a 16 e a 30, na qual exigem a abolição não só das antigas medidas de controle como a *residencia*, mas o acesso especial aos cargos de Regente e dos visitadores gerais e o preenchimento da maioria dos postos da administração.

---

[17] Em: Cárdenas Acosta: *El movimiento.* t. II, p. 26. Que nos empregos de primeiro, segundo e terceiro graus devam ser antepostos e privilegiados os nacionais desta América aos europeus, posto que diariamente manifestam a antipatia que conservam contra a gente de cá, sendo que tal vontade é correspondida, pois creem ignorantemente que são eles os amos e todos os Americanos, sem distinção, seus criados inferiores; e para que não se perpetue este cego discurso, só em caso de necessidade, de acordo com sua habilidade, boa inclinação e aderência aos Americanos, possam ser igualmente ocupados (os empregos), como todos os que estamos sujeitos a um mesmo rei e Senhor devemos viver irmanamente; e quem tentar dominar e adiantar-se mais do que lhe corresponde a igualdade, seja separado, por esta razão, da nossa sociedade.

Os crioulos baseavam a sua argumentação na igualdade de direitos entre eles e os espanhóis. É interessante que esta petição se derivasse da metáfora da família comum naquela época, cujo uso e interpretação teria um papel importante para mobilizar os crioulos nas décadas seguintes até a época da independência. É significativo que nesta metáfora, os crioulos não destacam o aspecto de subordinação enfatizado pelos espanhóis, mas sim, o da igualdade que estava implícita na imagem da família. A relação entre espanhóis e americanos, de acordo com esta imagem, devia ser uma relação entre *irmãos* que em uma família – o império espanhol – e sob a direção paterna – o rei em comum – têm os mesmos direitos, e não uma relação entre um *amo* e seu *criado inferior*. Consequentemente, de acordo com o seu ponto de vista, os americanos também tinham o direito de participar do poder político. Ao estudar detalhadamente as Capitulações, fica evidente que a consciência dos crioulos sobre o seu próprio valor, aqui vista e caracterizada pelos observadores da época de modo interessante como sendo um sintoma de maturidade,[18] implicava muito mais que a equiparação entre crioulos e espanhóis europeus. Assim, com a petição de favorecer os americanos na distribuição de cargos para que estes possuíssem a maioria, os crioulos reduziam de novo a validade do princípio de igualdade com relação aos espanhóis. Pelo contrário, ressaltavam a superioridade dos "nacionais desta América", destacando, ao mesmo tempo, a inca-

---

[18] Veja, por exemplo, a Representação que o intendente da Venezuela, José de Abalos, dirigiu em 1781 a Carlos III. Nela, qualifica de sucesso natural os acontecimentos no vice-reinado de Nova Granada e na Capitania Geral da Venezuela, ou seja, a insurreição dos Comuneros de Socorro e a rebelião de Mérida: "(...) las Américas han salido de su infancia". A Representação datada em Caracas, em 24 de setembro de 1781, está reproduzida em Carlos E. Muñoz Oraá: *Los Comuneros de Venezuela. Una rebelión popular de preindependencia*. Mérida, 1971, pp. 27-36.

pacidade dos espanhóis de desenvolver na América uma política de acordo com as necessidades dos americanos.

Desempenhou um papel decisivo no surgimento deste nacionalismo o fato de a Espanha ter provocado uma mobilização social dentro de grupos importantes da sociedade de Nova Granada – intelectuais, juristas, comerciantes – com o fomento das ideias ilustradas, marcadas principalmente por uma orientação prática e pragmática, tal e como se manifestava na revisão do sistema educacional, no estabelecimento das Sociedades Patrióticas ou na análise das possibilidades de desenvolvimento econômico pela Expedição Botânica e outros estudos geográficos. Tal mobilização manifestou-se, entre outros âmbitos, na esfera cultural, no jornalismo incipiente,[19] na fundação de instituições educacionais e colégios como bases imprescindíveis do bem-estar, do progresso e da felicidade da população[20] e na atitude de círculos político-

---

[19] Com relação aos jornais em geral veja Antonio Cacua Prada: *Historia del Periodismo Colombiano*. Bogotá, 1968, especialmente o capítulo III. Depois dos dois primeiros jornais, ambos de vida curta, *Aviso del terremoto e Gaceta de Santafé de Bogotá, Capital del Nuevo Reyno de Granada* em 1785, apareceu em 1791, editado pelo diretor da Biblioteca Pública, o cubano Manuel del Socorro Rodríguez, o *Papel Periódico de la Ciudad de Santafé de Bogotá*, o primeiro e verdadeiro jornal de Nova Granada. Depois deste, apareceu em 1801 o *Correo Curioso, Erudito, Económico y Mercantil de la Ciudad de Santafé de Bogotá*, editado pelos neogranadinos Jorge Tadeo Lozano e José Luis de Azuola. Cinco anos depois, em dezembro de 1806, Manuel del Socorro Rodríguez começou a editar de novo, por disposição do vice-rei Amar y Borbón, um jornal denominado *El Redactor Americano, Periódico del Nuevo Reino de Granada* e paralelamente a este *El Alternativo del Redactor Americano*. O último dos jornais importantes no final da época colonial foi o *Semanario del Nuevo Reino de Granada*, editado desde 1808 por Francisco José de Caldas.

[20] Estes esforços culminaram com as reflexões de Diego Martín Tanco. No *Semanario de la Nueva Granada*, números 9-15, que apareceram entre 28 de fevereiro e 10 de abril de 1808, propagou sob o pseudônimo de *El amigo de los niños* [O amigo das crianças], a ideia do ensino público, grátis, igualitário, consolidado e sustentado pelo Estado, pois esta era, na sua opinião, "a causa de todos os bens, mas também de todos os males, quando é insuficiente ou praticamente inexistente". Para uma educação eficiente organizou um *Plan de una escuela patriótica* [Plano de uma escola patriótica]; é muito significativo que estas escolas não deviam ter nome de santos, mas deveriam se chamar *Escuelas de la Patria* [Escolas da Pátria].

culturais, as "tertúlias" como a *Sociedade Eutropélica*, o *Arcano de la Filantropia*, a *Tertulia del Buen Gusto*.[21]

Ao mesmo tempo, teve um efeito especial no âmbito econômico-geográfico. Grupos da classe alta ampliaram o conhecimento sobre o seu próprio território por meio de estudos geográficos e viagens, ou mesmo pelos dos relatórios sobre tais empresas.[22] Provenientes de diversas regiões de Nova Granada, estas pessoas já não pensavam mais nas dimensões locais ou pequenas regiões, mas começavam a falar de limites nacionais mais amplos. Entre os crioulos do país, desenvolveu-se uma estima especial pela *pátria*, começaram a considerá-la como o espaço de atividades econômicas e sociais que lhes correspondia. Com a consciência cada vez maior a respeito do território do Novo Reino de Granada, declararam-se partidários desta

---

[21] O significado das tertúlias para despertar o bem, fortalecer uma confiança nas próprias capacidades e possibilidades fica patente em uma carta de Manuel del Socorro Rodríguez, de 19 de abril de 1793, na qual previne contra um exagerado entusiasmo patriótico: "Ainda com maior receio devem ser vistas as sociedades ou academias literárias. Reunindo-se os homens (principalmente os americanos) nestas assembleias científicas, deixam-se encher demasiadamente de entusiasmo patriótico e chega ao cúmulo a extravagância de ponderar os direitos da natureza e da humanidade que se esquecem de que existem soberanos, leis e religião"; a carta é reproduzida em: Antonio Cacua Prada: *Don Manuel del Socorro Rodríguez. Itinerario documentado de su vida, actuaciones y escritos*. Bogotá, 1966, pp. 76-88; especialmente a p. 86 sobre as Academias Literárias.

[22] As descrições dos cenários geográficos e recursos naturais foram publicadas no *Semanario del Nuevo Reino de Granada*, jornal editado por Caldas com o fim de torná-los acessíveis a um público mais amplo, ou seja, a classe alta crioula. O próprio Caldas resumiu os resultados de suas viagens de pesquisa por Nova Granada, em 1807, em um estudo sobre o *Estado de la geografía del Virreinato de Santafé de Bogotá con relación a la economía y al comercio*, Semanário, nos 1-7, em janeiro e fevereiro de 1808. Foram publicados também estudos regionais, como o de José Manuel Restrepo sobre Antioquia: *Ensayo sobre la geografía, producciones, industria y población de la provincia de Antioquia*, Semanário, nos 6-12, em fevereiro e março de 1809; de Joaquín Camacho sobre Pamplona: *Relación territorial de la Provincia de Pamplona*, Semanário, nos 13-15, em 1809; e de José María Salazar sobre a província de Santa Fé: *Memoria descriptiva del país de Santafé de Bogotá, en la que se impugnan varios errores de la de Mr. Leblond sobre el mismo objeto*, Semanário, nos 27-31, em julho e agosto de 1809.

"*pátria*", com um "patriotismo" inegavelmente sentimental que, entretanto, logo se transformou em um fator político.

A partir dos estudos econômicos críticos publicados nos jornais da época como o *Papel Periódico de la Ciudad de Santafé de Bogotá*,[23] o *Correo Curioso, Erudito, Económico y Mercantil de la Ciudad de Santafé de Bogotá*,[24] editado por Jorge Tadeo Lozano e José Luis de Azuola, ou o *Semanario del Nuevo Reino*,[25] os crioulos passaram a perceber, por um lado, a discrepância existente entre a situação economicamente atrasada e descuidada de sua pátria e, por outro, o possível desenvolvimento econômico de Nova Granada, mediante um aproveitamento efetivo dos recursos naturais e a utilização racional da técnica moderna. Ao mesmo tempo, os crioulos viram-se impedidos de salvaguardar os seus próprios interesses econômicos em razão de seu *status* colonial e da política da Espanha.

---

[23] Por exemplo, Francisco Antonio Zea: *Avisos de Hebephilo a los jovenes de los dos colegios sobre la inutilidad de sus estudios presentes, necesidad de reformarlos, elección y buen gusto en los que deben abrazar*. Papel Periódico, nᵒˢ 8 e 9, com datas de 1 e 8 de abril de 1791, respectivamente. Manuel del Socorro Rodríguez: *Reflexiones sobre la sociedad económica*, Papel Periódico, nᵒˢ 19 e 20, com datas de 17 e 24 de junho de 1791. Luis de Astigarraga: *Disertación sobre la agricultura*, Papel Periódico, nº 55, 2 de maio de 1792.

[24] Jorge Tadeo Lozano: *La necesidad del dinero corriente*. Correo Curioso, nº 17, de 9 de junho de 1801. - Id.: *Del cultivo del trigo*, Correo Curioso, nº 29, 23 de junho de 1801. Id.: *Plan de una Compañía Patriótica de Comercio*, Correo Curioso, nº 22, 14 de julho de 1801. Id.: *Sobre lo util que seria en este Reyno el establecimiento de una Sociedad Economica del Amigos del Pais*, Correo Curioso, nᵒˢ 39 e 40, com datas de 10 e 17 de novembro de 1801. Id.: *Discurso sobre el medio mas asequible de fomentar el comercio activo de este Reyno, sin perjuicio del de España*, Correo Curioso, nº 41, 24 de novembro de 1801. Joaquín Camacho: *Calendario Rural*, Correo Curioso, nᵒˢ 33-38, de 29 de setembro a 3 de novembro de 1801.

[25] Além dos escritos de Caldas, Restrepo, Camacho e Salazar, cabe mencionar também os seguintes: Eloy Valenzuela: *Observaciones sobre la aplicación de la miel para conservar los cuerpos corruptibles*, em: Semanário, nº 3, 22 de janeiro de 1809; Id.: *Noticia de una especie de grama util para potreros o prados artificiales*, em: Semanário, ano 2, nº 1, 3 de janeiro de 1809; Id.: *Noticia sobre la caña solera*, ibid; nº 2, 10 de janeiro de 1809. Juan Agustín de la Parra: *Observaciones sobre el cultivo del trigo*, em: Semanário, nº 34, 27 de agosto de 1809.

A consequência foi que grupos crioulos da colônia de Nova Granada negaram sua lealdade ao Estado espanhol, porque não achavam que seus interesses políticos e econômicos, que correspondiam à pátria de Nova Granada, eram suficientemente considerados. Exigiam, portanto, uma mudança no sistema político em benefício de seu próprio país, pedindo mais autonomia, naquele momento. Para dizer em termos de modelo de modernização do desenvolvimento político: os crioulos de Nova Granada reagiram aos problemas de participação política e de legitimidade que os espanhóis não podiam solucionar. É a característica desta consciência política, tal como se expressava cada vez mais no patriotismo daquela época, que estava marcada por uma oposição contra o Estado espanhol existente. Este Estado representava o "estrangeiro", o poder, que se opunha ao desenvolvimento das próprias possibilidades de Nova Granada, principalmente no campo econômico.

Foi decisivo que, diante da persistente crise de legitimidade e participação do império espanhol e com os conhecimentos sobre os recursos naturais e o potencial de desenvolvimento do próprio país, importantes grupos de crioulos de Nova Granada constataram ou até construíram uma diferença "objetiva", uma "outredade", ou seja, a representação do "outro" diante da Espanha; definiram esta "outredade" como não sendo tanto étnica, mas muito mais geográfica, fazendo referência à "pátria" que, apesar de manter um *status* colonial, tinha direito à liberdade política e ao desenvolvimento. Parecido ao que Stein Rokkan descreveu sobre o processo de formação de Estados e nações na Europa,[26] também em Nova Granada existiu no início do nasci-

---

[26] Stein Rokkan: "Dimensions of State Formation and Nation-Building", em: Charles Tilly (ed.): *The Formation of National States in Western Europa*. Princeton, 1975, p. 570 ss.

mento, ou melhor, da construção da "nação granadina", uma definição territorial da "comunidade nacional" por parte de uma elite cada vez mais consciente de seus interesses.

Um exemplo muito significativo foi Camilo Torres com seus argumentos na Representação dirigida pelo Cabido de Bogotá perante a Junta Central da Espanha em 20 de novembro de 1809 e escrita por ele. Nesse famoso *Memorial de Agravios* [Memorial de Agravos], não só descreveu o potencial do novo reino, como demonstrou a forte consciência dos neogranadinos sobre si mesmos.

> (...) y este reino generalmente, después de su oro, su plata, y todos los metales, con la exclusiva posesión de alguno, después de sus perlas y piedras preciosas, de sus bálsamos, de sus resinas, de la preciosa quina, de que también es propietario absoluto, abunda de todas las comodidades de la vida, y tiene el cacao, el añil, el algodón, el café, el tabaco, el azúcar, la zarzaparrilla, los palos, las maderas, los tintes, con todos los frutos comunes y conocidos de otros países.
>
> Su situación local, dominando dos mares, el océano Atlántico y el Pacífico: dueño del Istmo, que algún día, tal vez les dará comunicación y en donde vendrán a encontrarse las naves del oriente y del ocaso; con puertos en que puede recibir las producciones del norte y mediodía; ríos navegables, y que lo pueden ser; gente industriosa, hábil, y dotada por la naturaleza de los más ricos dones del ingenio y la imaginación, si, esta situación feliz, que parece inventada por una fantasía que exaltó el amor de la patria, con todas las proporciones que ya se han dicho, con una numerosa población, territorio inmenso, riquezas naturales, y que pueden dar fomento a un vasto comercio; todo constituye al Nuevo Reino

de Granada, digno de ocupar uno de los primeros y más brillantes lugares en la escala de las provincias de España, y de que se gloríe ella llamar íntegramente, al que sin su dependencia sería un Estado poderoso en el mundo.[27]

Esta elite apelava para o patriotismo dos habitantes de Nova Granada, cujo "compromisso com a pátria" referia-se cada vez mais a uma entidade que procurava separar-se do Estado existente. Este patriotismo de Nova Granada possuía uma atitude agressiva contra o mundo exterior. Grupos de "patriotas" – como logo se autodenominaram os crioulos ansiosos pela emancipação – apelaram para esse patriotismo no final da época da colônia e no início da independência fortalecendo-o com argumentos políticos, e o transformaram em um instrumento para poder construir uma nação própria, que significava naquela época um Estado próprio.

O nacionalismo expresso nesse patriotismo e instrumentalizado em sua função estava orientado para fora. Sua justificativa

---

[27] Camilo Torres: "Representación del Cabildo de Santafé (Memorial de Agravios)", reproduzida em: Manel José Forero: *Camilo Torres*. Bogotá 1960, pp. 323-344, aqui p. 331. (...) e este reino, geralmente, depois do seu ouro, sua prata e todos os metais, com a posse exclusive de alguns, depois de suas pérolas e pedras preciosas, de seus bálsamos, de suas resinas, da preciosa quina, de que também é proprietário absoluto, abunda em todas as comodidades da vida, e tem o cacau, o anil, o algodão, o café, o tabaco, o açúcar, a salsaparrilha, os paus, as madeiras, as tintas, com todos os frutos comuns e conhecidos de outros países. Sua situação local, dominando os mares, o Oceano Atlântico e o Pacífico: dono do Istmo, que algum dia talvez lhe dará comunicação e onde virão encontrar-se as naves do Oriente e do Ocidente; com portos onde possa receber as produções do Norte e do Centro; rios navegáveis e que possam ser navegáveis; gente laboriosa, hábil e dotada dos mais ricos dons do engenho e da imaginação. Sim, esta situação feliz, que parece inventada por uma fantasia que exaltou o amor da pátria, com todas as proporções que já foram ditas, com uma numerosa população, um imenso território, riquezas naturais e que podem fomentar um vasto comércio; tudo constitui o reino de Granada, digno de ocupar um dos primeiros e mais brilhantes lugares na escala das províncias da Espanha, e que ela se glorie de lhe ter, porque se dela não dependesse, seria um Estado poderoso no mundo.

foi a guerra contra a Espanha, o que provocou uma mobilização de grupos importantes de neogranadinos nesta guerra com o objetivo de defender os próprios direitos e erguer um Estado próprio e livre, que deveria ter todos os traços positivos inexistentes no sistema espanhol: liberdade, igualdade e possibilidade de desenvolvimento.

III. 2. Esforços para estimular a lealdade ao Estado e à "ordem pensada"

Com a separação de Espanha e a constituição de um Estado próprio em 1810, ainda que provisório e não reconhecido internacionalmente, os elementos de mobilização do nacionalismo tornaram-se mais ricos. Os grupos dirigentes não só tinham de apelar à população de Nova Granada para a defesa da pátria diante do poder colonial ainda ameaçador, como deveriam convencer a população da particularidade e qualidade do novo Estado constituído – o que significava convencê-la da honra em defendê-lo – para assim obter a lealdade e a aprovação da população.

A classe dirigente de Nova Granada não enfatizou características culturais e étnicas – nem tampouco os patriotas o tinham feito antes – para tornar clara a particularidade do novo Estado e induzir os habitantes a ser leais. Não houve razão para isso, pois em Nova Granada não existia uma população cultural ou etnicamente predominante, ou seja, a "nação não podia ser definida mediante este critério. Os crioulos escolheram o postulado da igualdade e da liberdade como característica distintiva do novo Estado ante o antigo *status* colonial, pois desta maneira podiam indicar um caminho viável em direção à unidade e a integração da nação. Nesta integração também deveriam ser incluídas as minorias étnicas, isto é, os demais grupos da população autóctone, sem que por isso se tentasse uma adoção das tradições indígenas, como, a propriedade comum. A solidariedade com os índios, ou seja, com aqueles que sofreram o poder colonial na primeira etapa da conquista – sob a repressão e a escravidão –, proclamada nos primeiros anos do movimento independentista, só serviu para consolidar a justificativa do movimento e seus objetivos: alcançar a liberdade e a autonomia.[28]

De modo semelhante, a ideia de liberdade política influiu na decisão dos grupos dirigentes de Nova Granada, visto que os "direitos do cidadão" deviam ser o principal critério de afiliação à nação, que deveria plasmar-se nas fronteiras da "pátria", no país de nascimento entendido como unidade. Deste modo, o novo Estado não só se delimitava positivamente ante o antigo poder colonial; também era possível demonstrar que a propriedade étnica e regional não implicava uma desigualdade, mas sim que precisamente, a igualdade política representava o traço característico do novo Estado e transformava os membros deste Estado em uma nação.

O título de "cidadão" teve um papel fundamental nos esforços dos grupos dirigentes no sentido de impulsionar várias camadas da população e atraí-las para o novo Estado. Podiam ser associados a ele valores e qualidades como a igualdade, a participação política, a liberdade e o progresso econômico, ausentes sob a dominação espanhola, mas prometidos pelo novo sistema. Com o título de "cidadão", era possível perceber que a transformação política, pretendida durante tanto tempo, real-

---

[28] Cf. Hans-Joachim König: "La mitificación de la Conquista y del Indio en el inicio de la formación de estados y naciones en Hispanoamérica", em Karl Kohut (ed.): *De conquistadores y conquistados*. Frankfurt am Main, 1992, pp. 343-357.

mente tinha sido executada. Da mesma forma, podia-se acusar o novo sistema colonial de não ter levado à prática o postulado da igualdade. Surtiu grande efeito o fato de que os habitantes de Nova Granada, prontos para defender a independência do novo Estado como "patriotas", fossem tratados como "cidadãos" pelas elites políticas e considerados já não como súditos sob tutela, mas "membros iguais" do corpo do Estado no qual gozavam de direitos e possibilidades de desenvolvimento até então proibidas. Pelo menos na retórica política.

Com isto o "movimento nacional" não ficou reduzido a um pequeno círculo de patriotas. Usado esporadicamente pouco tempo depois da Revolução de Julho de 1810, e com mais frequência depois das declarações oficiais da independência por parte das diferentes províncias de Nova Granada, o título de cidadão apareceu como parte do tratamento na redação de cartas e como autodenominação. Sem dúvida correspondia à retórica política que os representantes dos novos governos ou deputados, em cartas oficiais ou documentos, se autodefinissem ou falassem das pessoas mencionadas no texto como cidadãs. Mas o termo cidadão também era utilizado em cartas privadas e precisamente este uso parece ter-se originado de uma autêntica atitude patriótica do remetente. Os registros dos livros paroquiais da época documentam ainda mais a prolixidade do movimento de emancipação e a aprovação da mudança política, pois nos registros de nascimento, nas certidões de batismo e de casamento, os padres e os respectivos membros da paróquia – pais, padrinhos, cônjuges – e até nas paróquias mais remotas, acrescentavam ao seu nome a denominação de cidadão. Um testemunho de que o título de cidadão e os valores a ele associados eram aceitos em vários círculos da população é dado tanto pela crítica dos crioulos leais aos espanhóis ao uso do termo, como pela reação dos espanhóis depois da reconquista de Nova Granada, em 1816. Em seu esforço para reeducar os habitantes de Nova Granada e submetê-los outra vez à obediência de Fernando VII, a nova administração colonial implantou uma comissão que devia visitar todas as paróquias. Sua tarefa consistia, entre outras coisas, em riscar o título de cidadão dos registros paroquiais, título revolucionário que, de acordo com a opinião espanhola, expressava a desobediência perante o rei espanhol. Esta ação mostra claramente como este título era temido como símbolo de liberdade e elemento de solidariedade.

Também era membro desta comissão o padre crioulo José Antonio de Torres y Peña; seu argumento para apagar o título de cidadão oferece, por assim dizer, um resumo dos propósitos sobre o uso e do novo conteúdo do significado de cidadão. Torres y Peña diz em uma nota no registro paroquial de Chiquinquirá:

> Se recomienda igualmente al R.P. Cura teste de todos estos libros el odioso título de ciudadanos, que adoptando como un distintivo propio de los demócratas, anarquistas y jacobinos, lo introdujeron como signo de desorden y rebelión contra las legítimas potestades los autores del suelo americano: y que lejos de poder servir de título de honor, es por el abuso que de él han hecho, y por el fin a que lo aplican, un borrón y nota de rebeldes, insurgentes y revolucionarios (...). Pues la voz ciudadano jamás se ha usado sino para significar los habitadores de un lugar, provincia o reino, y los derechos y obligaciones de los unos con los otros, que resultan necesariamente de los respectivos cargos y oficios que uno tiene en la sociedad. Y estos han sido siempre comunes a todos los hombres que viven bajo un gobierno político, cuyo orígen y cuyo fin siempre

conspira a lo más perfecto, cual es el Gobierno Monárquico de un Soberano legítimo, que por el derecho de sucesión y por el orden de una verdadera y justa dinastía se halla puesto como cabeza política y suprema, y padre común de sus vasallos. Tal ha sido el sistema de la gloriosa Monarquía Española, bajo cuyo dominio nos ha constituido la Divina Providencia (...). Por lo que siendo el título de ciudadano en el sentido que le han dado los jacobinos franceses, usado como pronombre, como lo han acostumbrado los revolucionarios Americanos, un signo o distintivo de los rebeldes y sublevados a los legítimas potestades, lo debemos detestar y tildarlo (...)[29].

Nem depois da reconquista pelos espanhóis, em 1816, o conceito de "cidadão" perdeu a sua força de mobilização, sobretudo contra o inimigo externo. Através dele, a população foi novamente encorajada a resistir contra a tirania espanhola e a pôr em prática os valores associados a um Estado próprio, como demonstra este quarteto de 1817 que circulava entre a população:

---

[29] Fragmento da Nota de Torres y Peña no registro parroquial de Chiquinquirá, citada por Roberto María Tisnés: *El clero y la independencia en Santafé*. 1810-1815. Bogotá, 1971 (Historia Eclesiástica, t. 4), p. 415. Recomenda-se igualmente ao R. P. Padre que risque de todos estes livros o odioso título de cidadão, que adotando como um distintivo próprio dos democratas, anarquistas e jacobinos, os autores do solo americano introduziram-no como sinal de desordem e rebelião contra os legítimos poderes; e que longe de poder servir de título de honra, pelo abuso que dele fizeram e pelo fim com que o aplicam, é um borrão e nota de rebeldes, insurgentes e revolucionários (...). Pois o termo cidadão jamais foi usado, a não ser para significar os habitantes de um lugar, província ou reino, e os direitos e obrigações de uns para com os outros, que são o resultado, necessariamente, dos respectivos cargos e ofícios que um tem na sociedade. E estes foram sempre comuns a todos os homens que vivem sob um governo político, cuja origem e fim sempre conspira ao mais perfeito, qual é o Governo Monárquico de um Soberano legítimo, que, pelo direito de sucessão e pela ordem de uma verdadeira e justa dinastia, é a cabeça política e suprema e pai comum de seus vassalos. Tal foi o sistema da gloriosa Monarquia Espanhola, sob cujo domínio nos constituiu a Divina Providência (...). Assim, sendo o título de cidadão no sentido que lhe deram os jacobinos franceses, usado como pronome, como se acostumaram os revolucionários Americanos, um sinal ou distintivo dos rebeldes e sublevados aos legítimos poderes, devemos detestar e riscá-lo (...).

> Alégrate ciudadano,
> Que ya vuelve tu renombre,
> Y libre será todo hombre
> Del rigor de los tiranos.[30]

O título de "cidadão", usado como símbolo da liberdade, isto é, a principal característica na qual se apoiava a nova unidade nacional, foi considerado tão efetivo para identificar a população com o novo Estado nacional, que continuou sendo usado na República da Grande Colômbia depois de 1819, assim como depois de sua dissolução, em 1830, e no Estado que a sucedeu, a República da Nova Granada.

Portanto, as elites de Nova Granada praticaram um "nacionalismo anticolonial" que, em primeiro lugar, almejava a transformação política do *status* colonial e a obtenção da liberdade exterior. Assim, podemos constatar que o nacionalismo de Nova Granada, na etapa da fundação do Estado, era um "nacionalismo anticolonial" contra um "inimigo externo", ou seja, contra o antigo poder colonial, e representou uma força positiva e progressiva, pois o movimento nacional havia superado a dependência colonial com suas reivindicações de emancipação e participação e colocara em marcha o desenvolvimento econômico do próprio Estado. Entretanto, este passo em direção à emancipação política de Nova Granada foi só o começo de um longo processo de construção do Estado-nação.

---

[30] José María Espinosa, alferes do prócer Antonio Nariño e mais tarde pintor e desenhista, menciona este quarteto em suas memórias: *Memorias de un Abanderado. Recuerdos de la Patria Boba.* 1810-1819. Bogotá, 1876, 1971, p. 183. Alegre-se cidadão / Que já voltará seu renome / E livre será todo homem / Do rigor dos tiranos.

IV. A política liberal e o nacionalismo modernizador na metade do século XIX

Com a constituição do Estado-nação, o nacionalismo anticolonial alcançou sua meta mais importante, ou seja, a autonomia. Porém, com isso, o nacionalismo moderno não perdeu suas funções, ou melhor, assumiu novas funções relacionadas com a situação, sobretudo na metade do século XIX, quando uma burguesia de comerciantes e intelectuais assumiu a autoridade pública, tentou alcançar uma modernização econômica, política e administrativa e impulsionar, desta forma, um desenvolvimento nacional.

Com o estabelecimento de um Estado soberano, estes grupos dinâmicos não viram realizado um crescimento econômico geral, nem satisfeitos seus interesses políticos e econômicos. Viram-se confrontados com o desafio de consolidar o novo sistema e mobilizar parcelas da população cada vez maiores, tanto mediante a exploração e distribuição dos recursos nacionais, como pela expansão dos direitos políticos, e provocar, desta maneira, uma identificação ampla com o Estado; por isso, também utilizaram o instrumento do nacionalismo. Seu lema era o desenvolvimento nacional contido em um projeto nacional, que prometia colocar em prática a "nação dos cidadãos" propagada na fase da independência, isto é, proporcionar uma mudança social geral.

Desempenhou um papel importante no surgimento deste nacionalismo o fato de que certos grupos da classe alta de Nova Granada perceberam o estancamento político, social e econômico do país e o fato de que, ainda na metade do século XIX, subsistia a ordem senhorial da colônia na economia e na sociedade. Por outro lado, as exigências e as ofertas do mercado internacional, das quais se podia esperar um auge econômico, foram sentidas cada vez com mais força.

Os principais promotores do nacionalismo foram algumas classes sociais que não estavam ligadas ao sistema fechado da *hacienda*, mas tinham sua principal área de atuação no comércio e nas atividades relacionadas com ele. Especialmente ativa foi a geração dos nascidos depois da independência, ao redor de 1825, por exemplo, José María e Miguel Samper. A eles é possível aplicar o que Florentino González, um dos principais promotores do nacionalismo modernizador, esperava da nova geração para o futuro de Nova Granada:

> La generación que ligaba el mundo a las rutinas consagradas por la tradición, va desapareciendo, y en su lugar una generación nueva, una generación educada en los principios, libre de las preocupaciones que dominaban bajo el antiguo régimen, se declara en posesión del derecho de decidir sobre sus intereses.[31]

O estancamento era, na sua opinião, um atraso em comparação com os países industrializados da Europa, principalmente em comparação com a Inglaterra, mas também com relação às possibilidades do próprio país.[32] Eles acreditavam que o estancamento podia ser superado com uma maior inserção na economia mundial e também com a exploração mais efetiva dos recursos de Nova Granada. Portanto, esses grupos negaram a

---

[31] El Siglo (Bogotá), nº 1, 8 de junho de 1848. A geração que vinculava o mundo às rotinas consagradas pela tradição vai desaparecendo e, em seu lugar, uma nova geração, uma geração educada nos princípios, livre das preocupações que dominavam na época do antigo regime, declara-se em possessão do direito de decidir sobre os seus interesses.

[32] Cf. Mais detalhadamente König: *En el camino*, pp. 421-439.

sua lealdade ao governo anterior e se organizaram como movimento de oposição, indicando os déficits da política interna do Estado e formulando objetivos de desenvolvimento nacional. Seu "projeto nacional" reivindicava o direito de impulsionar o desenvolvimento e a integração de Nova Granada e, com um crescimento econômico, pôr em prática o Estado-nação. Isto significava eliminar o déficit de modernização com relação à Europa e conseguir que Nova Granada alcançasse uma condição, prestígio e importância entre as nações livres da América e da Europa, ao que parecia estar destinada em razão de sua posição e potencial econômico. Estes grupos consideravam que as ideias, os valores e as perspectivas do liberalismo político e econômico – por exemplo, a descentralização estatal, a capacidade individual, a responsabilidade individual, o livre comércio e a divisão internacional do trabalho – juntamente com uma nova orientação econômica relativa ao setor agrário, era o mais apropriado para dar o impulso necessário e adequado para o desenvolvimento e a modernização.[33] Seu principal objetivo era a construção da "nação" em seu aspecto social; pelo menos assim proclamavam os grupos da elite que estavam interessados no

---

[33] Cf. além dos diferentes relatórios dos secretários do Interior de 1833, 1834, 1843 e 1845, os numerosos artigos em jornais da década de 1840: Manuel Murillo Toro: Capitales, editorial de *La Gaceta Mercantil* (Santa Marta), nº 5, 2 de maio de 1847; Ricardo Vanegas: "Situación Financiera de la República", em: *La América*, nº 19, 23 de junho de 1848; "Caminos", editorial de *El Neo-Granadino*, nº 22, 30 de dezembro de 1848; Florentino González: "Hagamos algo de provecho", em: *El Día*, nº 376, 23 de agosto de 1846; Id.: "Vamos adelante", em: *El Día*, nº 377, 30 de agosto do mesmo ano. A referência à praxis inglesa é claramente percebida no artigo de F. González: "El gobierno y los negocios de su competencia", em: *El Siglo*, nº 1-3, 8, 22 e 29 de junho de 1848. Cf. também a avaliação que González faz sobre as condições do mercado mundial, a importância da demanda e as possibilidades de Nova Granada: *A la imparcialidad y la justicia*. Bogotá, 1848. A valorização da economia agrária, por exemplo, no editorial "El Fomento Industrial" de *El Neogranadino*, nº 7, 16 de setembro de 1848.

livre comércio, na exportação de produtos agrários e no uso intensivo da terra, reivindicando, por sua vez, direitos de liberdade individual e oportunidades de desenvolvimento. Mas antes os liberais deveriam organizar a mudança política, isto é, obter o poder político.

Na campanha de mobilização, a "pátria" continuou sendo o ponto de referência. Como na fase da independência, "pátria" não devia ser só o nome de um espaço territorial, mas deveria simbolizar o campo de ação ou representar certos direitos civis, como a liberdade e a igualdade, assim como a livre possibilidade de desenvolvimento e progresso econômico e social. De acordo com esta concepção "de pátria", as classes desejosas de modernização avaliavam tanto o seu próprio comportamento e atividades como o de seus antagonistas, perguntando-se se eles contribuíam para a realização de uma pátria concebida em tais termos. Assim se entende que proclamaram o seu patriotismo como verdadeiro e qualificaram-se como os verdadeiros patriotas. É interessante ver como obtiveram uma grande acolhida para o seu projeto e como mobilizaram grandes parcelas da população.

Nas mudanças iniciadas entre 1847 e 1849 e das quais deveria resultar o desenvolvimento nacional, podemos reconhecer três tendências básicas, mais ou menos coincidentes, mais ou menos complementares. O desenvolvimento negativo das décadas anteriores foi descrito sob um ponto de vista analítico com o objetivo de fundamentar a necessidade de introduzir as mudanças e indicar a direção das medidas necessárias para executá-los, legitimando, ao mesmo tempo, a imposição dos próprios interesses. Foi dado ao Estado, ao governo, novas responsabilidades e funções. Foram proclamados e formulados novos valores e ideias tidas como modernas e estimulantes para o desenvolvimento, que deveriam reger a conduta política e econômica de cada cidadão. Utilizaram noções, símbolos e metáforas de uso na retórica política que tinham servido em períodos anteriores como meios de mobilização, visto que expressavam de maneira contundente o conteúdo de *pátria*, do Estado-nação em constru-. ção e das metas políticas, sociais e econômicas.

Ao interpretar o processo de desenvolvimento econômico, social, político e cultural desde a independência, os liberais não se limitaram a uma mera descrição de resquícios coloniais, entre os quais se encontravam o sistema de impostos, os monopólios, a influência da igreja, o papel dos militares e seus efeitos. Em discursos e artigos publicados em jornais, a situação política e econômica foi caracterizada como a continuação da época da Colônia, entendendo-a como a expressão da falta de liberdade política e de pensamento, da monarquia, do absolutismo, da aristocracia e do atraso. Já em 1848, Florentino González considerava a ordem republicana, que substituiu o regime colonial após a independência, só uma mudança de nome, pois a maioria das instituições coloniais subsistira, de modo que nem a liberdade nem o progresso foram alcançados.[34] Ricardo Vanegas, editor do jornal liberal *La América*, atribuía esta situação ao fato de que a maioria dos próceres da independência guiara-se mais pela ambição de poder do que pela liberdade e seus efeitos positivos:

> (...) la mayor parte de los prohombres que proclamaron la independencia, no tuvieron por objeto la libertad, cuyos bienes no

---

[34] Veja os dois artigos de González: "Vamos adelante y hagamos algo de provecho", em: *El Día*, nº 366, 30 de agosto de 1846; "Vamos adelante", em: *El Día*, nº 377.

conocían y cuyos resultados temían; no tuvieron en cuenta sino la pura independencia, con el exclusivo objeto de sustituir en el gobierno a los españoles; de manera que, puede decirse, no tuvieron otro móvil que el deseo de mandar.[35]

Ao destacar a sobrevivência das estruturas coloniais, podia-se justificar os esforços para obter mudanças como atividades anticoloniais. Também era possível explicar as mudanças pretendidas, como a realização e consumação da Revolução de 1810, no sentido de que a revolução política seria seguida por outra revolução, ou seja, pela superação das estruturas sociais e das formas de possessão da época colonial. Em 1849, em um artigo publicado na imprensa, José María Samper formulou com precisão essas relações:

> (...) nosotros observamos una verdad sumamente aflictiva, a saber: que después de nuestra emancipación no hemos adelantado lo que era de esperarse a la sombra de los gobiernos liberales; nada o casi nada hemos hecho; creíamos que con solo ser independientes alcanzaríamos el bienestar político i social; y una vez dado este primer paso nos hemos detenido en la carrera. Dónde, pues, encontrar el origen de nuestra agitación? El está indisputablemente en un hecho claro y decisivo: la revolución que produjo la independencia produjo en nuestra sociedad el espíritu democrático, sin echar por tierra el edificio vetusto de la

---

[35] *La América*, nº 25, 31 de agosto de 1848. (...) a maior parte dos homens ilustres que proclamaram a independência não tiveram como objetivo a liberdade, cujos bens não conheciam e cujos resultados temiam; só consideraram a pura independência, com o objetivo exclusivo de substituir os espanhóis no governo; de modo que é possível dizer: não tiveram outro propósito a não ser o desejo de mandar.

monarquía: efectuó una revolución política, mas no una revolución social.[36]

Em março de 1849, tornou-se presidente da República o liberal José Hilario López, um general da guerra da independência e adversário das aspirações ditatoriais de Simón Bolívar; com ele, os grupos da classe alta de Nova Granada que se dedicavam à exportação de produtos agrícolas, ao livre comércio e as iniciativas privadas tinham obtido a possibilidade de impor seus interesses pela via política. Assim, os novos grupos políticos ressaltaram a sua atitude anticolonial e apresentaram-se como consumadores da Revolução de 1810, pois desta maneira podiam destacar o significado do governo liberal e de suas medidas no processo de formação do Estado-nação. O presidente López expressou essas ideias em um discurso, por ocasião do dia da independência, em 20 de julho de 1851:

---

[36] *El Suramericano*, nº 24, 2 de dezembro de 1849; sobre a revolução social cf. *El Suramericano*, nº 2, 20 de agosto de 1849. Dez anos depois, em suas considerações sobre a Revolução de 1810 e os anos seguintes, Samper destaca mais uma vez este parecer: [traduzido] "Cada revolução ou guerra civil não é mais do que um novo combate entre a *Colônia*, que resiste e quer viver, (...) e a democracia que avança, adquire brios e espera sem cessar. As lutas não acabarão, a não ser no dia em que a *Colônia* for extirpada, desaparecendo o dualismo de tendências inimigas", Samper: *Ensayo sobre las revoluciones políticas y la condicion social de las repúblicas colombianas (hispano-americanas)*. Paris, 1861, p. 202. Cf. também a posição de seu irmão Miguel Samper: "La miseria en Bogotá" (1867), em: Id.: *Escritos* t. I, p. 36. (...) nós observamos uma verdade sumamente aflitiva, isto é, que depois da nossa emancipação não desenvolvemos o que era de esperar em razão dos governos liberais; nada ou quase nada fizemos; acreditávamos que apenas pelo fato de sermos independentes alcançaríamos o bem-estar político e social; e uma vez dado este primeiro passo, paramos. Onde, pois, encontrar a origem de nossa agitação? Ela está inegavelmente em um fato claro e decisivo: a revolução que produziu a independência, produziu, em nossa sociedade, o espírito democrático sem derrubar o vetusto edifício da monarquia: fez uma revolução política, e não uma revolução social.

(...) Es una lucha de 41 años, de peripecias varias, cuyo término se divisa ya como inmediato. El 20 de julio de 1810 se proclamó la independencia del poder español; sacudimos el yugo de los absolutistas nacidos allende el mar; pero hasta el 7 de marzo de 1849 no ha empezado realmente la revolución que ha de darnos la libertad, emancipándonos del fanatismo, de las instituciones, hábitos i preocupaciones coloniales.[37]

O ataque às estruturas coloniais ainda existentes destacava claramente o caráter burguês e democrático das medidas reformadoras. A crítica era especialmente dirigida aos governos conservadores anteriores que, por causa da supremacia do Poder Executivo determinada na Constituição de caráter "monárquico" de 1843, foram qualificados pejorativamente de aristocratas e absolutistas. De acordo com esta avaliação, os representantes e beneficiários destes governos também foram caracterizados como aristocratas, pois eles formavam uma minoria e não representavam os interesses do povo, isto é, de todos os cidadãos de Nova Granada. Os termos *aristocrata* e *aristocrático* não só designavam, neste contexto, uma minoria ou nobreza, mas os cultos e os ricos, em contraposição aos pobres e incultos. Esta designação significava, sobretudo, "antiliberal", "antirrepublicano", "antidemocrata" e "obstáculo ao desenvolvimento", referindo-se de maneira especial ao alto clero e aos terratenentes como represen-

---

[37] Reproduzido em *La Reforma*, nº 2, 27 de julho de 1851. Cf. também o relatório oficial do ministro do Interior, Manuel Murillo Toro, para os anos de 1850, 1851 e 1852; neles, sempre faz referência a época colonial, que foi deixada para trás graças às medidas dos liberais. "(...) É uma luta de 41 anos, com várias peripécias, cujo fim já se pode ver. Em 20 de julho de 1810, proclamou-se a independência do poder espanhol; sacudimos o jugo dos absolutistas nascidos além-mar; mas até 7 de março de 1849 não começou realmente a revolução que há de dar-nos a liberdade, emancipando-nos do fanatismo, das instituições, dos hábitos e das preocupações coloniais".

tantes típicos do *status quo*. Em um artigo publicado na imprensa em 1851, Salvador Camacho Roldán, membro dirigente do movimento liberal, apresentava-os como baluartes da tirania:

> La revolución de 1810, encontró en pie estas tres aristocracias (aristocracia de la raza, aristocracia clerical, aristocracia territorial): pero un soplo poderoso que tantos abusos desterró del suelo de la América, no pudo arrancar de cuajo estos tres baluartes de la tiranía, porque estaban de la manera arraigados en el orden social, que destruirlos de un golpe, habría sido destruir la sociedad.[38]

O confronto contra o absolutismo e a aristocracia, programado conscientemente, isto é, contra a Colônia e sua estrutura social, teve como resultado o enfraquecimento do Poder Executivo, ou melhor, o fortalecimento do Poder Legislativo, ou seja, o reconhecimento e a prática da soberania do povo que deveria ser garantida mais do que antes, mediante o sufrágio universal e direto. De acordo com os argumentos dos reformadores, se a origem e a legitimidade do governo provinham da soberania do

---

[38] *La Reforma*, nº 7, de 31 de agosto de 1851. Veja também o ditame sobre a Constituição de 1843 por parte de Salvador Camacho Roldán: *El Siglo*, nº 1, 1º de abril de 1849, ou de José María Samper: *Apuntamientos para la Historia*. Bogotá, 1853, p. 382 s. Em uma alocução na Escola Republicana, em 20 de outubro de 1850, Samper refere-se a exemplos da História: no final, o povo sempre se sublevou contra a aristocracia, em: "Una Sesión Solemne de la Escuela Republicana de Bogotá", 1850, p. 7 s. Em 1851, quando os conservadores se rebelaram contra o governo, Camacho Roldán assegurou: [traduzido] "mas a nossa causa conta com uma imensa maioria: é a causa do povo, ou seja, a causa de todos; a causa dos rebeldes é a dos aristocratas, ou seja, a de uns poucos", em: *La Reforma*, nº 6, 24 de agosto de 1851. A revolução de 1810, encontrou em pé estas três aristocracias (aristocracia da raça, aristocracia clerical, aristocracia territorial); mas um sopro poderoso que tantos abusos desterrou do solo da América não pôde arrancar pela raiz estes três baluartes da tirania, porque estavam de tal maneira arraigados na ordem social que destruí-los de um golpe teria sido destruir a sociedade.

povo e das eleições, então o exército já não era necessário como suporte único dos governos antidemocráticos e absolutistas; na verdade ele só tinha sido um fator geração de custos e um elemento de instabilidade e desigualdade com privilégios no passado.[39] Estas foram as exigências e considerações que representaram o fio condutor dos argumentos liberais que repercutiram entre a população. Ao exigir a eliminação, ou melhor, a participação política e a descentralização dos poderes políticos, se pretendia criar uma Nova República e uma nova ordem social cujo fundamento radicaria em uma atitude cívica e no poder civil; uma nova ordem na qual todos os cidadãos seriam iguais perante a lei e teriam as mesmas possibilidades. Projetou-se uma ordem social e política da qual os habitantes de Nova Granada pudessem estar orgulhosos porque significava um avanço no campo político e social diante dos países do Velho Mundo. Ideias deste tipo – queriam parecer tão utópicos – foram sugeridas aos neogranadinos no contexto das aspirações por modernização. Em junho de 1848, o jornal *La America* chegou à conclusão de que Nova Granada devia seguir um caminho novo e próprio, que lhe proporcionasse um avanço:

> (...) ya que no es posible alcanzar a los habitantes del viejo mundo en la carrera industrial, adelantémoslos en la construcción de una sociedad en la que se acaten los principios y en que la

---

[39] Veja, por exemplo, o programa liberal redigido por Ezequiel Rojas, em 1848, e dirigido contra os conservadores, o "partido absolutista", em: *El Aviso*, nº 26, 16 de julho de 1848. No artigo "La Nueva Administración", Camacho Roldán atacava o Exército permanente como ameaça à liberdade e reivindicava o direito universal ao voto objetivando o fortalecimento da participação política popular, em: *El Siglo*, nº 1, 1º de abril de 1849. Cf. a exigência similar de R. Vanegas, em: *La América*, nº 19, 23 de julho de 1848, e igualmente as petições em *El Suramericano*, nº 24, 2 de dezembro de 1849, *El Neo-Granadino*, nº 230, 31 de dezembro de 1852, e o nº 241, 11 de março de 1853.

persona del hombre sea dignificada sea cual fuere su clase y posición social.[40]

Outro artigo, no qual se comentavam as conquistas da Revolução de Viena de 1848 e os esforços europeus para estabelecer as repúblicas, manifestava, também, a convicção de que Nova Granada, como república de princípios liberais, estaria à frente do movimento de civilização universal por uma melhor ordem social e deveria seguir seu caminho com uma nova e recém-adquirida consciência de si mesma:

> (...) faltábanos un poco de fe, y los sucesos de Europa nos la han suministrado copiosamente: faltábanos decisión pura y absoluta por nuestro sistema social, y ahora la tendremos, pues ha llegado el tiempo de alzar orgullosamente la frente con la convicción de que no estamos detrás sino delante del movimiento de civilización universal.[41]

Que este papel de Nova Granada como precursora não correspondesse à realidade não é aqui objeto de discussão nem a questão de se os autores de tais artigos abandonavam-se apenas a uma doce ilusão. Creio que é muito mais importante constatar que nessas afirmações, inclusive quando expressavam somente

---

[40] *La América*, nº 13, 11 de junho de 1848. (...) como não é possível alcançar os habitantes do Velho Mundo na corrida industrial, adiantemo-nos na construção de uma sociedade na qual se acatem os princípios e na qual a pessoa do homem seja dignificada, seja qual for a sua classe e a sua posição social.

[41] *El Neo-Granadino*, nº 21, 23 de dezembro de 1848. (...) faltava-nos um pouco de fé e os acontecimentos na Europa deram-na abundantemente; faltava-nos decisão pura e absoluta pelo nosso sistema social e agora a teremos, pois chegou o tempo de levantar o rosto com orgulho e com a convicção de que não estamos atrás, mas sim, à frente do movimento de civilização universal.

desejos, manifestava-se um sentimento sobre o próprio valor que, no contexto dos esforços para realizar um projeto nacional, podia ser contagioso, pois apelava para a colaboração de todas as classes sociais com o propósito de superar as estruturas coloniais.

Os liberais utilizaram certas fórmulas, noções e símbolos da retórica política que antes foram utilizados com sucesso para mobilizar camadas mais amplas da população a favor de seus projetos de modernização. O título de *cidadão* era o símbolo de tudo o que fora expresso em artigos na imprensa, escritos e discursos sobre a persistência da Colônia – obstáculo do desenvolvimento – e das aspirações de desenvolvimento nacional. Desde o final da década de 1840, é possível comprovar um verdadeiro ressurgimento do uso do termo *cidadão*. Assim como na época da independência, este termo indicava a essência e o objetivo do Estado nacional e da sociedade. Tanto usado em conversas e no tratamento diário como característica do cidadão livre e com igualdade de direitos, quanto utilizado em discursos e documentos como qualificação de democrata, do patriota anticolonial interessado nas possibilidades de desenvolvimento econômico tanto do indivíduo como do Estado, o título de *cidadão* que abrangia todas estas associações de natureza política e econômica servia, assim como antes, como elemento de solidariedade e incentivo.[42] Mas o uso do termo *cidadão* já não tinha a função de ressaltar a essência do próprio Estado delimitando-o ante o antigo poder colonial, como fora necessário na primeira fase da constituição do Estado. Na metade do século XIX, era muito mais necessário destacar os aspectos relativos à política interna.

---

[42] Entre os numerosos documentos que é possível citar, cf. a comunicação na qual um "verdadeiro patriota" convoca os cidadãos a eleger o candidato liberal José Hilario López como garantia de liberdade e progresso reais: *Al Público*. Santa Marta, 23 de junho de 1848.

De acordo com o contexto histórico, é possível deduzir que os representantes do projeto nacional, ambiciosos por chegar ao poder, queriam, sobretudo, incentivar os grupos que tinham sido prejudicados econômica ou politicamente, que não tinham aproveitado totalmente os seus direitos e cujas reivindicações não foram atendidas. É certo que a Constituição de 1843 declarava que todos os habitantes de Nova Granada livre formavam o "corpo da nação". Entretanto, como a Constituição distinguia da massa de neogranadinos livres o grupo particular dos *cidadãos*, aqueles que tinham o privilégio de gozar exclusivamente dos direitos políticos, a população foi classificada em neogranadinos de primeira e segunda classes.[43] Se na época reconheceu-se a qualidade e o *status* de *cidadão* a todos os neogranadinos adultos, isto não representou só uma declaração sobre um esforço de democratização, mas, pretendeu apagar – pelo menos verbalmente – as diferenças econômicas, sociais e étnicas. Por fim, foi uma demonstração consciente dos liberais, que depois de terem chegado ao poder, adotaram como uma de suas primeiras medidas o título de *cidadão* como tratamento obrigatório, tanto para o presidente como para os generais.[44] Alguns dias antes, ao tomar posse o novo presidente, José Hilario López, em 1º de abril de 1849, ele mesmo se dirigiu aos seus "concidadãos" destacando a igualdade como objetivo de um Estado moderno que, desta maneira, daria um exemplo ao mundo:

> Conciudadanos:
>
> (...) Fiel a los principios que triunfaron en la urna electoral del 7 de marzo último, me veréis trabajar con tesón porque el

---

[43] Manuel Antonio Pombo e José Joaquín Guerra (eds.): *Constituciones de Colombia*. Bogotá, 1951. III, Título I, artigos 1, 3; Título II, artigo 9, p. 330 ss.

[44] Lei de 10 de abril de 1849, em: *Codificación Nacional* 13, p. 385.

dogma de la soberanía popular se desenvuelva jenuinamente en todos los actos i disposiciones del gobierno (...). Siguiendo este pensamiento me uniré cordialmente a las Cámaras para conseguir la reforma de la constitución, de manera que la estructura toda del gobierno sea una expresión fiel del principio de la igualdad i del réjimen republicano. La Constitución debe consagrar en toda su pureza los grandes principios de la libertad, de igualdad i de tolerancia, que son el más precioso fruto de la civilización moderna; las rejiones vírjenes de América son los puntos destinados por la Providencia para ofrecer a la humanidad la solución más cumplida del problema del gobierno de todos en provecho de todos.[45]

A promessa de igualdade contida no título de *cidadão* e concebida como um dos fundamentos essenciais dos objetivos do desenvolvimento nacional foi completada e reforçada com a fórmula *Liberdade, Igualdade, Fraternidade*. O efeito desta fórmula, já conhecida desde a época da independência, não permaneceu oculta para os que, na metade do século XIX, defendiam o movimento de modernização nacional. Sem dúvida, os acontecimentos ocorridos na Europa e, acima de tudo, o exemplo francês, despertaram novamente a consciência a respeito desta

---

[45] *Gaceta Oficial Extraordinária*, nº 1034, 4 de abril de 1849. Concidadãos: (...) Fiel aos princípios que triunfaram na urna eleitoral de 7 de março passado, ver-me-ão trabalhar com paixão para que o dogma da soberania popular desenvolva-se genuinamente em todos os atos e disposições do governo (...). Seguindo este pensamento unir-me-ei cordialmente às Câmaras para obter a reforma da Constituição, de maneira que toda a estrutura do governo seja uma expressão fiel do princípio de igualdade e do regime republicano. A Constituição deve consagrar em toda a sua pureza os grandes princípios de liberdade, igualdade e tolerância, que são o fruto mais precioso da civilização moderna; as regiões virgens da América são os pontos destinados pela Providência para oferecer à humanidade a solução mais correta do problema do governo de todos em proveito de todos.

fórmula, assim como a influência que nessa época as ideias francesas sobre o socialismo e o comunismo exerceram na geração jovem com suas respectivas reflexões sociais.[46] Sem querer desprezar tais influências, foi decisivo para a utilização desta fórmula revolucionária o fato de que ela podia caracterizar adequadamente a essência do projeto de nação, justamente em uma situação na qual alguns grupos sociais, até esse momento passivos ou discriminados, começavam a expressar as suas reivindicações políticas e econômicas.

No final de 1840, os representantes do "projeto" nacional, na tentativa de conseguir um amplo apoio das massas para os seus planos de modernização, adotaram a fórmula utilizando-a de maneira programática: "Liberdade, igualdade, fraternidade". Estes termos foram expostos como os princípios e bases da nova ordem, com os quais Nova Granada apresentava-se como uma nação florescente e poderosa, com cidadãos livres e com igualdade de direitos.[47]

A quais grupos estavam dirigidas estas fórmulas? Que grupos – diferentemente da primeira fase da constituição do Estado-nação – deveriam participar ativamente da realização da nação, do projeto nacional? A parcela da população que vivia nas cidades podia claramente ser identificada como grupo destinatário,

---

[46] Nos jornais de Nova Granada foram publicados numerosos artigos de socialistas franceses, como Lamartine, Victor Hugo, Eugenio Sue, Louis Blanc; por exemplo, em: *El Porvenir* (Cartagena), nº 7, de setembro de 1849; *El Censor* (Medellín), nº 29, 8 de novembro de 1848; El 7 de Marzo, nºs 6-7, janeiro de 1850; *El Constitucional*, nº 17, 28 de outubro de 1853.

[47] Cf. por exemplo os correspondentes artigos de jornal em: El Siglo, nº 1, 8 de junho de 1848; nº 7, 27 de julho de 1848; El Aviso, nº 33, 3 de setembro de 1848; *El Suramericano*, nº 1, 11 de agosto de 1849; nº 2, 30 de setembro de 1849; nº 10, 14 de outubro de 1849 (no que diz respeito à influência francesa); nº 31, 3 de fevereiro de 1850; *El Siglo*, nº 17, 25 de julho de 1849; *El 7 de Marzo*, nº 12, 16 de fevereiro de 1850; *El Liberal*, nº 2, 28 de abril de 1852; *Una Sesión Solemne de la Escuela Republicana de Bogotá*. Bogotá, 1850.

pois, diferentemente das zonas rurais e apesar da paralisação política e econômica geral, tinha se modificado e diferenciado do resto da sociedade. Eram os artesãos que, de acordo com a opinião dos liberais, estavam especialmente indicados como partidários do seu projeto.

Com estas fórmulas de mobilização e esforços para atrair a lealdade, que podem ser caracterizados como um *nacionalismo anticolonial e modernizador* orientado para os ideais liberais, a burguesia comerciante e intelectual, agora mais poderosa, pôde atrair grande parte da população urbana; pôde colocar em marcha um movimento de desenvolvimento nacional e introduzir, após a tomada do governo, em 1849, com o presidente José Hilario López, a mudança política e social e um crescimento econômico mediante o livre comércio com livre acesso de produtos europeus e inserção no mercado mundial com produtos agrários de Nova Granada.

Entretanto, esta modernização só produziu uma mudança parcial que não abrangeu nem a sociedade em geral, nem a economia, nem todas as regiões do país. Por um lado, a situação de uma parcela da população urbana, a burguesia intelectual e comerciante, melhorou e se estabilizou. Esta, ao combinar o comércio e a propriedade rural, criou uma base que não só lhe proporcionou a influência econômica mais importante da época, mas deu-lhe também uma influência política decisiva. Por outro lado, estava a outra parte da população urbana, a pequena burguesia, cuja base de subsistência eram as empresas tradicionais manufatureiras e artesanais, que se enfraquecia cada vez mais por causa da política econômica liberal. Aconteceu justamente o que o presidente López, em 1849, tinha prometido evitar em sua primeira declaração após a posse: a liberdade, isto é, a liberação econômica, havia levado à desigualdade ou, pelo menos, não a tinha eliminado.

Comerciantes, advogados e agricultores diferenciavam-se economicamente dos artesãos em razão das vantagens oferecidas pela nova política modernizadora e se autovalorizavam como intelectuais, proprietários e classe social apta para dirigir o Estado, criando, desta forma, limites para ao *povo*. Este último, ou melhor, alguns de seus porta-vozes, constataram que justamente a comunidade e a solidariedade proclamadas com o lema de *cidadão* e a fórmula *liberdade, igualdade, fraternidade* não existiam; que os comerciantes, advogados e agricultores formavam uma classe, – a burguesia –, e que utilizavam os artesãos apenas como instrumento para alcançar o poder. Em 1851, Ambrosio López, um dos membros dirigentes da Sociedade de Artesãos de Bogotá, previra isto com grande amargura em uma extensa análise da história da sua Sociedade e da instrumentalização da qual era vítima. Ambrosio López fez com que os artesãos vissem que a caracterização da pátria como "Estado neocolonial", como superação da dominação política e espiritual e como progresso, tinha sido pura retórica, de modo que o que os liberais haviam chamado de *pátria*, significava, na realidade, a tutela das camadas inferiores da sociedade.[48] O projeto nacional – desenvolvimento, progresso, participação econômica e política – realizou-se apenas para certos grupos e para algumas regiões que se beneficiaram com a nova política econômica.

---

[48] [traduzido] "(...) vou demonstrar-lhes o que nossos próceres chamam pátria e depois manifestar que o povo que compõe as classes trabalhadores é o brinquedo da qual se chama classe privilegiada, classe do saber, classe de talentos, classe que deve estar acima e nunca abaixo e classe que nasceu para mandar e aproveitar e o povo para trabalhar e sofrer, de acordo com nossa nova democracia, (...)", Ambrosio López: *El Desengaño*, o confidencias de Ambrosio López, primer director de la Sociedad de Artesanos de Bogotá, denominada hoje "Sociedad Democrática". *Escrito para conocimiento de sus consocios.* Bogotá, 1851, p. 26.

Foram excluídos dessa mudança principalmente os artesãos que, mais do nenhuma outra parcela da sociedade, apoiaram o movimento de desenvolvimento liberal. Eles perceberam que o proclamado projeto nacional não era adequado para conduzir a unidade nacional e social e que, por outro lado, sua situação não era tão irremediável como quiseram sugerir os grupos dominantes da burguesia intelectual e dos comerciantes. Os artesãos se uniram em um movimento de oposição nacional, o Movimento de 17 de abril de 1854, e tomaram o poder representados pelo general José María Melo. Apareceu, assim, outro novo projeto nacional que não surgiu das elites, mas das camadas da população prejudicadas pelo novo sistema liberal. Seu conteúdo – pelo menos a reivindicação de uma centralização administrativa e uma maior consideração da indústria nacional – parecia ser mais apropriado para a integração nacional e social de Nova Granada. Sua formação e sua força mobilizadora ilustram quão pouco a sociedade em geral se identificava com o Estado, política e economicamente reorganizado desde 1849, e com os novos valores individuais anti-hispânicos e anticlericais. Mostra também, a despeito dos dados sobre a desintegração política, econômica e social, quão pouco Nova Granada tinha avançado no processo de formação da nação. Enfrentaram-se dois movimentos nacionais, pois para a população em geral, a "liberdade" e a "igualdade" tornaram-se efetivas só na palavra, visto que não se concretizaram as condições econômicas que possibilitariam exercer os direitos de igualdade e participação política.

As classes superiores, isto é, os grupos que se beneficiaram da política liberal e viram-se afetados pelas medidas do governo revolucionário – os comerciantes, agricultores, prestamistas e advogados, os proprietários de terras, inclusive os antigos terratenentes – defenderam seus interesses e propriedades mobilizando todas as forças militares. Após várias e longas lutas, as tropas de Melo, formadas por soldados e pela Guarda Nacional dos artesãos, foram definitivamente derrotadas no dia 4 de dezembro de 1854.

Ao repudiar os protestos e as dúvidas dos grupos das camadas inferiores da população, a classe alta da burguesia comerciante e intelectual, assim como os terratenentes, impediram a transformação social de toda a sociedade. A nova política econômica transformou-se, então, no instrumento ideológico mediante o qual a burguesia e seus novos aliados, os terratenentes, tentaram legitimar o seu poder econômico e político perante o "povo" e consolidar, ou melhor, defender, os seus privilégios. O nacionalismo modernizador já não servia nem para a mudança, nem para a ampla distribuição dos recursos naturais, assim como também não servia para uma maior participação política e, manter o *status quo* diante das classes inferiores da população, que se mobilizavam articulando as suas reivindicações. A burguesia de comerciantes, como classe dominante, aferrou-se às suas ideias e conformou-se com os efeitos econômicos e sociais negativos, considerando-os inevitáveis. O *nacionalismo anti-colonial e modernizador* transformou-se em uma ideologia da elite, com a qual pôde legitimar o seu *status* econômico e social, e defendê-lo perante as reivindicações das classes inferiores. A função modernizadora do nacionalismo transformouse no seu oposto: ao invés de conduzir à integração social, levou a uma delimitação social; ao invés de desmontar as diferenças sociais e regionais, intensificou-as.

Na metade do século XIX, ou seja, na fase de um Estado próprio, o movimento social das elites mobilizou amplos setores populares, mas em virtude de seus interesses sociais divergentes, não foi capaz de integrá-los. Teve uma consequência ainda maior o fato de que o nacionalismo propagado por eles chegou a ser a ideologia de coalizão das forças da elite para estabilizar o seu poder e, com isso, um meio de luta nos conflitos sociopolíticos entre a elite e os setores populares. Assim, a função do nacionalismo como formador do Estado-nação transformou-se no contrário: ideologicamente, o conceito foi utilizado para mobilizar a população visando a uma maior integração, mas, na realidade, este nacionalismo teve um efeito desagregador e impediu um desenvolvimento democrático modernizador.

Documento Nº 1

~

REPRESENTAÇAO DO CABIDO DE SANTA FÉ, CAPITAL DO NOVO REINO DE GRANADA, À SUPREMA JUNTA CENTRAL DA ESPANHA NO ANO DE 1809*

SENHOR: Desde o feliz momento em que recebemos nesta capital a notícia da augusta instalação dessa Suprema Junta Central representando o nosso mui amado soberano, o senhor dom Fernando VII, e que se comunicou a esta Prefeitura para que reconhecesse este centro de união comum sem deter-se um só instante em investigações que pudessem ser interpretadas em um sentido menos reto, cumpriu com este sagrado dever, prestando o solene juramento que a Suprema Junta lhe tinha indicado; ainda que tenha sentido profundamente em sua alma que, no momento em que os deputados de todas as províncias da Espanha associavam-se na representação nacional, não se fizesse a menor menção, nem se considerassem os vastos domínios que compõem o império de Fernando na América e que tão constantes, tão seguras provas de sua lealdade e patriotismo acabavam de dar nesta crise.

Não faltou quem desde então propusesse se seria conveniente fazer esta respeitosa insinuação à soberania, pedindo que não se tirasse desse reino a oportunidade de participar, por meio dos seus representantes, como fizeram as províncias da Espanha, da consolidação do governo para que resultasse em um verdadeiro corpo nacional, supondo que as Américas, dignas, por

---

* In: FORERO, Manuel. *Camilo Torres*. Bogotá, 1960, pp. 323-344.

outro lado, desta honra, não são menos interessadas no bem que se trata de fazer e nos males que se procuram evitar, e nem menos consideráveis na balança da monarquia, cujo equilíbrio perfeito só pode produzir as vantagens da nação. Mas este sentimento foi deixado de lado, esperando um tempo melhor, e o cabido persuadiu-se de que a exclusão dos deputados da América só deveria ser atribuída à urgência imperiosa das circunstâncias e que eles seriam chamados rapidamente a cooperar com suas luzes e com seu trabalho e, se fosse necessário, com o sacrifício de suas vidas e de suas pessoas para o restabelecimento da monarquia, para a restituição do soberano, para a reforma dos abusos que haviam oprimido a nação e para estreitar, com leis equitativas e benéficas, os vínculos de fraternidade e amor que já reinavam entre o povo espanhol e o americano.

Não nos enganamos em nossas esperanças, nem nas promessas que já nos foram feitas pela Junta Suprema de Sevilha em vários de seus papéis e, principalmente, na declaração dos fatos que tinham motivado a sua criação e que foi comunicada pelos seus deputados a este reino e aos demais da América. "Burlaremos, dizia, as iras do usurpador, reunidas a Espanha e as Américas espanholas... somos todos espanhóis: sejamos, pois, verdadeiramente reunidos na defesa da religião, do rei e da pátria".

Vossa Majestade mesma acrescentou pouco depois, no Manifesto de 26 de outubro de 1808: "nossas relações com as nossas colônias serão estreitadas mais fraternalmente e, consequentemente, serão mais úteis".

Com efeito, nem bem a Suprema Junta Central desafogou-se de seus primeiros cuidados quando tratou do negócio importante da união das Américas por meio dos seus representantes, o

Conselho das Índias foi advertido a fim de que resultasse uma verdadeira representação destes domínios e se evitasse todo inconveniente que pudesse destruí-la ou prejudicá-la.

Em consequência do que expôs aquele Supremo Tribunal, expediu-se a real ordem de 22 de janeiro do ano em curso, na qual, considerando Vossa Majestade que os vastos e preciosos domínios da América não são colônias ou feitorias como os de outras nações, mas uma parte essencial e integrante da Monarquia Espanhola, e desejando estreitar de uma maneira indissolúvel os sagrados vínculos que unem uns e outros domínios, como também corresponder à heróica lealdade e patriotismo da qual acabam de dar uma prova decisiva na conjuntura mais crítica em que se viu até agora uma nação, declarou que os reinos, províncias e ilhas que formam os referidos domínios deviam ter representação nacional de sua real pessoa e constituir parte da Junta Central governativa do reino, por meio dos seus correspondentes deputados.

Não é explicável a alegria que causou esta resolução soberana nos corações de todos os indivíduos desta Administração Municipal e de todas as que desejam a verdadeira união e fraternidade entre os espanhóis europeus e americanos, que nunca poderá subsistir a não ser sobre as bases da justiça e da igualdade. A América e a Espanha são duas partes integrantes e constituintes da Monarquia Espanhola e, de acordo com este princípio e o de seus interesses mútuos e comuns, só poderá haver um amor sincero e fraterno fundamentado na reciprocidade e igualdade de direitos. Qualquer um que pense de outro modo não ama a sua pátria, nem deseja, sinceramente, o seu bem. Desta forma, excluir as Américas desta representação seria, além de fazer-lhes a maior injustiça, colocar sobre elas as suas desconfianças e os ciúmes e afastar para sempre a possibilidade desta união.

O cabido recebeu, pois, nesta real determinação de Vossa Majestade, uma mostra do verdadeiro espírito que hoje anima as Espanhas e o desejo sincero de caminhar de acordo com o bem comum. Se o governo da Inglaterra tivesse dado este passo importante, talvez hoje não chorasse a separação de suas colônias; mas um tom de orgulho e um espírito de soberba e de superioridade excessiva o fizeram perder aquelas ricas possessões, que não entendiam por que sendo vassalos de um único soberano, partes integrantes de uma mesma monarquia – e todas as demais províncias da Inglaterra enviavam seus representantes para o corpo legislativo da nação –, este quisesse ditar-lhes leis, impor-lhes contribuições que não haviam sancionado com a sua aprovação.

Mais justa, mais equitativa, a Suprema Junta Central chamou as Américas e conheceu esta verdade: que entre iguais, o tom de superioridade e de domínio só pode servir para irritar os ânimos, para desgostá-los e para induzir a uma funesta separação.

Mas em meio ao justo prazer que causou esta ordem real, a Prefeitura da capital do Novo Reino de Granada apenas sentiu uma profunda dor porque, quando as províncias da Espanha, mesmo as menos importantes, enviaram dois vocais para a Suprema Junta Central, só se pede para os vastos, ricos e populosos domínios da América um deputado de cada um de seus reinos e capitanias gerais, cujo resultado é uma notável diferença, tão diferente como a que existe entre nove e trinta e seis.

Acaso, antes de tratar de outra coisa, ter-se-ia reclamado sobre este particular a Vossa Majestade, mas as Américas e, principalmente, este reino, não quiseram dar a menor desconfiança à nação em tempos tão calamitosos e desgraçados e, sim, deixar claro a sua deferência. E ainda aproveitando a melhor ocasião, só pensou em colocar em execução o que correspondia no que se refere à nomeação dos deputados. Assim o fez. Mas, ao mesmo tempo e depois de ter dado este sincero testemunho de adesão, de benevolência e de amor à Península, lavrou a Ata, que acompanha Vossa Majestade.

Nela acordou-se que, parecendo oportuna a reclamação meditada desde o princípio, se informasse a Vossa Majestade através do cabido, que é a primeira Administração Municipal do reino, o que acaba de ser expresso no que se refere ao número e nomeação de deputados, dirigindo-a por intermédio de vosso vice-rei ou diretamente a Sua Majestade, se fosse o caso, e salvo se devesse ser especificado também na procuração e nas instruções que se deem ao deputado.

Entretanto, o cabido diferiu este passo até que se procedesse, como se procedeu, à última eleição e ao sorteio daquele representante, e também quando viu que se tratava tão seriamente da reforma do governo e do estabelecimento das Cortes que devem ser formadas por toda a nação, de acordo com seu estatuto original, seu objetivo e seu fim.

Vossa Majestade convidou todos os homens instruídos para que comuniquem suas luzes nos pontos da reforma que podem conduzir ao seu bem e para alcançar o estabelecimento de um governo justo e equitativo, fundado sobre bases sólidas e permanentes e que um poder arbitrário não possa turbar. Mas, nesta grande obra, as Américas não deverão ter uma parte fundamental? Não se trata do seu bem, assim como do bem da Espanha? E os males que padeceu não são, talvez, maiores pela distância que têm do soberano e entregues aos caprichos de um poder sem limites?

Se o cabido faz ver a Vossa Majestade a necessidade de que em matéria de representação, tanto na Junta Central quanto nas Cortes Gerais, não deve haver a menor diferença entre a América e a Espanha, cumpriu com um dever sagrado que lhe impõe a qualidade de órgão do público e, ao mesmo tempo, com a soberana vontade de Vossa Majestade.

Não, já não é um ponto questionável se as Américas devem fazer parte da representação nacional. E esta dúvida seria tão injuriosa para elas como as províncias da Espanha, mesmo as menos importantes, considerariam se assim se versasse sobre elas. Qual império tem a industriosa Catalunha em detrimento da Galícia? Ou qual pode ostentar esta e outras populosas províncias em detrimento de Navarra? Que direito tem o próprio centro da monarquia e a residência de suas autoridades máximas, apenas por esta razão, de promulgar leis excluindo as demais? Que desapareça, pois, toda a desigualdade e superioridade de umas com relação às outras. Todas são parte constituinte de um corpo político que delas recebe o vigor, a vida.

Mas qual foi o princípio que dirigiu a Espanha e que deve governar as Américas em sua representação? Não é o princípio da maior ou menor extensão de suas províncias, porque, senão, as pequenas Murcia, Jaén, Navarra, Astúrias e Vizcaya não teriam enviado dois deputados à Suprema Junta Central. Não a sua população, porque então estes mesmos reinos e outros com igual número de habitantes não teriam almejado aquela honra na mesma proporção que a Galícia, Aragão e a Catalunha. Não as suas riquezas ou sua ilustração, porque então os reinos de Castela, centro da grandeza, das autoridades, dos primeiros tribunais e estabelecimentos literários do reino, teriam, nesta parte, uma preferência decisiva. Não, enfim, a reunião em um só continente, porque Mallorca, Ibiza e Menorca estão dele separados e sua extensão, riqueza e população só podem ser comparadas com a dos menores reinos da Espanha. Logo, a única e decisiva razão desta igualdade é a qualidade das províncias, tão independentes umas das outras e tão consideráveis, quando se trata de representação nacional, como qualquer das mais dilatadas, ricas e florescentes.

Estabelecer, pois, uma diferença nesta parte, entre a América e a Espanha, seria destruir o conceito de províncias independentes e de partes essenciais e constituintes da monarquia, assim como seria supor um princípio de degradação.

As Américas, senhor, não estão compostas de estrangeiros à nação espanhola. Somos filhos, somos descendentes dos que derramaram seu sangue para adquirir estes novos domínios para a Coroa da Espanha; dos que estenderam seus limites e deram, na balança política da Europa, uma representação que por si só não podiam ter. Os naturais, hoje conquistados e sujeitos ao domínio espanhol, são muito poucos ou quase nada, em comparação com os filhos dos europeus que povoam estas ricas possessões. A contínua emigração da Espanha nos três últimos séculos, desde o descobrimento da América; a provisão de quase todos os seus ofícios e empregos em espanhóis europeus que vieram estabelecer-se sucessivamente e que nela deixaram seus filhos e sua posteridade; as vantagens do comércio e dos ricos dons que a natureza aqui oferece, foram outras tantas fontes perpétuas e foram a origem da nossa população. Somos tão espanhóis quanto os descendentes de Dom Pelayo, e tão credores, por esta razão, de distinções, privilégios e prerrogativas como os que, saídos das montanhas, expulsaram os mouros e povoaram a Península. E se há alguma diferença é que nossos pais, como foi dito, com indizíveis trabalhos e fainas, descobriram, conquistaram e povoaram este Novo Mundo para a Espanha.

Certamente que eles não deixariam seus filhos como herança – uma diferença odiosa entre espanhóis e americanos – mas sim, acreditariam que com seu sangue adquiriram um direito eterno ao reconhecimento ou, pelo menos, à igualdade perpétua com seus compatriotas. Assim é que as leis do código municipal honraram com tão distintos privilégios os descendentes dos primeiros descobridores e povoadores, dando-lhes, entre outras coisas, todas as honras e preeminências que têm e gozam os fidalgos e cavalheiros dos reinos de Castela de acordo com os foros, leis e costumes da Espanha.

Sob este conceito nós, americanos, estivemos e estaremos sempre. E os próprios espanhóis não acreditarão que por haver transplantado seus filhos a estes países, os deixaram em pior condição que seus pais. Desgraçados deles, se apenas a mudança acidental de domicílio lhes produzir um patrimônio de ignomínia. Quando os conquistadores misturaram-se aos vencidos, a Administração Municipal não achou que tivessem se degradado, porque ninguém disse que o fenício, o cartaginês, o romano, o godo, o vândalo, o suevo, o alano e o habitante da Mauritânia, que sucessivamente povoaram as Espanhas e que se misturaram com os indígenas ou naturais do país, tiraram de seus descendentes o direito de representar com igualdade a nação.

Mas, voltemos os olhos para outras considerações mais importantes, para os reinos da América e principalmente para este, mais do que se acreditava até aqui. A diferença entre as províncias, no que se refere ao número de deputados no corpo legislativo ou na Assembleia Nacional de um povo não pode ser percebida, como dizíamos antes, a não ser pela sua população, extensão do seu território, riqueza do país, importância política que sua situação lhe proporcione com relação ao resto da nação ou, enfim, pela ilustração dos seus moradores. Mas, quem poderá negar todas ou quase todas estas brilhantes qualidades das Américas com relação às províncias da Espanha? Entretanto, nos compararemos com este reino.

População. A mais numerosa daquelas é a da Galícia e, mesmo assim, ascende a um milhão, trezentos e quarenta e cinco mil, oitocentas e três almas, ainda que existam contagens que lhe dão, em 1804, um milhão, cento e quarenta e dois mil, seiscentas e trinta almas; mas vamos dizer um milhão e meio de almas. A Catalunha tinha, naquele ano, oitocentas e cinquenta e oito mil. Valência, oitocentas e vinte e cinco mil. Estes são os reinos mais populosos da Península. Pois, o reino de Nova Granada passa, segundo os cômputos mais moderados, de dois milhões de almas.

Sua extensão é de sessenta e sete mil e duzentas léguas quadradas, de seis mil, seiscentas e dez varas* castelhanas. Toda a Espanha tem quinze mil e setecentas, como se pode ver no Mercúrio de janeiro de 1803 ou, no máximo, dezenove mil, quatrocentas e setenta e uma, de acordo com os cálculos mais altos. Portanto, o Novo Reino de Granada tem, em extensão, três ou quatro tantos de toda a Espanha.

Nesta prodigiosa extensão, compreende vinte e dois governos ou corregedorias de administração real e todas elas são outras tantas províncias, sem contar, talvez, algumas outras pequenas: tem mais de setenta, entre vilas e cidades, omitindo as arruinadas; de novecentos a mil lugares; sete ou oito dioceses,

---

* N.T.: Antiga unidade de medida de comprimento usada em diferentes regiões da Espanha que oscilava entre 7,68 metros e 9,12 metros.

se foi construído, como se diz, o da província de Antioquia, ainda que nem todos elas pertençam a esta igreja metropolitana, em virtude da desordem e desconformidade das demarcações políticas com as eclesiásticas; e poderia haver três ou quatro mais, como representaram muitas vezes os vice-reis ao ministério, se a rapacidade de um governo destruidor tivesse pensado em outra coisa e não só aproveitar-se dos dízimos sob as mais diversas formas, como anualidades, subsídios eclesiásticos e outras inventadas pela cobiça para destruir o santuário e os povos.

Com respeito à riqueza deste país e, em geral, dos países da América, o cabido contenta-se em apelar para os últimos testemunhos que nos deu a própria metrópole. Já citamos a declaração da Suprema Junta de Sevilha, em 17 de junho de 1808. Nela, sobre as Américas pede que "a mantenham, enquanto abunda seu fértil solo, tão privilegiado pela natureza". Em outro papel igual que parece publicado em Valência sob o título de manifestação política, as Américas são chamadas de "o patrimônio da Espanha e de toda a Europa". "A Espanha e a América (diz Vossa Majestade na circular de janeiro do ano em curso, para todos os vice-reis e capitães-gerais), contribuem mutuamente para a sua felicidade". Enfim, quem não conhece a importância das Américas por causa de suas riquezas? De onde emanaram esses rios de ouro e de prata que, devido à péssima administração do governo, passaram pelas mãos de seus possuidores sem deixar outra coisa que a triste lembrança do que poderiam ter sido com os meios poderosos que a Providência colocou à sua disposição, mas não souberam aproveitar? A Inglaterra, Holanda, França, toda a Europa, foi dona das nossas riquezas, enquanto a Espanha, contribuindo para o engrandecimento dos Estados de fora, consumiu-se na própria abundância. Semelhante ao Tântalo da fábula, rodearam-na por todos os lados os bens e as comodidades, mas ela, sempre sedenta, viu fugir de seus lábios torrentes inesgotáveis, que fecundariam povos mais laboriosos, melhor governados, mais instruídos, menos opressores e mais liberais. Potosi, Choco e os solos argentíferos do México, vossos metais preciosos, sem fazer ricos os espanhóis e sem deixar nada nas mãos do americano que os lavrou, ensoberbeceram o orgulhoso europeu e foram parar na China, no Japão e no Industão. Oh! Se chegasse o dia tão desejado desta feliz regeneração, que Vossa Majestade já nos anuncia! Oh! Se este governo começasse a ser estabelecido sobre as bases da justiça e da igualdade! Oh! Se entendessem, como disse e repete a Administração Municipal, que as odiosas diferenças entre a América e a Espanha não mais existirão!

Mas não são as riquezas precárias dos metais que fazem a América ser inestimável e que as torna mais importante do que toda a Europa. Seu solo fecundo em produções naturais não poderá esgotar a extração e aumentará sucessivamente, quantos mais braços o cultivarem; seu clima cálido e variado, onde a natureza gerou tantos bens, ao contrário de outros lugares. Aqui existem vantagens inigualáveis que farão da América o celeiro, o reservatório e o verdadeiro patrimônio de toda a Europa. As produções do Novo Mundo tornaram-se de primeira necessidade para o Antigo, que não poderá subsistir sem elas a partir de agora. E este reino, depois de seu ouro, de sua prata e de todos os metais, sendo que de alguns tem a posse exclusiva, depois de suas pérolas e pedras preciosas, de seus bálsamos, de suas resinas, da preciosa quina, da qual também é proprietário absoluto, abunda em todas as comodidades da vida, e tem o cacau, o anil, o algodão, o café, o tabaco, o açúcar, a salsaparrilha, os paus, as madeiras, as cores, com todas as frutas comuns e conhecidas de outros países.

Mas para que esta longa nomenclatura, uma enumeração prolixa dos bens que produz o reino e dos quais a mesquinha e avara política do seu governo não soube aproveitar-se? Acaso poderiam comparar-se com ele os outros da América ou os dos Estados Unidos, cuja assombrosa prosperidade surpreende, mesmo sendo uma potência ainda nova? Não. A Espanha jamais acreditará que, em razão das riquezas de suas províncias, pode chamar dois representantes de cada uma delas para a Suprema Junta Central e que o novo e soberbo reino de Granada merece só a metade desta honra.

Sua situação local, dominando dois mares, os Oceanos Atlântico e o Pacífico; dono do Istmo que, algum dia, talvez, lhes dará comunicação e onde virão encontrar-se as naves do Oriente e do ocaso; com portos onde possa receber as produções do Norte e do Centro; rios navegáveis e que possam ser navegáveis; gente laboriosa, hábil e dotada dos mais ricos dons do engenho e da imaginação. Sim, esta situação feliz, que parece inventada por uma fantasia que exaltou o amor da pátria, com todas as proporções que já foram ditas, com uma numerosa população, um imenso território, riquezas naturais e que podem fomentar um vasto comércio; tudo constitui o reino de Granada, digno de ocupar um dos primeiros e mais brilhantes lugares na escala das províncias da Espanha, e que ela se glorie de lhe ter porque se dela não dependesse, seria um Estado poderoso no mundo.

Com respeito à ilustração, a América não tem a vaidade de se acreditar superior, nem mesmo igual às províncias da Espanha. Graças a um governo despótico, inimigo das luzes, ela não podia esperar fazer progressos rápidos nos conhecimentos humanos, quando só se tratava de colocar travas ao entendimento. A imprensa, o veículo das luzes e o condutor mais seguro que pode difundi-las, esteve mais severamente proibida na América do que em qualquer outro lugar. Nossos estudos de filosofia reduziram-se a um emaranhado metafísico feito pelos autores mais obscuros e mais desprezíveis que se conhecem. Por isso, a nossa vergonhosa ignorância nas ricas preciosidades que nos rodeiam e a sua aplicação nos usos mais comuns da vida. Há poucos anos viu-se este reino, com assombro, suprimir as cátedras de direito natural e das pessoas, porque se acreditou que o seu estudo era prejudicial. Prejudicial o estudo das primeiras regras da moral que Deus gravou no coração do homem! Prejudicial o estudo que ensina aos homens as suas obrigações com a causa primeira do seu ser, consigo mesmo, com sua pátria e com seus semelhantes! Bárbara crueldade do despotismo, inimigo de Deus e dos homens, e que só deseja tê-los como manada de míseros servos, destinados a satisfazer seu orgulho, seus caprichos, sua ambição e suas paixões! (...)

Mas a Administração Municipal se distrai e, conduzida por essas ideias lisonjeiras, perde o fio do seu discurso. Este não é o ponto do dia. O que hoje quer, o que hoje pede esta Administração Municipal é que, apenas em razão da escassez de luzes que possam ter os deputados da América, não sejam excluídos de uma representação igual. É verdade que eles não poderão competir com seus colegas europeus nos profundos mistérios da política, mas, pelo menos, levarão conhecimentos práticos do país que eles não podem ter. Cada dia se vê nas Américas os erros mais monstruosos e prejudiciais pela falta desses conhecimentos. Sem eles, um governo a dois e três mil léguas de distância, separado por um largo mar, é preciso que vacile e que, guiado por princípios inadaptáveis na enorme diferença das circunstâncias, produza verdadeiros e mais funestos males do que os que tenta remediar. Semelhante ao médico que cura sem conhecimento e sem a presença do enfermo, no lugar do antídoto administrará o próprio veneno e, ao invés da saúde, provocará a morte. (...)

Enfim, se estes conhecimentos não são necessários, se o amor e o afeto ao país só podem fazer ansiar por sua prosperidade e se tudo isto pode ser suprido pelas relações, bem poderiam ser excluídos também da Suprema Junta Central os deputados das diversas províncias da Espanha, e o governo voltaria a se concentrar em dois ou três que dela possam ter conhecimento ou possam adquiri-los sem dificuldade. Mas, o que vemos é que nenhuma quis ceder nesta parte: todas se reputaram iguais e a Suprema Junta de Granada, tratando sobre a reunião de vogais em ofício de 24 de julho passado, disse à de Sevilha que nomeie dois de seus indivíduos como o fazem todas as demais para preservar, por esta ordem, a igualdade no número de representantes, evitar receios que de outra maneira surgirão e porque não é justo que uma província tenha maior número de votos que outra; mas que se a Junta de Sevilha não estava de acordo com este meio adotado por todas as demais, separando-se da proposta de que aquela cidade fosse o ponto central, indicaria a de Murcia e convocaria todas as do reino para que nomeassem a que julgassem mais oportuna.

Assim, as Juntas Provinciais da Espanha não estão de acordo sobre a formação da central, a não ser com a expressa condição da igualdade de deputados e, com respeito às Américas, haverá esta odiosa restrição? Trinta e seis ou mais vogais são necessários para a Espanha e para as vastas províncias da América só são suficientes nove! E isto com o risco de que mortos, enfermos ou ausentes seus representantes, torne a sua representação nula!

Se chegarmos a isto, como tão natural e facilmente pode suceder, quem substituirá esses deputados? Serão nomeados outros na Espanha em seu lugar ou voltarão ao rodeio de cabidos, eleições e sorteios? No primeiro caso, quem dará a sanção ou a aprovação ao que fizerem os deputados que não foram nomeados pela América? No segundo, serão suspendidas as operações da Junta ou não se contará com o voto das Américas?

Dez ou doze milhões de almas que nela hoje existem receberão a lei de outros dez ou doze que existem na Espanha, sem considerar a sua vontade? Irão impor-lhes um jugo que talvez não queiram reconhecer? Vão exigir-lhes contribuições que não vão querer pagar?

Não, a Junta Central prometeu que tudo será estabelecido sobre as bases da justiça e a justiça não pode sobreviver sem a igualdade. É preciso repetir e inculcar muitas vezes esta verdade. A América e a Espanha são os dois pratos de uma balança: quando o peso é colocado em um, o outro vira ou o seu equilíbrio é prejudicado. Governantes: na exatidão do fiel está a igualdade!

Temeis a influência da América no governo? E por que a temeis? Se for um governo justo, equitativo e liberal, nossas mãos contribuirão para mantê-lo. O homem não é inimigo da sua felicidade. Se quiserdes inclinar a balança para o outro lado, entenda que dez ou doze milhões de almas com direitos iguais pesam o mesmo que o outro prato que vós formais. E pesavam mais, sem dúvida, os sete milhões que constituíam a Grã-Bretanha europeia do que os três que apenas formavam a Inglaterra americana e, contudo, a justiça colocada naquele prato inclinou a balança.

Não temais que as Américas os separem. Elas amam e desejam vossa união, mas este é o único meio de conservá-la. Se não pensassem assim, pelo menos este reino não os falaria com esta linguagem, que é a linguagem da candura, da franqueza e da ingenuidade. As Américas conhecem vossa situação e vossos recursos, conhecem os seus. Um irmão fala com outro irmão para manter com ele a paz e a união. Nenhum dos dois tem o direito de ditar leis ao outro, a não ser as que convenham por meio de uma aliança mútua e recíproca.

Além do mais, Vossa Majestade confessou as decisivas provas de lealdade e patriotismo que as Américas deram à Espanha na conjuntura mais crítica e quando dela nada deviam esperar ou temer. Por que tardamos, pois, em estreitar os vínculos desta união? Uma união fraterna, admitindo as Américas em uma representação nacional, porém não lhes retribuindo esta graça por prêmio e, sim, convidando-as a praticar os seus respectivos direitos.

Assim se consolidará a paz, assim trabalharemos de comum acordo em nossa felicidade mútua, assim seremos espanhóis americanos e vós, espanhóis europeus.

Sob outros princípios, ireis a contradizer vossas próprias opiniões. A lei é a expressão da vontade geral e é preciso que o povo a manifeste. Este é o objetivo das Cortes: elas são o órgão desta voz geral. Se não escutardes as Américas, se elas não manifestarem a sua vontade por uma representação competente e dignamente autorizada, a lei não será feita para elas, porque não tem a sua sanção. Doze milhões de homens com diferentes necessidades, em várias circunstâncias, sob diferentes climas e com interesses diversos precisam de leis diferentes. Vós não as podeis fazer, nós não as devemos dar. Recebê-las-iam da América se a meditada emigração dos nossos soberanos tivesse ocorrido e se tratássemos aqui das reformas que lá farão? Contudo, o caso ainda é possível. Se o soberano se transladasse até aqui, ficando vós na qualidade de províncias dependentes, receberíeis o número que nós lhes quiséssemos impor de deputados, menor que o que atribuíssemos às Américas? Se, por uma desgraça que nos horroriza pensar, a morte natural ou violenta de todos os descendentes da família real que existem na Europa obrigasse a que chamássemos a reinar sobre nós um que existisse na América e este fixasse nela o seu domicílio na convocação das Cortes Gerais ou na formação de um corpo representativo nacional, conformar-se-iam com uma minoria tão decidida, como de nove a trinta e seis, apesar das grandes vantagens que a América leva em extensão, em riquezas e talvez em população? Não, nós não seríamos justos se não os chamássemos a uma participação igual em nossos direitos. Pois aplicai este princípio e não queirais para vossos irmãos o que nesse caso não quereríeis para vós. (...)

Enfim, senhor, de que se trata? Vossa Majestade disse na circular já citada que se trata de reformar abusos, melhorar as instituições, remover travas, proporcionar fomentos e estabelecer as relações da metrópole e das colônias sobre as verdadeiras bases da justiça. Pois, para esta grande obra devemos manifestar as nossas necessidades, expor os abusos que as causam, pedir a sua reforma e fazê-la juntamente com o resto da nação para conciliá-la com seus interesses, na suposição de que ela não poderá contar com os nossos recursos sem conquistar a nossa vontade.

Está decidido por uma lei fundamental do reino "que não se deem nem distribuam contribuições, serviços, pedidos, moedas, nem outros novos tributos, especiais ou gerais, em todos os reinos da monarquia, sem que primeiramente sejam chamados às Cortes os procuradores de todas as vilas e cidades e seja outorgado por tais procuradores que vierem às Cortes". Como se exigirão, pois, das Américas, contribuições que não tenham concedido pelos deputados que constituem uma verdadeira representação e cujos votos não tenham sido substituídos pela pluralidade de outros que não sentirão estas cargas? Se em semelhantes circunstâncias os povos da América se recusassem a concedê-las, teriam em seu apoio esta lei fundamental do reino.

"Porque nos feitos árduos e duvidosos dos nossos reinos, diz outra, é necessário o conselho dos nossos súditos e naturais, especialmente dos procuradores das nossas cidades, vilas e lugares dos nossos reinos; por fim, ordenamos e mandamos que sobre tais feitos grandes e árduos reúnam-se as Cortes e que isto se faça com conselhos dos três Estados dos nossos reinos, assim como o fizeram os reis, nossos progenitores."

Que negócio mais árduo que o da defesa do reino e do soberano, a reforma do governo e a restituição da monarquia às suas bases primitivas e constitucionais, cujo transtorno causou os males que hoje experimentamos? Tudo isto é obra nossa e nela devemos proceder de comum acordo. (...)

Neste sentido, deve comparecer um competente número de vogais, igual, pelo menos, ao das províncias da Espanha, para evitar desconfianças e receios e para que o próprio povo da América entenda que está suficiente e dignamente representado. Os quatro vice-reinados da América podem enviar, cada um deles, seis representantes, e cada uma das capitanias gerais, dois representantes, com exceção das Filipinas, que deve nomear quatro ou seis, em razão de sua numerosa população que já no ano de

1781 contava com dois milhões e meio e também por causa de sua distância e das dificuldades de substituição em caso de morte. Deste modo, resultarão trinta e seis vogais, como parece que são os que atualmente compõem a Suprema Junta Central da Espanha, pois ainda que na *Gazeta* do governo de Sevilha, número 1, de 11 de janeiro do ano em curso, só se contam trinta e quatro, não se inclui a província de Vizcaya que enviou depois os que correspondem.

É preciso considerar que cada vice-reinado da América está composto de muitas províncias, que algumas delas valem mais por si só do que os reinos da Espanha. A industriosa Quito conta, pelo menos, com meio milhão de almas e somente sua capital, com setenta mil; é uma presidência e comando-geral. Nela reside o tribunal da Real Audiência, o de Contas e outras autoridades; é residência do bispo, possui universidade e colégios; enfim, nada deve à capital, a não ser, em ser centro do governo. Por que motivo, pois, não poderá ou deverá ter, pelo menos, dois representantes correspondentes ao vice-reinado? Acaso com esta prudente medida os ânimos teriam-se reconciliado e teriam evitado as tristes consequências que hoje se experimentam naquele reino em agitação. Chamados seus representantes, teriam sido criadas esperanças de melhor sorte, mas a desconfiança talvez o afaste para sempre da monarquia.

Popayán é uma província que por si só deveria ter outro deputado: nela reside um bispo, possui colégio, casa real da moeda, tesouraria e administrações reais, enfim, manda ou dependem de seu governo oito cabidos, alguns deles com mais representação que o das capitais de outras províncias do vice-reinado. Estes cabidos certamente veem com dor semelhantes exclusão.

Imitando o que foi dito a respeito deste Novo Reino de Granada de que o cabido pode falar com mais conhecimento, poderíamos dizer o mesmo dos demais vice-reinados e, principalmente, dos opulentos do México e do Peru. Afinal, cada cidade cabeça de província e sede do bispado deveria ter um deputado e, talvez, esta seria a melhor regra que formaria, com pouca diferença, um número parecido ao que hoje constitui a Suprema Junta Central.

Estes deputados devem ser nomeados pelo povo para que mereçam a sua confiança e tenham a sua verdadeira representação, e os cabidos são só uma imagem muito desfigurada, porque não os formou o voto público, mas sim a herança, a renúncia ou a compra de alguns ofícios degradados e venais. Mas quando forem eles os que nomearem, não devem ter parte alguma em sua eleição outro corpo estranho, conforme o que a lei prescreve. (...)

Contudo, se a intenção de poupança e economia obrigasse a nação a tomar medidas pouco decorosas, se, enfim, não puder comparecer um número competente da América para a Espanha, que se convoquem e formem nestes domínios as Cortes Gerais, onde os povos expressem a sua vontade para que se torne lei e onde se submetam ao regime de um novo governo ou às reformas que nele se discutem, prévia deliberação das Cortes da Espanha; e também as contribuições, que sejam justas e não possam ser exigidas sem o seu consentimento. Assim, muitos gastos poderão ser economizados e será possível concentrar-se na representação nacional ou parcial da América.

Pelos mesmos princípios de igualdade deveriam e devem ser formados nestes domínios Juntas Provinciais compostas dos representantes de seus cabidos, assim como pelos que se estabeleceram e subsistem na Espanha. Este é um ponto da maior gravidade e o cabido não quer nem pode omiti-lo. Se tivesse sido dado este passo importante, quando veio a esta capital, em 5 de setembro de 1808, o deputado de Sevilha para que se reconhecesse a Junta, que se disse Suprema, hoje não se experimentariam as tristes consequências da perturbação de Quito. Ela é efeito da desconfiança daquele reino sobre as autoridades que o governam. Temem ser entregues aos franceses e, por isso queixam-se da misteriosa reserva do governo em dar notícias, de sua inação em preparar-se para a defesa e de várias prevenções injustas por parte dos que mandam, com relação aos espanhóis americanos. Tudo isto seria precavido se o povo visse que havia um corpo intermediário de seus representantes que zelasse por sua segurança.

Esta decisão poderia trazer muitas outras vantagens. As instruções e os diversos poderes de vinte cabidos, que são os que elegeram os deputados neste vice-reinado, formarão um monstro de outras tantas cabeças. O que é bom para uma província pode não ser para outra e para o reino em geral. Pelo contrário, limitando-se cada uma delas ao seu bem particular, abandonará o outro, quando não o impugnar completamente. Ninguém pode remediar este mal, a não ser um corpo como o que foi dito, formado por elementos das mesmas províncias ou de deputados dos cabidos que participaram da eleição. Assim precederá uma discussão sábia de todas as matérias, conciliar-se-ão os interesses e se instruirá o que for melhor. Hoje não acontecerá desta forma. O deputado não saberá a que ater-se e corre o risco de não fazer nada ou de que os cabidos o repreendam depois por ter faltado às suas instruções.

Estas Juntas foram ordenadas pela Real Ordem de 16 de janeiro deste ano, na qual se anunciam aos vice-reis da América os regulamentos ou como estão as da Espanha, depois da instituição da Suprema Junta Central. Pelo menos, se não é para isto, o cabido ignora para que se comunicou tal real ordem ou tal regulamento. (...)

Sim, com as leis, porque como já foi dito, em muitos dos votos da última sessão, está dito pela lei de Castela que nos fatos árduos se convoquem os deputados de todos os cabidos como se expressou acima e pela lei das Índias, que o governo destes reinos se iguale em tudo o que for possível com os da Espanha.

Por outro lado, senhor, que oposição é esta a que a América tenha corpos que representem os seus direitos? De onde vieram os males da Espanha, a não ser da absoluta arbitrariedade dos que mandam? Até quando desejarão ter-nos como manadas de ovelhas ao arbítrio dos mercenários que, longe do pastor, podem tornar-se lobos? As queixas do povo jamais serão ouvidas? Não lhe satisfarão em nada? Não terá a menor influência no governo e assim o devorarão impunemente seus sátrapas, como talvez tenha acontecido até hoje? Se a presente catástrofe não nos faz prudentes e cautos, quando o seremos? Quando o mal não tiver mais remédio? Quando os povos cansados de opressão não quiserem sofrer o jugo?

Pois estas consequências, volta a dizer o cabido, não lhe serão imputáveis. Este testemunho augusto que se consagra nas atas do tempo deporá perpetuamente a seu favor e a posteridade imparcial, lendo-o algum dia com interesse, verá nele a linguagem do amor e da sinceridade. Ao menos a Administração Municipal não encontra outros meios de consolidar a união entre a América e a Espanha do que uma representação justa e competente de seus povos, sem nenhuma diferença entre súditos que não a tem por meio de suas leis, seus costumes, sua origem e seus direitos; juntas preventivas nas quais se discutam, examinem e nos defendam contra os atentados e a usurpação da autoridade, e na qual se deem os devidos poderes e instruções aos representantes nas Cortes Nacionais, sejam as gerais da Espanha ou as particulares da América. Tudo o demais é precário. Tudo o demais pode ter consequências fatais. Quito já deu um exemplo funesto e são incalculáveis os males que podem acontecer a seguir se não existir um remédio rápido e eficaz. E este é o de dar à América com razão o seu bem, e a América não terá esta esperança e este sólido fundamento enquanto não caminhar sobre a igualdade.

Igualdade! Santo direito de igualdade: justiça que nela se apoia, e também em dar a cada um o que é seu; a Espanha europeia se inspira nestes sentimentos da Espanha americana; estreita os vínculos desta união: que ela seja eternamente duradoura e que os nossos filhos, dando-se reciprocamente as mãos de um lado ao outro do continente, bendigam a época feliz que lhes trouxe tanto bem. Oh, queira o céu ouvir os votos sinceros do cabido e que seus sentimentos não se interpretem mal! Queira o céu que outros princípios e outras ideias menos liberais não produzam os funestos efeitos de uma separação eterna!

Santa Fé, 20 de novembro de 1809.

Senhor: Luis Caicedo, José Antonio Ugarte, José María Dominguez de Castillo, Justo Castro, José Ortega, Fernando Benjumea, Juan Nepomuceno Rodríguez de Lago, Francisco Fernández Heredia Suescún, Jerónimo Mendoza, José Acevedo y Gómez, Ramón de la Infiesta Valdéz. O secretário, Eugenio Martín Melendro.

Documento nº 2

À IMPARCIALIDADE E À JUSTIÇA*

Ao ter uma participação ativa no governo de minha pátria nos últimos dois anos e ao separar-me do posto ao qual me conduziu o chefe da nação, devo prestar contas aos meus compatriotas sobre a minha conduta para que, meditando sobre os meus feitos, julguem-me por eles e não pelas apaixonadas e vagas declarações dos meus detratores. Devo fazê-lo desta forma, não só pela minha honra, mas também pela honra dos homens que cooperaram de forma eficaz comigo na realização das importantes melhorias que foram feitas em nossa legislação econômica e fiscal e também pela honra da minha pátria, a quem, ao diminuir-me, torna decepcionante a reputação que os atos do seu governo deveriam ter no mundo.

Quando a guerra civil despedaçava a minha pátria em 1840, condenei-me a um ostracismo voluntário na Europa depois de esgotar todos os esforços, por meio da imprensa e nas Câmaras Legislativas, para interromper uma luta fratricida na qual a liberdade dos meus compatriotas podia ser comprometida para sempre. Oposto à conduta que seguia o governo, e oposto, também, às vias de fato às quais se tinham apelado, minha honra e meu caráter não me permitiam apoiar os atos dos governantes nem as violências dos que os desconheceram. Em tais circunstâncias, ausentar-me era o partido que deveria tomar e o que tomei, porque eu não podia envolver-me em nenhum dos partidos beligerantes.

---

* GONZÁLEZ, Florentino. "À imparcialidade e à justiça", Bogotá, 1848.

Voltei à minha pátria quando, sossegados os distúrbios e reformada a Constituição, a sociedade de Nova Granada começou a recobrar o aprumo que a discórdia a tinha feito perder.

Amargos desenganos, fruto da má interpretação de patrióticos e honrados serviços prestados à causa da pátria tinham-me desgostado da vida pública. Não pensava em voltar a fazer parte do governo do meu país; e menos podia pensá-lo ao recordar os princípios que tinham guiado os governantes anteriores e, ao ver, à frente da nação, um general por cuja eleição havia lutado com tenacidade um partido, no entender de que iria favorecer os seus interesses e ser escravo das suas exigências.

Mas o homem em quem o partido via apenas o órgão de suas opiniões declarou sua resolução de governar com a maioria inteligente da nação, proclamou os princípios como seus únicos conselheiros e procurou homens que o ajudassem a realizá-los.

Eu e o General Mosquera não tínhamos antecedentes políticos comuns. Mas ele, prestando honra ao meu caráter e aos meus sentimentos patrióticos, não duvidou de que eu prestaria serviço ao meu país sem considerar estes antecedentes, se tais serviços estivessem de acordo com os princípios que havia defendido durante toda a minha vida.

Chamou-me, pois, para o Ministério da Fazenda, e aceitei a confiança com a qual me honrou decidido a enfrentar todo tipo de dificuldades para realizar o importante programa que acordamos executar.

Sabia que não era fácil a tarefa que meus ombros carregariam; mas a esperança e a resolução que inspiram as convicções profundas davam-me a certeza de podê-las desempenhar. Tenho fé em meus princípios, estou convencido de que eles seguem o bem da humanidade e seguro de que a constância vence as maiores dificuldades. Não vacilei em empreender a reforma relacionada com os poderes do Executivo, reservando-me para promover na legislatura o que ele não podia fazer.

Ainda que não me dissesse respeito cuidar do fomento dos meios de comunicação, uma das minhas primeiras providências foi pedir ao presidente que promovesse a formação de uma companhia para estabelecer a navegação a vapor no rio Magdalena. O presidente acolheu a ideia com entusiasmo e logo ofereceu que a República compraria ações da empresa no valor de 800 mil reais. Ao mesmo tempo, dei com meus amigos os passos necessários para que se prestasse ao governo a devida cooperação em obra tão útil e necessária, e ao cabo de poucos meses, o rio Magdalena viu navegando em suas águas formosos vapores que começaram a facilitar a comunicação com as províncias da costa.

Esta medida foi batizada com o nome de esbanjamento e provocou amargos ataques contra os governantes. Quero crer que seja o erro e não a má-fé que os ditou e, por esta razão, permito-me lhes responder, pois lamentaria que se acreditasse que um dos atos mais úteis do nosso governo foi motivo de vitupério. (...)

Mas, seja o que for, não haverá dúvida de que o estabelecimento da navegação a vapor em um rio que é nossa principal via de comunicação era uma coisa urgente e, com isso, fomentou-se o nosso comércio interior e as relações entre as províncias, facilitando os transportes. Em um país pobre, no qual os capitais são escassos, onde não existe espírito de associação e onde não se conhecem as vantagens dos meios de comunicação, era necessário que um governo ilustrado se colocasse à frente de uma das empresas de importância vital para o país e que, para executá-la, enfrentasse as dificuldades que apresentava a escassez de nossas rendas. Foram desembolsados milhões para agrupar exércitos para nos matar em nossas deploráveis lutas, e a censura foi menos amarga do que quando se desembolsaram alguns milhares de reais para facilitar os meios de comunicação entre os habitantes deste país divididos pelos desertos e dispersos em uma região que coloca dificuldades físicas de todo tipo para a sua prosperidade. Vergonhoso é que isto tenha merecido censura e não é possível conceber que os homens que a fazem chamam-se amigos da prosperidade de sua pátria. O futuro fará justiça aos censurados e condenará os seus detratores. Descanso tranquilo pela parte que me cabe nesta medida.

Há um produto do nosso país que começou a ser objeto de comércio lucrativo nos mercados estrangeiros, que se encontra monopolizado pelo governo e do qual não se tinha tirado as vantagens que podiam obter o Estado e os particulares. O cultivo do tabaco se limitara a alguns distritos nos quais não era possível produzir o necessário para cobrir a demanda crescente dos exportadores e, por uma contradição rara, ao mesmo tempo em que se desejava o aumento da renda cobrada sobre este produto, tomavam-se providências que de nenhuma maneira favoreciam uma maior produção ou venda. Entre outras, existia a proibição absurda de vender mais de 4 libras de tabaco aos barcos que chegavam ao nosso porto. É quase impossível acreditar que o interessado em vender a maior quantidade possível colocasse impedimentos para a venda, mas esta é a verdade. Eu não professo estes princípios econômicos e logo que assumi a pasta aboliu-se tão absurda disposição e ordenou-se que nos estancos se vendesse todo tabaco que se quisesse comprar para exportar.

Esta medida produziu um aumento na demanda para o comércio da costa de 25 a 30 por cento sobre a que havia anteriormente, e foi necessário aumentar extraordinariamente a produção para satisfazê-la. Esta é uma das inovações feitas no comércio de tabaco e não creio que ela contribuiu para a sua ruína.

A fundação das feitorias de exportação era uma medida reivindicada como preliminar para abrir ao comércio um produto que é um das principais fontes de renda da nação e que deve ser substituído no dia em que acabar. Propus, pois, ao presidente, o estabelecimento de feitorias nas províncias de Bogotá, Socorro, Mariquita, Neiva, Mompox e Cartagena, apresentando um plano que facilitava à República um lucro considerável, sem ter que desembolsar nada. O presidente o adotou e, de acordo com esse plano, foram feitos os contratos para a fundação das diferentes feitorias hoje estabelecidas, que já começaram a exportar os seus produtos. Na exposição apresentada pelo Diretor de Vendas, atual Secretário da Fazenda, é possível ver a utilidade que estas feitorias terão para o tesouro no término dos diferentes contratos, e este dado servirá para calcular se a medida traz vantagens ou ruína ao tesouro.

O plano sobre o qual foram estabelecidas estas feitorias é o mais próprio para proporcionar vantagens ao Erário, e fundar, ao mesmo tempo, o extenso comércio que poderemos fazer algum dia com o nosso tabaco. Em um país no qual as vantagens do espírito de associação são desconhecidas, em que o homem trabalha isolado e o cultivo do tabaco não é conhecido a não ser pelos poucos habitantes dos distritos onde é produzido, era necessário passar do monopólio para a abertura por uma graduação prudente, que consultasse ao mesmo tempo a conservação da renda e o uso desta liberdade com vantagens para a riqueza nacional. Estes dois objetos não poderiam ser conseguidos sem que fosse dado aos particulares um grande incentivo para melhorar o cultivo, procurar mercados para os produtos e organizar a exportação de maneira vantajosa. Assim, em alguns anos, os conhecimentos sobre o cultivo e a preparação do tabaco serão difundidos, as empresas de exportação já terão sido montadas e o seu aumento facilitará receber pelo menos uma parte da renda que o monopólio produz, proporcionando o reembolso do resto sobre as maiores importações que, neste caso, deverá haver no país.

Os contratos para a produção e exportação foram feitos nos termos mais vantajosos para o país. Este recebe um lucro de cem por cento sobre um capital que não desembolsa e tem direito a que no fim do contrato os edifícios que serviram para as feitorias lhe sejam cedidos. Isso seria leonino por parte do Estado se o preço alto pelo qual se vende agora o tabaco nos mercados estrangeiros e que poderá manter-se por algum tempo não justificasse tal medida.

Coerente com a ideia de incentivar a abertura do comércio do tabaco de maneira que o tesouro não se privasse da renda que o produto lhe proporciona e que os meus compatriotas gozassem do benefício da liberdade, preparei o projeto de lei que sobre esta matéria apresentei ao Congresso em 1847. As disposições deste projeto deixavam livre no mercado interno as vendas do tabaco no varejo, facilitavam o aumento da produção e declaravam livre a produção e exportação no dia em que esta alcançasse duzentas mil arrobas no ano. (...)

Eu não sou amigo de monopólios; eu sei que eles são um entrave que impede o progresso da riqueza nacional e também posso me vangloriar de ser, entre os meus compatriotas, um dos que com mais resolução lutam para destruí-los. Mas enquanto existirem e enquanto for, por um longo tempo, a condição para a existência de certa ordem de coisas que deve permanecer, destruí-los sem assegurar os meios para que continue a ordem que eles garantem é atuar de maneira imprudente.

Por esta razão, vaticino ao meu país desgraças e à administração, embaraços, se a abertura do comércio do tabaco for alcançada com outros termos que não os indicados por mim. Creio que se a paz não se turbar, se com amor ao trabalho as ideias de ordem se aferrarem nos habitantes e se com uma política imparcial, justa e tolerante, o governo der confiança aos povos, a tranquilidade que desfrutamos tornará desnecessário o exército, e a poupança que desta maneira será feita compensará o déficit que a medida possa ocasionar. (...)

Outro negócio chamou, nos últimos anos, a atenção pública, e pela sua importância mereceu a séria discussão que suscitou.

A situação monetária do país era deplorável. Se a anarquia triunfou no sistema de alguma coisa, alguma vez, pode-se dizer com propriedade que foi em relação às moedas na Nova Granada. E ao dizer que a anarquia reinava no sistema monetário, é necessário supor que ela devia estender-se a tudo o que estivesse relacionado com ele, e que toda a economia social devia sofrer suas consequências desastrosas. (...)

A melhoria na circulação monetária foi tão considerável no espaço de dois anos e as facilidades para as mudanças interiores e internacionais estão tendo resultados tão vantajosos que me parece inútil dizê-los outra vez, porque todo mundo pode perceber.

Fez-se um bem imenso ao país que eu mesmo, que tanto meditei sobre a medida, sou incapaz de apreciar em toda a sua magnitude. O tempo, que é o que convence as massas da importância das verdades econômicas, dirá ao meu país quanto deve aos homens que conceberam a melhoria e a executaram mesmo com a oposição formidável feita de calúnias, inveja e erros. Por minha parte, estou certo de que pela realização dos princípios pelos quais lutei, serei merecedor de um título de honra entre os homens ilustres que ninguém poderá me tirar. Esta esperança me basta para viver contente, depois de ter sido alvo de animosidades e de calúnias grosseiras, por ter-me empenhado como nenhum outro em melhorar o sistema monetário. O mal passageiro que me fizeram os meus inimigos está para mim totalmente compensado pelo bem imenso que recebi do meu país e pela honra de tê-lo proporcionado.

Meus princípios liberais e filantrópicos, meus desejos de ver reinar no mundo as ideias de fraternidade que devem unir os diferentes povos da terra, fizeram-me estudar com interesse a situação social, econômica e financeira das nações europeias, nos cinco anos em que estive ausente do país. Conheci os efeitos de suas absurdas leis alfandegárias e segui, com admiração, Cobden, na imortal empresa de libertar as nações das travas com que a ignorância e os interesses das classes privilegiadas as prenderam. Enchia-me de esperança o fato de que talvez um dia eu pudesse promover em minha pátria a realização dos princípios daquele bem-feitor da humanidade, daquele homem a quem a posteridade celebrará com mais razão do que os conquistadores que devastaram o mundo e a quem uma nação reconhecida e ilustrada tributa a homenagem contemporânea que a ignorância e a ingratidão negam aos seus imitadores em outros lugares.

De acordo com estas ideias, promover a sanção dos princípios do livre comércio devia estar entre minhas principais atenções. A tarifa de Nova Granada reproduzia erros econômicos, porque outras nações os tinham feito antes. Ela repousava sobre o sistema protetor e proibitivo e, estabelecendo direitos diferenciais para o que fosse importado nos navios estrangeiros, ficávamos presos ao monopólio de duas nações a quem os tratados concediam este benefício. Ao mesmo tempo, para proteger a manufatura de certos artefatos, impunham-se tarifas aos da mesma classe, incentivava-se o contrabando e prejudicava-se a indústria nacional, porque a concorrência estrangeira era facilitada sem os encargos tarifários que, por serem absurdos, não eram pagos.

Eu tinha lutado durante dezesseis anos, através da imprensa e nas Câmaras Legislativas da minha pátria, pela destruição do sistema protetor e proibitivo, mas sempre encontrei uma oposição decidida à reforma, porque o exemplo da Inglaterra e da França sempre foram argumentos mais poderosos que os meus raciocínios para alguns homens para quem a razão de que algumas coisas existirem é simplesmente porque sempre existiram. Mas, como as verdades enunciadas uma vez triunfam no final, com o passar do tempo – e o governo alternativo tem a vantagem de que os erros não se perpetuam com os homens –, chegou o dia em que a brilhante juventude da escola republicana fornecesse leis para a sua pátria e os homens da geração que está acabando reconhecessem as importantes verdades da ciência. Consequentemente, também chegou o dia em que caíram por terra os direitos protetores e proibitivos e o dia em que os portos de Nova Granada abriram-se para todos os produtos da indústria humana, na mais perfeita igualdade. Sobre estes princípios está calcada a tarifa que propus às Câmaras Legislativas em 1847 e que os legisladores apressaram-se a sancionar, fazendo uma homenagem às luzes difundidas pela civilização. (...)

Acaba de irromper na França uma portentosa revolução que levantou a República das ruínas do trono e em meio aos vivas à liberdade e aos princípios, vemos o povo que os aclama pedindo regulamentos que os pervertem e vemos o governo que os defende tratando de estabelecer estes regulamentos. Qual é a origem do comunismo? Por que se acredita que existe a necessidade de legislar sobre a organização do trabalho? Por que os indivíduos do povo não encontram meios de ganhar a vida? Não os encontram porque a produção não pode ocupar todos os braços; e não os ocupa porque não existe bastante produção; e não existe bastante produção porque não existe demanda; e não existe demanda porque as nações europeias querem vender para todo mundo, mas não querem comprar de ninguém e com seus direitos protetores e proibitivos impedem os demais de levar aos seus mercados produtos que possam trocar pelos seus. Aqui está como as absurdas leis de alfândega, mantidas pelo erro, levaram a esta situação que por sua vez provocou o nascimento das doutrinas comunistas que tentaram fazer-nos acreditar que os delírios românticos de Eujenio Sue podiam remediar o mal, e que deram uma popularidade que pode ser de péssima influência para alguns homens que, mesmo guiados pela filantropia, podem fazer muitos disparates. Eu acredito que o mal vem das leis alfandegárias, porém moldando-as pelos princípios do livre comércio, cessarão, porque para mim é evidente que nós consumiremos duas vezes mais mercadorias francesas no dia em que pudermos vender na França o nosso cacau, o nosso tabaco, o nosso café e o nosso açúcar. O mesmo acontecerá com os outros povos, e esta demanda cada vez maior exigirá um número cada vez maior de braços e evitará ter de regulamentar o que não pode ser regulamentado, o que só precisa de liberdade para poder desenvolver-se bem. Esforçar-se-ão em vão para remediar o mal, enquanto o que o provoca permanece vivo. Isto só fará se acumular erros e, consequentemente, agravará a situação.

Esperemos que a poderosa inteligência que hoje dirige os destinos do povo francês, que freia os delírios da multidão e que se mostrou capaz de dominar a borrasca de fevereiro, o ilustre Lamartine, terá o valor de extirpar o mal e, extirpando-o, destruirá o germe das comoções que a adoção do socialismo e de outras doutrinas pode provocar.

O governo de Nova Granada evitou, com a adoção da atual tarifa e com os princípios econômicos que segue, que a sociedade granadina chegue a ver-se, um dia, na difícil situação em que se encontra a sociedade europeia. Assim pensei e penso e, ao propor a mudança da tarifa, que com tão boa vontade aceitaram meus compatriotas, não tive em vista só os bens que produziria no presente, mas sim o bem maior de proporcionar à sociedade uma existência normal de felicidade e bem-estar. Este era meu dever na posição que ocupava no governo de minha pátria e creio tê-lo cumprido de acordo com os princípios liberais e com as necessidades do meu país.

Talvez o patriotismo ficasse satisfeito com isto, ou seja, pelas vantagens mercantis que proporcionaram ao país; mas Nova Granada é possuidora da garganta que une as duas Américas, da barreira que obstrui a navegação entre o Atlântico e o Pacífico. A filantropia, os princípios de fraternidade que professo exigiam que se facilitasse neste ponto, no Istmo do Panamá, um depósito aberto a todas as nações da terra para que comprassem e vendessem e, encontrando facilidades para as trocas, que também as tivessem para proporcionar o bem-estar dos seus habitantes.

Faz dez anos que lutei pela primeira vez na Câmara dos Representantes pela adoção desta medida, depois ter ajudado com todo empenho os que a promoveram em 1835. Nada conseguimos. A civilização não tinha feito progressos suficientes, as luzes não tinham ilustrado suficientemente os legisladores granadinos para que fosse dado este grande passo, que marcará este ano como o princípio de uma nova era mercantil para o mundo inteiro!

A abertura do Istmo é um acontecimento de suma importância no mundo, é uma medida que prepara Nova Granada para uma posição influente e vantajosa na América, no futuro. Sempre pensei desta forma, por esta razão a promovi com tanto empenho e decisão, e considero que é o ato mais notável e benéfico que marca a sessão legislativa de 1848.

Este mesmo ato legislativo prepara o futuro das regiões que agora são a morada dos selvagens e das feras, e que eu considero como a parte mais interessante de Nova Granada. Ali, no meio do império do Brasil, do Equador e do Peru, temos extensas e férteis comarcas, ricas em minas de ouro e prata, e com portos excelentes sobre os afluentes caudalosos do Maranhão. Hoje, aquelas paragens não chamam a atenção dos homens civilizados, porque a população do mundo basta para satisfazer as ocupações dos países conhecidos. Mas, dentro de poucos anos, o aumento cada vez maior das necessidades levará os homens até ali em busca dos meios para satisfazê-las. E eles encontrarão um país virgem no qual se estabelecer e fundar um extenso e proveitoso comércio, sem os embaraços das aduanas e das travas fiscais. Aqui estão as esperanças que me fizeram promover a abertura dos portos de Putumayo e Caquetá e que espero ver realizadas pelo benefício da pátria.

No meu relatório de 1848 ao Congresso, manifestei a importância de fundar o crédito nacional. Expus as relações que ele tem com todo o sistema social e econômico, e propus os meios que, no meu entender, poderiam ser adotados para assegurar o pagamento da nossa dívida pública. Com bastante extensão e clareza desenvolvi ali os meus princípios e seria ocioso repetir o que disse na ocasião. (...)

Entretanto, algum bem foi feito com a sanção da Lei de Conversão de 1847, que começou a ser executada com vantagem. Mas o bem não será completo enquanto a conversão não estiver relacionada com a mudança na constituição da propriedade, a fim de facilitar que as propriedades passem às mãos de homens industriosos e que as rendas passem às mãos dos que não podem trabalhar. É disto que trata meu sistema de conversão e isto será imensamente útil, tanto porque destrói nas classes trabalhadoras a tendência de viver de uma renda, quanto porque passará às mãos produtoras o que agora se encontra parado em mãos ociosas.

Isto está tão de acordo com os princípios da economia política e da democracia que duvido que a oposição feita à medida possa resistir muito tempo à enxurrada de ideias liberais que com tanta rapidez se difundem no mundo. Assim espero, com a fé que tenho em tudo o que propus para o bem do meu país e que é fruto de uma profunda convicção.

Ainda existem alguns vestígios da barbárie dos tempos feudais e daqueles séculos nos quais a escassez da moeda e a falta de conhecimentos propiciaram o estabelecimento de um sistema tributário pernicioso e absurdo. O dízimo e o seu modo de cobrança são uma prova desta verdade.

Infelizmente, esta contribuição onerosa e prejudicial santificou-se com o nome de religião, e as preocupações engendradas pelo respeito a tudo o que é dito, prescrito pela Divindade, impediram que se examinasse se aquele imposto encontra-se bem ou mal estabelecido, se deve ser conservado ou destruído.

Eu empreendi a tarefa de abolir ou, pelo menos, alterar, esta parte do nosso defeituoso sistema tributário. Causou grande sensação o anúncio de que a legislatura interferiria em um negócio muito disputado. Alarmou-se o povo, proclamaram-se os reformadores de hereges e, como em outras vezes, levou-se a multidão seduzida à galeria das Câmaras para pressionar os tímidos e o voto dos legisladores.

Eu não temo ninguém quando estou convencido que defendo uma causa justa e racional, quando sei que luto pela causa da humanidade e da civilização; e com tanta mais audácia propus a medida de abolir o dízimo, quantos maiores foram os esforços para me intimidar. Ameaças de morte foram feitas a vários de nós por alguns desses cristãos de punhal, que certamente aprenderam a religião no evangelho dos assassinos; mas nenhum efeito produziram nos homens de têmpera que deviam decidir a questão.

O projeto de lei foi adotado por uma imensa maioria na Câmara dos Representantes; passou no Senado após o primeiro debate e encontra-se suspenso no segundo. Logo haverá naquela Câmara uma maioria liberal e resoluta e ele se transformará em lei da República.

Entretanto, a administração do imposto foi secularizada pela lei orgânica da Fazenda, e a autoridade eclesiástica deixou de ter a ingerência indevida que lhe era proporcionada na administração de uma contribuição nacional. (...)

Creio que tenho algum mérito no trabalho à pátria, promovendo as reformas que foram feitas em nosso sistema tributário. Elas incentivam o desenvolvimento da riqueza individual. Mas a obra difícil, a tarefa penosa e a de resultados positivos para o bom governo deste país não é a reforma tributária, é a reforma administrativa. A tarifa, o sistema monetário, as outras reformas, são executadas sem dificuldades e produzem imediatamente resultados vantajosos. Para fazer estes bens basta ter boas ideias e um pouco de constância para que sejam adotadas. Desde que se publicam e se mandam obedecer, cessa o trabalho e a sociedade recebe o bem que está destinada a produzir.

Mas o mesmo não acontece com a reforma administrativa: *hoc opus, hic labor*. Assim, pois, era necessário que o *labor omnia vincent improbus* fosse a bandeira dos que a empreenderam.

Destruir o saber de tantos homens fundado sobre as rotinas praticadas, ensinar um novo sistema, colocá-lo em ação, passar do conhecido ao desconhecido e movimentar a máquina da Fazenda com rodas inteiramente novas que o país não conhecia: aqui está a tarefa que eu empreenderia, a empresa que teria que realizar.

Pois bem! Eu sabia que isso era bom; sabia que os demais podiam aprender, assim como eu aprendi; sabia também que podia servir de base para propor aos que não entendiam, pois me bastava que executassem as suas operações de acordo com os modelos que lhes eram transmitidos.

Não vacilei, pois, em trabalhar para que se propusesse em minha pátria o sistema administrativo da Fazenda da Bélgica e da França, e apresentei, com confiança, aos legisladores, o projeto de lei orgânica da administração da Fazenda nacional, que hoje é lei da República, e com cujas disposições marcha corretamente a administração dos interesses nacionais. A administração está proposta conforme as suas disposições, graças à perseverante constância com que se trabalhou para executá-las, não só pelo secretário, mas também pelos inteligentes chefes de seção da Secretaria da Fazenda.

Surgiram embaraços e deveriam ter surgido ao propor uma reforma de tal vulto, e a imprensa apoderou-se deles para atrair o desfavor público sobre os seus autores. Onde está o patriotismo, onde está a generosidade de tais escritores? Em outro povo, entre outros homens, a obra grandiosa que se executou teria merecido senão elogios, pelo menos cooperação eficaz por parte dos que se encarregam de difundir as suas ideias pela imprensa.

Eu aguardo que o tempo corrija a falha que creio merecer pela parte que me tocou na reforma administrativa. Jamais esperei nada da justiça contemporânea. Nas atuais circunstâncias, sobretudo, meus inimigos e meus êmulos terão o maior interesse em obscurecer qualquer coisa que possa honrar-me e em desacreditar as reformas para diminuir-me perante a opinião pública. Os homens são os mesmos em todos os tempos e não posso pretender que comigo sejam diferentes do que foram com os que, em outras épocas, lhes fizeram bem.

Enumerei as principais medidas que promovi, estendendo-me a demonstrar a sua utilidade e a sua conformidade com os princípios, porque outros tiveram grande interesse em fazer o povo acreditar que elas eram prejudiciais. Deve-se acrescentar a esta lista as franquias concedidas ao comércio de metais preciosos, a isenção de pagar dízimo da província de Casanare, a franquia de vários territórios e o pagamento de tantas dívidas atrasadas, cujas reclamações descansavam cobertas de pó sobre as mesas da Secretaria da Fazenda. Se o povo recebeu benefícios com tudo isto, se a situação de Nova Granada melhorou, se cumpri o meu dever, os homens imparciais e justos assim decidirão quando cessar o interesse da inveja contemporânea em desacreditar o que merece ser honrado. (...)

Fiz uma rápida resenha dos atos mais importantes e dos quais fiz parte como membro do governo de Nova Granada.

Republicano por herança e por convicção, consagrado à causa da democracia desde sempre, procurei que todas as medidas do governo fossem conformes com os princípios liberais e procurassem introduzir no país os hábitos democráticos.

Nas democracias representativas, as Câmaras Legislativas governam e o chefe da nação administra. Mas o chefe da nação deve administrar de acordo com as opiniões da maioria legislativa, e o ministério deve, por conseguinte, estar de acordo com ela em todos os negócios importantes. Esta teoria é verdadeira e admitida mesmo nos países onde a democracia tem o nome de monarquia. A Inglaterra pratica-a com vantagem e a maioria da Câmara dos Comuns é que dita a lei e designa os que deverão executá-la. O monarca é um homem que serve para encabeçar os atos do governo, uma ficção que não tem nenhuma influência real no governo ou na administração.

Eu procurei que a prática saudável de governar com a maioria fosse introduzida no país, e enquanto estive no ministério a segui estritamente. Eu não teria conservado o cargo se as Câmaras Legislativas tivessem rechaçado os atos importantes que tive a honra de propor-lhes. O ministério não é um destino no qual o homem possa permanecer seja qual for a política a ser seguida. O ministério é a personificação da política do governo e, se ela muda, se a sociedade através da maioria das Câmaras exige que mude, as pessoas também devem mudar. Fazer outra coisa é corromper as instituições democráticas, é seguir o sistema com a decepção de um nome. (...)

A época da nossa completa regeneração política não está distante. Os defensores do erro desaparecem diante do exército numeroso dos que combatem pela verdade e pela civilização.

Ao ler isto, algumas vozes gritarão contra mim; alarmarão a sociedade contra o inovador que propala estas doutrinas e estes vaticínios, contra quem quer desorganizar o que existe para assim consertá-lo. Os nomes apaixonados de *desordem, inovação, transtorno* sairão de muitas bocas. Não importa. Eu não escrevo para a geração preguiçosa que sumirá no esquecimento; escrevo para a juventude brilhante que dirigirá os destinos da democracia, para a nova geração que me acompanhou com seus votos na empresa de reformar esta sociedade. A ela apelo para que me julgue quando, findo o clamor das paixões contemporâneas, possa ouvir as vozes da justiça. (...)

Terminarei este escrito. Seu objetivo é justificar as medidas do governo do qual fiz parte. É o último esforço que faço a favor delas, não por predileção pela minha obra, mas pelo bem do meu país e que proporcionarão imensas vantagens no futuro.

No que me diz respeito, estou satisfeito com a decisão da minha consciência. A convicção de que fiz o bem, de que jamais dei ouvidos às paixões, de que contribuí para que no meu país houvesse um governo de princípios no lugar de uma proscrição alternativa de partidos, bastam-me para viver contente com o retiro doméstico. A justiça contemporânea não me favorecerá, e somente a espero de alguns poucos homens ilustrados que examinem os fatos com imparcialidade e não os julguem pelas pregações dos caluniadores.

Cansado das vicissitudes que marcaram a minha agitada existência no último terço de minha vida e próximo da decadência, o futuro de meus filhos ocupa toda a minha atenção e é objeto de minha ambição. Eles colherão o fruto e gozarão da honra dos meus trabalhos quando a geração a qual pertencem, livre das paixões da geração presente, julgar-me por meus feitos.

Bogotá, 25 de maio de 1848.
FLORENTINO GONZÁLEZ

A INDEPENDÊNCIA DA VENEZUELA: RESULTADOS POLÍTICOS E ALCANCES SOCIAIS

Inés Quintero

Introdução

Uma das perguntas que divide a opinião dos estudiosos com relação ao processo de independência da Venezuela é se, efetivamente, a independência foi uma revolução que modificou substantivamente a organização e o ordenamento da nossa sociedade. Existem aqueles que opinam que, sob a perspectiva das motivações e aspirações dos seus promotores, dificilmente poderíamos afirmar que o movimento de independência teve como objetivo transformar os fundamentos hierárquicos e excludentes da sociedade venezuelana e, portanto, se trataria de uma mudança eminentemente política.

Mas há os que afirmam que a resistência de um importante setor da população, – composto na sua maioria por pardos, – ao projeto das elites crioulas, deu à independência o caráter de uma revolução social na medida em que sua aspiração era mudar radicalmente a estrutura social e econômica da sociedade.

Nenhuma das afirmações anteriores é totalmente correta. A elite crioula, composta de brancos crioulos, descendentes dos conquistadores que tinham o controle dos cabidos,* no momento

---

* Conselhos municipais.

da constituição da primeira Junta, em 19 de abril de 1810, e ao declarar a independência um ano depois, em 5 de julho de 1811, não tinham o propósito de voltar-se contra a sua própria hegemonia. Pelo contrário, acreditavam que, ao assumir a representação política de suas províncias e ao romper os laços com a Espanha e assumir diretamente o controle do poder, não aconteceriam alterações significativas que colocassem em risco a sua supremacia social, econômica e política sobre o resto da sociedade.

Entretanto, ao romper com a monarquia, abolir os privilégios e fundar uma República, sem que houvesse uma mudança nos seus desígnios e aspirações, a ordem social foi alterada, voltando-se contra os valores inalteráveis da tradição e desencadeando um processo cujo desenlace fugiu do controle de seus promotores. O estremecimento foi tão grande que suas consequências não se limitaram ao âmbito político, mas afetaram, de maneira irreversível, a sociedade venezuelana como um todo. Da mesma forma, o repúdio inicial à proposta de independência por parte dos grupos pertencentes aos setores mais pobres da sociedade não teve como contrapartida o surgimento de um projeto alternativo que tivesse o propósito de mudar a ordem estabelecida e favorecer uma "revolução social" que lhes permitisse obter o controle político da sociedade venezuelana, tal como aconteceu na ilha de São Domingos [Saint-Domingue] alguns anos antes.

Como indicou Germán Carrera Damas em seu estudo *Boves, aspectos socioeconómicos de su acción histórica*,[1] José Tomás Boves, chefe das tropas que se rebelaram contra a ordem republicana,

---

[1] Germán Carrera Damas. *Boves, aspectos socioeconómicos de su acción histórica*. Caracas, Ministerio de Educación, Departamento de Publicaciones, 1968.

não era um reformador social. A grande participação dos pardos e dos setores menos favorecidos da sociedade em suas fileiras, as práticas de saque, a pilhagem e o sequestro de bens, longe de representar uma redistribuição da propriedade e uma igualdade social, eram o único mecanismo para manter os seus exércitos. Sua execução não tinha como objetivo destruir as bases econômicas da sociedade, nem atacar as antigas hierarquias, mas garantir a sobrevivência dos soldados e a manutenção da guerra.

Agora, mesmo que nenhum dos setores da sociedade tivesse um alvo especificamente social, não há dúvida de que a derrota da República em julho de 1812, um ano depois da declaração da independência e poucos meses antes da sanção da primeira Constituição Republicana em 21 de dezembro de 1811, o repúdio ao projeto político dos brancos crioulos, a participação das grandes maiorias excluídas da sociedade na guerra, a violência e a dissolução social inerentes ao conflito armado, as promoções militares obtidas no desenvolvimento da luta, o desmantelamento da autoridade e das antigas hierarquias, alteraram de maneira irreversível o desenvolvimento da sociedade ao incorporar, na definição do processo, os que até aquele momento não tinham tido nenhuma influência na condução do país.

Neste artigo, nos interessa examinar os conteúdos e resultados políticos da independência e, ao mesmo tempo, interrogarmo-nos sobre seus alcances sociais. Aconteceram mudanças irreversíveis na nossa sociedade como resultado da guerra de independência? As fórmulas sociais e políticas do Antigo Regime mantiveram-se inalteradas? Qual foi o impacto da independência? Depois da independência a sociedade venezuelana continuou sendo a mesma? Isto tem algum valor ou relevância para o presente?

A sociedade venezuelana antes da independência

A sociedade venezuelana do final do século XVIII estava regulada e funcionava de acordo com os princípios e fundamentos das sociedades do Antigo Regime. A honra, a desigualdade e as hierarquias eram a garantia da ordem social. Estabelecida desta maneira desde o momento da conquista, os brancos crioulos, descendentes dos conquistadores, ocupavam um lugar privilegiado na sociedade.[2]

Eles formavam a aristocracia local, beneficiária direta das prerrogativas estabelecidas há muito tempo, e tinham sob sua responsabilidade a direção política e administrativa do governo das cidades nos cabidos. Como herdeiros dos conquistadores, também eram os maiores proprietários de terra, os principais produtores e os beneficiários diretos das relações comerciais que se desenvolviam na província e, como tais, dedicaram-se a preservar a harmonia desigual da sociedade.

Os brancos crioulos também eram os que podiam fazer parte do clero, do quadro de altos oficiais dos exércitos do rei, adquirir um título de nobreza de Castela ou pertencer a qualquer das Ordens Nobiliárquicas, sinais inequívocos de qualidade e distinção social.

O comportamento social desta aristocracia provincial era hierárquico e excludente, como correspondia a sua condição: não admitiam casamentos com ninguém que não fosse de igual estirpe e casavam-se entre primos próximos e distantes com a finalidade de preservar o estatuto de desigualdade e consolidar seu patrimônio dentro da mesma rede familiar.

---

[2] Uma síntese sobre a origem e o comportamento político e social da nobreza crioula pode ser visto no ensaio de minha autoria intitulado *Los Nobles de Caracas*, Caracas, Academia Nacional da História, 2005, disponível em www.anhistoriavenezuela.org/pdf/discursos/dis34.pdf.

Eram muito suscetíveis na hora de fazer valer a sua importância social em cerimônias e celebrações públicas, e mantiveram-se totalmente fiéis à monarquia nas ocasiões em que ocorreram perturbações que puseram em perigo a ordem estabelecida.

Assim aconteceu em 1797, quando foi desmascarada a conspiração de Manuel Gual e José María España, organizada em La Guaira, porto próximo à capital. Em seus documentos, os organizadores da revolta almejavam instaurar uma República, abolir a escravidão, consagrar o princípio de igualdade e a independência da Espanha. O documento doutrinário mais influente era a edição em espanhol dos Direitos do Homem e do Cidadão, extraídos da declaração francesa, ampliados com um texto preliminar expressamente dirigido aos americanos no qual desenvolviam e defendiam os princípios republicanos.[3]

Imediatamente depois de a notícia ser divulgada em Caracas, a "nobreza da cidade", composta de brancos crioulos, encaminhou uma representação ao rei na qual declarava sua lealdade à Coroa e lhe oferecia não só o apoio de "...nossas pessoas e fazendas, mas também formar no momento companhias armadas às nossas custas para custodiar a sua pessoa ou qualquer outro destino, ou funções que considere oportunas para a tranquilidade e o respeito da autoridade pública".[4]

---

[3] Esses documentos, assim como muitos outros expedientes relativos ao acontecimento podem ser vistos em Héctor García Chuecos. *Documentos relativos a la Revolución de Gual y España*, Caracas, Instituto Panamericano de Geografia e História, 1949. Um estudo completo do processo foi realizado por Carmen Michelena, *Reformas y rebeliones en la crisis del imperio borbónico. Dos intentos revolucionarios ilustrados:* de San Blas (*Madrid, 1795*) a La Guaira (1797); Sevilha, Universidad de Sevilla, Tese de Doutorado, 2007. Uma nova compilação atualizada dos documentos acaba de ser publicada com o de título *Gual y España. La independencia frustrada*, Caracas, Fundación Empresas Polar, 2008.

[4] Representação da nobreza da cidade de Caracas ao rei da Espanha, 4 de agosto de 1797, em Santos Rodulfo Cortés, *Antología Documental de Venezuela 1492-1900*, Caracas, 1966, pp. 154-155.

Da mesma maneira responderam alguns anos depois, em abril de 1806, quando souberam em Caracas da tentativa de invasão de Francisco Miranda nas costas de Ocumare, e quando finalmente desembarcou em Coro, poucos meses mais tarde. O cabido da cidade pronunciou-se contra a invasão e organizou uma coleta pública para pagar a recompensa pela cabeça do traidor. O documento qualificava de "escandalosa e atrevida" a expedição tentada pelo "perverso Miranda", considerando-a um agravo inadmissível contra a lealdade dos habitantes da Venezuela à monarquia e ao rei.[5]

Não estava, assim, entre os planos e projetos dos brancos crioulos, apoiar ou promover ações que pudessem alterar a harmonia e a estabilidade que a antiga ordem lhes oferecia.

Tampouco em 1808, com a crise da Monarquia Espanhola, os crioulos de Caracas romperam com a Coroa. Pelo contrário, fizeram demonstrações claras de lealdade a Fernando VII e de repúdio à usurpação francesa. Antes de terminar o ano, reuniu-se uma Junta de notáveis na qual participaram não só os crioulos, mas também alguns peninsulares. O texto da representação começava declarando a lealdade da "Nobilíssima cidade de Caracas", contra a "criminosa felonia" cometida pelo Imperador dos franceses contra a pessoa do "nosso amado rei", sua real família e contra a honra e a liberdade da nação. A proposta de constituir uma Junta, de acordo com o documento, tinha como único objetivo seguir o exemplo das Juntas que tinham se formado nas principais províncias da Espanha pela União dos Povos espanhóis e pela integridade da monarquia.[6]

---

[5] Acordo do Cabido de Caracas, 5 de maio de 1806, reproduzido em Marqués de Rojas, *El General Miranda*, Paris, Livraria de Garnier Hermanos, 1884, p. 180.

[6] Este tema foi bastante trabalhado pela autora no livro *La Conjura de los mantuanos. Ultimo acto de fidelidad a la Monarquía Española*, Caracas, Universidad Católica Andrés Bello, 2000.

Cada uma dessas manifestações, expressões inequívocas da lealdade dos crioulos para com a monarquia, no entanto, não implica que, este grupo tivesse se inibido em manifestar as suas reservas e queixas sobre as restrições que limitavam o seu fortalecimento e consolidação econômica, e sobre as suas aspirações de obter uma maior representação nas instâncias de poder da monarquia. Entretanto, nenhuma dessas manifestações foi suficientemente contundente, nem questionavam a antiga ordem ou colocava em xeque a fidelidade à Coroa, fundamentos essenciais do predomínio que tinham na sociedade.

Tensões e contradições na sociedade provincial

A historiografia sobre a independência sempre insistiu em que o movimento dos crioulos de Caracas surgiu como consequência de um conjunto de fatores que justificavam a determinação independentista de seus promotores. A política reformista dos Bourbons, cujo objetivo era reforçar os mecanismos de controle sobre as províncias; o repúdio, por parte da Coroa, à solicitação dos crioulos de liberar o comércio; a supremacia administrativa dos funcionários peninsulares sobre os crioulos; os seguidos conflitos de competência e de autoridade que havia entre eles e as autoridades peninsulares; o visível incômodo criado entre os crioulos em razão da aprovação e aplicação da *Real Cédula de Gracias al Sacar* [Decreto Real] a favor da ascensão social dos pardos, foram as razões diretas dos acontecimentos ocorridos em 19 de abril de 1810. Assim o expressa não só uma parte importante da historiografia especializada no tema, como também é esta a versão que aparece nos manuais de ensino, que as definem como as "causas internas" da independência junto com as chamadas "causas externas", entre as quais as mais citadas são: a independência dos Estados Unidos, a Revolução Francesa, as ideias da Ilustração e, finalmente, a invasão da Espanha por Napoleão.

Não há dúvida de que as reformas bourbônicas, a resistência ao livre-comércio, o monopólio peninsular dos cargos e a "igualdade" dos pardos geraram entre a elite crioula incômodo, inquietação e, também, um claro repúdio. Entretanto, a oposição dos crioulos às disposições reais que afetavam os seus interesses econômicos e os seus privilégios políticos e sociais foi orientada por mecanismos regulares, mediante o envio de representações ao monarca dirigidas desde o cabido, remetendo comunicados ao rei assinados por toda a "nobreza da cidade" ou a título individual por algum habitante de prestígio da província.

Em algumas ocasiões, a discordância diante de algumas iniciativas da monarquia foi expressa de maneira mais beligerante, como aconteceu quando foi constituída a Companhia Guipuzcoana de Caracas, entidade responsável por fixar os preços e que tinha o monopólio do comércio do cacau produzido na província, prejudicando claramente os interesses econômicos dos produtores locais, todos eles membros das principais famílias da capital. O enfrentamento terminou, anos mais tarde, com a dissolução da companhia pelo decreto real de 10 de março de 1785.[7]

Os crioulos também se pronunciaram de modo beligerante contra a execução da *Real Cédula de Gracias al Sacar* [Decreto Real], em 1795, colocando-se frontalmente contra a possibilidade que permitiria aos pardos obter a dispensa de sua condição mediante o pagamento de uma pequena quantidade, que o decreto fixava em 150 pesos.

---

[7] A este respeito, veja Roland Denis Hussey, *La Compañía de Caracas, 1728-1784*, Caracas, Banco Central da Venezuela, 1962.

Para os membros do cabido, o conteúdo do Decreto Real era "perigosíssimo", "desgraçado", "fatal" e capaz de promover as "mais graves alterações na ordem pública". Se esta premissa crucial fosse modificada, se produziria um transtorno "espantoso" e de consequências terríveis para a província. Porque só os vizinhos e naturais da América "...conhecem, desde que nascem ou no decorrer de muitos anos de vida nela, a imensa distância que separa os Brancos e os Pardos: a vantagem e a superioridade daqueles e a baixeza e a subordinação destes".[8]

A discórdia dos brancos criollos contra o Decreto Real prolongou-se durante vários anos e envolveu não só o cabido, mas também o claustro da Real e Pontifícia Universidade de Caracas e as autoridades eclesiásticas mais importantes da província, que se manifestaram contra. Entretanto, o decreto foi mantido. A resposta do Conselho das Índias foi categórica, já que a medida não pretendia "igualar" os pardos: seu propósito era favorecer aqueles pardos "beneméritos" que por sua lealdade, virtudes e bons procedimentos mereciam a outorga desta graça real.

Apesar das discórdias e dos visíveis enfrentamentos entre criollos e a monarquia, antes dos acontecimentos da independência não houve por parte dos brancos criollos a menor tentativa de contestar a ordem monárquica, nem propiciar uma mudança que lhes desse o comando dos assuntos públicos da província mediante a ruptura definitiva do vínculo que os unia à Península. Tudo parece indicar que a sociedade do Antigo Regime dava-lhes mais estabilidade e garantias.

---

[8] Relatório que o Ayuntamiento de Caracas dirigiu ao rei da Espanha referente ao Decreto Real de 10 de fevereiro de 1795, Caracas, 28 de novembro de 1796, AGI, Caracas, 1976. O tema foi inicialmente tratado por Santos Rodulfo Cortes em *El Régimen de Las Gracias al Sacar en Venezuela durante el período hispánico*, Caracas, Academia Nacional de História, 1978, 2 vols. Também se pode ver o ensaio já citado *Los Nobles de Caracas*, Caracas, Academia Nacional de História, 2005.

Mas se os crioulos não fizeram ações que pusessem em perigo a antiga ordem e a integridade do império, também não há evidências de que os pardos estimulassem iniciativas nem movimentos tendentes a romper o vínculo com a Espanha, ou que tivessem como objetivo a transformação radical do *status* hierárquico e desigual da sociedade, exceto a rebelião de Manuel Gual e José Maria España, que não foi promovida pelos pardos, apesar de muitos dos participantes do movimento serem pardos.

É possível que os pardos tenham se manifestado contra o estatuto hierárquico da sociedade, que estabelecia diferenças claras entre brancos, índios e descendentes de escravos. Entretanto, é muito difícil afirmar e, ainda mais, demonstrar, que tinham aspirações comuns e que estas foram concretizadas ou propostas como parte de um projeto político coletivo. Seria um anacronismo identificar ou reivindicar a existência de uma "consciência de classe em si e para si" – como se diria no jargão marxista – por parte dos pardos, capaz de conduzi-los à conquista da liberdade e da igualdade.

Pelo contrário, o que é possível perceber é a maneira como se reproduzia nas camadas inferiores da sociedade a apropriação e assimilação da ordem desigual como um princípio que regulava a relação entre os indivíduos. Numerosas causas civis promovidas pelos zambos, mulatos e pardos demonstram a força desta ordem e de como eles procuravam ascender socialmente pelas vias que o sistema oferecia, ou seja, apelando aos tribunais, às possibilidades que o Decreto Real oferecia, fazendo parte das milícias de pardos ou tirando proveito das atividades econômicas que lhes eram permitidas.

Dessa forma, não houve, antes da independência, um movimento social promovido pelas camadas inferiores da sociedade que tivesse o propósito de contestar a hegemonia dos crioulos ou a autoridade do monarca e, muito menos, que tivesse o objetivo de incitar uma ruptura com a Espanha colocando-os em uma situação de vantagem com relação aos outros setores da sociedade. Mas, se nem os brancos crioulos, nem os pardos promoveram um movimento de ruptura com a Espanha, e nem tiveram o propósito de modificar a ordem da sociedade, como se explica a independência e a polarização social dos primeiros anos?

Da opção pela autonomia juntista à independência absoluta

Os acontecimentos de 19 de abril de 1810, dia em que foi constituída a Junta Suprema Conservadora dos direitos de Fernando VII, não tiveram como propósito romper os vínculos da província com a península. O vazio de poder surgido com as abdicações de Baiona, a reação das províncias contra o usurpador francês, a constituição de numerosas Juntas e os fortes confrontos criados entre os diferentes setores políticos que disputavam o controle da situação na Espanha tiveram consequências inevitáveis do outro lado do Atlântico, e a Capitania Geral da Venezuela não foi uma exceção.

Desde 1808 se fazia em Caracas um debate importante a respeito de como reagir diante da crise da monarquia, até que, finalmente, acordou-se reconhecer a Junta Central como depositária da soberania na ausência do rei, mesmo tendo o cabido manifestado reservas a esse respeito. Desta forma, quando chegaram a Caracas as notícias sobre a dissolução da Junta e a criação do Conselho de Regência, o debate foi feito nos mesmos termos de

1808. Com o rei ausente, a soberania recaía sobre a nação, daí a negativa em admitir a legitimidade da Regência, o que ficou claro na Ata de 19 de abril: "...O Conselho de Regência não pode exercer nenhum mando nem jurisdição sobre estes países, porque não foi constituído pelo voto destes fiéis habitantes, quando já foram declarados, não colonos, mas sim partes integrantes da Coroa da Espanha e como tais foram chamados ao exercício da soberania interina e a reforma da Constituição Nacional".[9]

Foi constituída, então, a Junta Suprema de Caracas, depositária provisória da soberania, até que se reunisse um Congresso Geral que seria o depositário legítimo da soberania. Neste sentido, todas as províncias que pertenciam à Capitania Geral da Venezuela foram convidadas a somar-se à iniciativa de Caracas, e foram convocadas eleições para designar os representantes que participariam do referido Congresso. As províncias de Maracaibo e Guiana e a cidade de Coro recusaram o chamado de Caracas e mantiveram-se fiéis à Regência. Maracaibo elegeu e enviou seu representante às Cortes de Cádiz, e Guiana e Coro enviaram comissionados à Cádiz para solicitar representação na assembleia gaditana.

Os reveses da guerra na península, a resposta da Regência diante da iniciativa de Caracas, a reação contra o movimento de Caracas por parte das províncias dissidentes, a reunião das Cortes em Cádiz, a instalação do Congresso Geral da Venezuela e o debate sobre o futuro das províncias geraram nos meses posteriores um acelerado e inevitável distanciamento. Rapidamente o movimento juntista iniciado em 19 de abril de 1810 transformou-se em independentista e, em 5 de julho de 1811, o Congresso

---

[9] "Ata de 19 de abril de 1810" (www.analitica.com/bitblioteca/venezuela/19abril1810.asp).

Geral da Venezuela declarou a independência – com apenas um voto contra.

O processo até aqui foi conduzido principalmente pelos setores privilegiados da sociedade. A maioria dos membros da Junta de Caracas, assim como os representantes que foram eleitos para fazer parte do Congresso, era parte da elite provincial: fazendeiros, comerciantes, militares, clérigos e advogados. O regulamento eleitoral aprovado para a realização das eleições estabelecia que só poderiam votar e ser eleitos os varões livres maiores de 25 anos que tivessem domicílio fixo, casa aberta e povoada e que fossem proprietários de pelo menos 2 mil pesos em bens móveis ou bens de raiz.

A República dos Notáveis

A Constituição de 1811 estabeleceu como forma de Estado a Federação, sancionou a separação de poderes, fixou um sistema eleitoral pelo voto, consagrou a liberdade, a igualdade, o direito à propriedade e à segurança, eliminou os foros e privilégios e proclamou o nascimento da República. Entretanto, a aprovação desta primeira Carta Magna não provocou imediatamente uma mudança na sociedade nem na maneira de conduzir seus indivíduos.

Dificilmente aqueles que, às vésperas da independência, tinham criticado a aprovação e a execução do Decreto Real, aqueles que se assumiam como condutores naturais da ordem, aqueles que tinham a intenção de capitalizar a decisão da independência e conduzir o processo até o seu término bem-sucedido, podiam imaginar que, separados da Espanha e sancionada a República, convinha integrar os pardos e consagrar o princípio de igualdade. Em todas as províncias que se somaram à iniciativa de Caracas, o controle do governo estava nas mãos dos brancos crioulos e todos compartilhavam uma visão hierárquica da sociedade, olhavam com reserva e distância as classes inferiores e viam com horror a "infausta igualdade". Consequentemente, na hora de iniciar a independência, reproduziram esta mesma atitude, única garantia de manter-se como cabeças visíveis e hegemônicas da nova sociedade.

Por decisão da Junta de Caracas, as milícias de pardos e negros foram separadas das milícias dos brancos; nos batalhões de negros, os dois oficiais de maior patente deveriam ser brancos e o soldo era diferente: os brancos ganhavam mais do que os pardos e os negros. Na convocação para o alistamento militar de 13 de julho de 1811, a segregação foi mantida: os brancos se reuniriam na frente da igreja, na praça da Trindade, os pardos se reuniriam no leste e os morenos no sul; os escravos deveriam se manter sob as ordens de seus amos, em suas casas, até nova ordem do governo.

Como medida de contenção, foi aprovada a Ordenança de Los Llanos, que estabelecia a perseguição ao *abigeato*[*] e restringia a livre circulação de seus habitantes mediante o sistema de passes, fórmula de controle solicitada há anos pelos proprietários brancos.

O projeto de independência não contou, em um primeiro momento, com o apoio majoritário da população, composta em mais de 60% por pardos. A resposta dos brancos crioulos foi desqualificar todos aqueles que tinham aderido à defesa da causa do rei. Na *Gaceta de Caracas*, ainda que não exista menção expressa aos pardos, condenaram-se os inimigos da República

---

[*] Abigeato = furto de gado.

por terem se deixado "prostituir pelos satélites da tirania"; foram alvo de crítica por terem se colocado sob as ordens "dos mesmos que devoraram a nossa essência".

Bolívar, em 1813, lamentou que muitos dos habitantes das províncias tivessem se prestado a ser instrumento dos "malvados espanhóis" e que não se colocaram sob a proteção de um governo que só desejava trabalhar por seu bem. Mais tarde, em setembro de 1814, no chamado Manifesto de Carúpano, acusou-os por sua "inconcebível demência ao pegar em armas para destruir os seus libertadores e restituir o cetro aos tiranos", e chamou-os de "seres fanáticos, cuja depravação de espírito os faz amar as correntes como se fossem vínculos sociais".[10]

Tentou-se também o recurso de polarizar o conflito como uma guerra entre espanhóis e americanos. Ao denunciar o absolutismo espanhol e condenar o submetimento de que tinham sido objeto aqueles povos por parte da monarquia, os documentos oficiais procuravam legitimar a decisão emancipadora como uma causa justa dos americanos contra a Espanha.

A expressão mais radical deste propósito polarizador foi realizada por Bolívar pelo seu *Decreto de Guerra à Morte*. Na proclama, propunha-se o confronto como uma guerra de extermínio entre americanos e espanhóis. Os primeiros, assistidos pela justiça de sua causa: a conquista da liberdade; os segundos, sem direito à vida por serem os únicos responsáveis pelos infortúnios e desgraças dos americanos.[11]

Em 1815, derrotada a segunda tentativa republicana, Simón Bolívar, em sua conhecida "Carta da Jamaica", reiterava o desíg-

---

[10] Simón Bolívar. "Manifiesto de Carúpano", Carúpano, 7 de setembro de 1814.

[11] Simón Bolívar, "Decreto de Guerra a Muerte", Trujillo, 15 de junho de 1813.

nio de supremacia dos brancos crioulos na condução do processo em virtude de sua inevitável superioridade histórica.[12]

A proposta dos *mantuanos*[*] não contemplou a integração ampla e em igualdade de condições de outros atores sociais. Entretanto, o repúdio à independência e sua escassa popularidade entre as classes sociais não foi produto da "demência inexplicável" de alguns indivíduos empenhados em manter sua posição mesmo com a opressão de seus inimigos, como defendia Bolívar, nem foi o resultado inevitável do estado de ignorância em que se encontrava a maior parte da população por culpa do sistema espanhol, como manifestaram muitos documentos políticos naquele momento e como foi referendado posteriormente pelas histórias pátrias. Tratava-se de um assunto muito mais complexo.

Os pardos ante à proposta da independência

Os primeiros protestos contra a independência aconteceram nas províncias que não acompanharam o movimento de Caracas – Maracaibo, Guiana e a cidade de Coro – e também começaram em 1810. Um ano mais tarde, logo depois da declaração de independência, em 5 de julho de 1811, houve uma revolta na cidade de Valencia. Os promotores da insurreição eram de diversas procedências e tinham interesses e motivações diferentes. Alguns estavam ligados ao comércio da cidade e eram nativos do País Basco, das Ilhas Canárias e da Catalunha; outros eram criolos, residentes em Valencia; um grupo importante era composto de sacerdotes e, finalmente, um número significativo provinha dos pardos.

---

[12] Simón Bolívar, "Carta de Jamaica", Kingston, 6 de setembro de 1815. Veja também a interpretação deste documento realizada por Elías Pino Iturrieta, *Nueva lectura de la Carta de Jamaica*, Caracas, Monte Ávila Editores Latinoamericana, 1999.

[*] Mantuanos = brancos crioulos da colônia.

A agitação impôs uma resposta armada do governo, enviando o marquês de Toro, branco, crioulo, membro do Congresso e nobre, símbolo e síntese dos valores da antiga sociedade. As forças fiéis se fortaleceram no Ocidente, receberam o apoio maciço da população e se dirigiram ao centro sob o comando de Domingo de Monteverde, oficial da Real Marinha de Guerra da Espanha. O Congresso colocou a responsabilidade de defender a República nas mãos de Francisco de Miranda.

O bem-sucedido avanço de Monteverde foi favorecido por uma rebelião de negros que se proclamavam fiéis a Fernando VII e pelo apoio da maioria dos habitantes que se uniram às tropas reais e declararam-se fiéis ao monarca. Em 24 de julho de 1812, terminou a primeira tentativa republicana com a capitulação de Francisco de Miranda diante de Domingo de Monteverde, chefe das tropas reais.

Até aqui a guerra não tinha adquirido contornos dramáticos. Passara-se um ano desde a declaração da independência. Entretanto, como era de se esperar, os defensores do projeto republicano tentaram recuperar o controle. Santiago Marinho, chefe militar do Oriente, organizou uma expedição e invadiu o território da Venezuela pelo leste, em janeiro de 1813, e Simón Bolívar, que se refugiara em Nova Granada, obteve o apoio deste governo para entrar no território venezuelano pelo oeste. Em agosto de 1813, a Venezuela encontrava-se novamente sob o controle dos republicanos, mas não seria por muito tempo.

É precisamente no contexto desta ofensiva republicana que os pardos, os zambos, os negros e os mulatos ingressaram de maneira significativa na guerra para defender a causa do rei e se opor ao projeto dos crioulos. O chamado para se unir a favor da República contra o absolutismo espanhol não oferecia nenhuma atração; teve mais poder de convocação o chamado do chefe realista José Tomás Boves para lutar contra a aristocracia crioula, cabeça visível da rebelião contra o rei.

A carência de recursos impôs a prática do saque, o butim de guerra em troca da prestação de serviços, as extorsões, o sequestro de bens e a provisão de víveres como as únicas fontes para sustentar a guerra. Tudo isto unido à exacerbação das contradições sociais constituíram o fundamento da popularidade do chefe real e foram um incentivo para a ação, o estímulo para entrar em um conflito cujo desenlace traria benefícios diretos para os que participassem da contenda.[13]

Houve uma divisão política entre os que eram fiéis à monarquia e os republicanos, divisão que teve, ao mesmo tempo, um forte conteúdo social. Só a partir de 1815, com a chegada da Expedição Pacificadora de Morillo, enviada por Fernando VII a fim de recuperar o controle de seus domínios, ocorreu uma reviravolta na oferta social do bando republicano.

A oferta social da República

Em 1816, após os sucessivos fracassos dos rebeldes e diante da impopularidade do projeto republicano, Bolívar, com o propósito de reverter o processo e a fim de integrar os pardos e os escravos no Exército republicano, ofereceu um tipo de satisfação social para aqueles que se juntassem à causa da independência: a liberdade dos escravos que lutassem pela independência e a partilha de terras para os soldados como pagamento pelos serviços prestados ao Exército da República.

---

[13] Esse processo está bem explicado no livro citado de Germán Carrera Damas, *Boves, aspectos socioeconómicos de su acción histórica*, 1968.

Em 2 de junho de 1816, em Carúpano, foi decretada a liberdade dos escravos, intimados, porém, a somar-se às fileiras do exército sob seu comando. No ano seguinte, em 10 de outubro de 1817, foi sancionado o decreto no qual se estabelecia a repartição de bens como recompensa aos oficiais e soldados que fizessem parte do Exército republicano. Desta maneira, substituiu-se a figura anárquica do saque e da pilhagem por uma fórmula institucional que regulava a distribuição dos bens sequestrados e dos terrenos baldios entre os soldados e os oficiais de acordo com a patente militar. Esta mesma fórmula fora posta em prática um ano antes, em Los Llanos, pelo chefe patriota José Antonio Páez, que gozava de grande popularidade entre os habitantes da região.

A escassez de recursos para satisfazer à divisão de bens e dinheiro que a guerra exigia e a impossibilidade de pagar imediatamente as tropas obrigaram que a repartição de terras fosse feita por meio de vales e, quando a situação estivesse regularizada, esta seria feita tal como estava previsto no regulamento aprovado.

Entretanto, a oferta de libertar os escravos e a promessa de repartir as terras entre os soldados não queria dizer que tinham desaparecido as reservas com relação às classes inferiores e que fossem ignoradas tentativas que procurassem dar um conteúdo social à direção e orientação do processo.

Os argumentos apresentados por Bolívar em 17 de outubro de 1817, ao justificar a execução de Manuel Piar,[14] "por proclamar os princípios odiosos da guerra em virtude da cor, instigar a

---

[14] Manuel Piar, natural de Curaçao, uniu-se aos patriotas desde o início da guerra de independência, participou de numerosas campanhas, e sua ação foi determinante para submeter a província de Guiana, que era leal à monarquia desde 1810. Em 1817, rebelou-se contra a direção do comando patriota e manifestou-se contrário à direção de Bolívar, um branco crioulo. Foi declarado traidor, submetido a um conselho de guerra e fuzilado. O assunto foi motivo de intensa polêmica historiográfica que ainda hoje divide a opinião dos historiadores.

guerra civil e convidar à anarquia", tiveram o objetivo de impedir qualquer tipo de iniciativa que colocasse o conflito no terreno social, o qual, sob a sua ótica, encontrava-se resolvido, tal como expressa aos soldados na mesma proclama:

> ...Nossas armas não quebraram as correntes dos escravos? A odiosa diferença de classes e cores não foi abolida para sempre? Os bens nacionais não foram repartidos entre vós? Não sois iguais, livres, independentes e honrados? Podia Piar obter-lhes bens maiores do que esses? Não, não, não.[15]

Se as reivindicações sociais tinham sido resolvidas, o problema era concluir a guerra, derrotar a Espanha e consolidar a República.

A vitória das armas republicanas

O temor à dissolução social que preocupava os chefes republicanos também era motivo de preocupação entre as autoridades da monarquia, responsáveis por manter a ordem nos territórios sob sua responsabilidade; sendo assim, não viam com simpatia os métodos de guerra de José Tomás Boves. José Francisco Heredia, ouvidor e regente interino da Real Audiência de Caracas entre 1812 e 1817, em suas Memórias e relatórios, qualificava a ação de Boves nos Llanos como "uma insurreição de outro tipo".

Quando Pablo Morillo, comandante geral da expedição à Costa Firme chegou à Venezuela, constatou com estupefação o

---

[15] Simón Bolívar, "Manifiesto sobre la ejecución de Manuel Piar", Angostura, 17 de outubro de 1817.

estilo de guerra que se praticava nesses territórios, assim como a composição das forças reunidas por José Tomás Boves, antes de cair em combate, em dezembro de 1814. Ao assumir o comando, não reconheceu muitas das promoções militares dadas a pardos e mulatos; pretendeu disciplinar e normatizar o funcionamento dos oficiais e das tropas sob sua responsabilidade; regularizou o abastecimento de recursos; combateu a pilhagem; inibiu os saques e, no final de 1817, enviou para a Espanha o capitão pardo Alejo Mirabal, por ser inimigo dos brancos e porque tinha muita influência sobre as pessoas de cor.

Ainda que, em 1820, em uma falida tentativa de incrementar suas tropas, tenha oferecido a nacionalidade espanhola às pessoas de cor que se unissem aos seus exércitos, era pouco provável que tal oferta mobilizasse o ânimo dos negros e pardos a favor dos Exércitos do Rei. Entretanto, o desenlace final da guerra a favor da independência não esteve diretamente relacionado com as medidas adotadas por Morillo, nem com as ofertas sociais de Simón Bolívar, anteriormente descritas.

O contingente de *llaneros** comandados por Páez, a entrada de oficiais britânicos, o recrutamento forçado como meio de aumentar as fileiras do Exército republicano, a resposta da Coroa ao conflito e, finalmente, a rebelião liberal que aconteceu na península, em 1820, contribuíram de maneira decisiva para o triunfo das forças republicanas sobre o Exército do Rei na batalha de Carabobo, travada em 24 de junho de 1821.

Aqui é importante perceber a influência dos acontecimentos que ocorreram na Espanha, em 1820. Os liberais espanhóis estimavam, equivocadamente, que ainda era possível uma saída

---

* llaneros = da região de Los Llanos.

negociada com as províncias rebeldes, restituindo o sistema liberal que a Constituição de 1812 consagrava e, dessa forma, evitar a dissolução definitiva do império. Com esse espírito, promoveram a celebração de um armistício que foi assinado em novembro de 1820. A trégua permitiu a Bolívar reforçar suas posições e organizar a recuperação definitiva do território venezuelano. Ao mesmo tempo, esta resolução colocou os exércitos reais que se encontravam em terra firme em desvantagem, porque não tinham provisões e estavam em condições absolutamente precárias. A assinatura do armistício agravou esta situação.

Quando o armistício foi rompido pelas forças republicanas e aconteceu o combate em Carabobo, o general Miguel la Torre, que comandava o exército, solicitou ajuda das Cortes espanholas, queixou-se da negligência do governo ante à situação americana, informou sobre o estado de desmoralização no qual o exército se encontrava e pediu algum tipo de apoio para continuar resistindo. Não obteve resposta e os focos reais que ainda permaneciam em Maracaibo e Puerto Cabello viram-se condenados ao fracasso. Isto se deu em 1823. Um ano mais tarde, em dezembro de 1824, travou-se o combate de Ayacucho, que liquidou as aspirações da Espanha na América.

O que determinou a vitória de Carabobo não foi produto de uma virada maciça e popular em direção à causa da independência provocada pelas ofertas de Bolívar, mas sim, novamente, a da crise espanhola – a dificuldade de reverter um processo cuja dinâmica política e militar dificultava bastante sustentar a integridade de um império debilitado e em vias de extinção, desde o momento em que sucumbiu diante dos exércitos de Napoleão.

A sociedade resultante

Concluída a guerra de modo favorável às Armas da República, foi preciso ajustar a sociedade, controlar a dissolução social, recuperar a ordem, conter os pardos, normatizar a igualdade e colocar algum tipo de limite ao exercício da liberdade.

A escravidão não foi abolida e o Congresso de Cúcuta, em 1821, aprovou um regime que contemplava a sua extinção gradual. O propósito da medida era que, em seu devido tempo, todos os habitantes da Colômbia fossem livres, sem que isto comprometesse a tranquilidade pública ou vulnerasse os direitos dos proprietários. Na Venezuela, o tempo devido levou 33 anos: a escravidão foi abolida em março de 1854.

A divisão de terras aos soldados foi aprovada pelo Congresso de Cúcuta. Na Venezuela, José Antonio Páez obteve poderes especiais para executar a medida. As terras destinadas a este fim não foram as melhores e muitos soldados vencidos pela necessidade venderam seus vales. A imprensa da época denunciou que os beneficiários dessa medida tinham sido os altos oficiais do exército. Antonio Briceño, representante da Venezuela no Congresso colombiano, acusou Páez de ser um dos piores especuladores, pois sua fortuna escandalosa se devia à apropriação das terras dos seus próprios soldados. Na Convenção de Ocaña, em 1828, tratou-se do mesmo assunto em razão do fracasso da divisão de terras e suas funestas consequências. Não houve, pois, um processo de outorga de terras que transformasse em pequenos proprietários aqueles que participaram da guerra.

Também não desapareceu o sentimento de reserva ante às aspirações de ascensão social dos pardos e a necessidade de executar medidas para contê-los. Bolívar, em várias ocasiões, fez menção ao perigo da "pardocracia": "...a igualdade legal não é o bastante devido ao espírito do povo, que quer a igualdade absoluta, tanto no âmbito público, quanto no doméstico; e depois irá querer a pardocracia, que é a inclinação natural e única para o extermínio futuro da classe privilegiada". Isto dizia em carta a Santander, de 28 de abril de 1825.

Em termos parecidos expressava-se Fernando de Peñalver, outro branco crioulo, no ano seguinte, em uma correspondência enviada a Daniel Florencio O'Leary, irlandês, ajudante de campo do Libertador, ao manifestar o perigo que representava a guerra em virtude da cor, e a necessidade de restabelecer o império da lei para evitar a guerra civil.

A recomposição da sociedade exigia uma fórmula que mantivesse em seu lugar os pardos e cujo resultado não fosse a alteração da ordem desigual da sociedade. Era essa, definitivamente, a expectativa daqueles que eram responsáveis pela direção e organização do processo que apenas começava.

No entanto, a sociedade poderia ser restabelecida nos mesmos moldes de antes da guerra?

A resposta a esta pergunta não admite um sim categórico.

Ainda que a desigualdade não tenha desaparecido, a estrutura econômica da sociedade não foi modificada, não houve uma mudança nas condições de vida da maioria da população, a escravidão não desapareceu, as populações aborígines não foram favorecidas, a composição social não foi transformada, nem foram criadas novas formas de relação entre os diferentes grupos sociais, mas houve, sim, uma alteração irreversível nos fundamentos da sociedade do Antigo Regime.

A ordem hierárquica baseada na honra e na linhagem desapareceu. Qualidade, distinção, prerrogativas, títulos, herança, deixaram de ser atributos que determinavam a condição de principal na sociedade; os cargos já não se compram, nem podem ser transmitidos hereditariamente; desapareceu a instituição do *mayorazgo*[*]; eliminaram-se todos os foros e privilégios e suprimiu-se das certidões de batismo a qualidade do indivíduo.

A nova ordem determinava premissas mais de acordo com a passagem para o mundo moderno: a riqueza e a ilustração. Agora são os possuidores de riquezas, os homens ilustrados quem se encarregam da direção do processo, sem necessidade de demonstrar sua linhagem e a pureza de seu sangue. O sistema eleitoral via voto, que mantém à margem da política a maioria da população, é o mecanismo que sustenta e garante o novo regime.

Dessa forma, é possível afirmar que a principal mudança ocorreu no seio das classes privilegiadas, cuja composição foi ampliada com comerciantes, profissionais, novos donos de terras e oficiais do exército patriota, diferentemente da estrutura muito mais rígida e fechada da sociedade tradicional. Para isto contribuiu também a diminuição significativa da nobreza crioula, visto que muitos dos seus integrantes morreram na guerra ou abandonaram o país.

A partir de 1830, a nova composição da elite – sem abandonar o princípio excludente da desigualdade, alicerçado agora na posse de riquezas e inspirado nos princípios do liberalismo – iniciou o lento processo de edificar um Estado Liberal. O propósito foi conter as tensões sociais com a reformulação de um projeto nacional no qual, progressivamente, permitia-se a inclusão de todos os habitantes da nação.

Alcançadas com a independência as conquistas fundamentais, tratava-se nesse momento de conciliar as diferenças, contri-

---

[*] mayorazgo = o filho mais velho é o herdeiro do patrimônio familiar.

buir de maneira coletiva para executar o legado dos libertadores, construir uma nação digna do sacrifício realizado que seguisse os preceitos e as premissas do mundo moderno.

Vista em sua dimensão social, a independência, definitivamente, deu lugar a um processo complexo que alterou os valores tradicionais, o sentido das hierarquias, e inverteu a simetria da sociedade como consequência da intervenção das classes inferiores no conflito armado. Seu impacto, como dito anteriormente, não se materializou em um reordenamento mais equitativo da sociedade, entretanto, as reivindicações por uma igualdade de oportunidades efetiva e o repúdio à prática excludente das elites presentes em um importante setor da nossa sociedade devem ser entendidos como parte do legado da independência, assim como as reservas e o mal-estar que desperta a atitude igualitária do venezuelano comum e o temor em face da insurgência do populacho que persistem na sociedade.

Só assim poderemos começar a valorizar a dimensão social da independência, pois o confronto e as contradições sociais que trouxeram à tona continuam sendo matéria de agitação e perturbação entre os venezuelamos.

Documentos

Foram selecionados como material de apoio vários documentos fundamentais associados às conquistas políticas e efeitos sociais da independência. Os dois primeiros são a Ata da Declaração da independência e uma seleção de artigos da Constituição de 1811, os quais se referem aos deveres e direitos dos cidadãos. Ambos expressam os principais resultados formais da independência no âmbito político. Os dois outros documentos são o Decreto de Liberdade dos Escravos redigido por Simon Bolívar, em 1816, e a Lei sobre a Liberdade dos Escravos sancionada pelo Congresso de Angostura, que condiciona e posterga a abolição definitiva da escravatura. Para terminar, inclui-se outro decreto de Bolívar ordenando a divisão de bens aos soldados e oficiais do Exército Libertador. Estes três documentos finais nos remetem a alguns dos efeitos sociais da Independência e às dificuldades que representou a sua instrumentação, tal como expressa o ensaio oferecido ao leitor.

Documento Nº 1

DECLARAÇÃO DA INDEPENDÊNCIA, CARACAS, 5 DE JULHO DE 1811

Em nome de Deus Todo-Poderoso, nós, os representantes das Províncias Unidas de Caracas, Cumaná, Barinas, Margarita, Barcelona, Mérida e Trujillo, que formam a Confederação Americana da Venezuela no continente meridional, reunidos em Congresso e considerando a plena e absoluta possessão dos nossos direitos, que recobramos justa e legitimamente, desde 19 de abril de 1810, em consequência da jornada de Baiona e da ocupação do trono espanhol pela conquista e sucessão de outra nova dinastia constituída sem o nosso conhecimento, queremos, antes de usar os direitos de que fomos privados pela força por mais de três séculos e que a ordem política dos acontecimentos humanos nos restituiu, tornar patente ao universo as razões que emanaram destes mesmos acontecimentos e que nos autorizam a fazer livre uso da nossa soberania.

Entretanto, não queremos começar alegando os direitos que todo país conquistado tem de recuperar o seu estado de propriedade e independência; olvidamos generosamente a longa série de males, agravos e privações que o direito funesto da conquista causou indistintamente a todos os descendentes dos descobridores, conquistadores e povoadores destes países quando deveria favorecê-los, fatos da pior condição, e colocando um véu sobre os trezentos anos de dominação espanhola na América, só apresentaremos os fatos autênticos e notórios que deveriam desprender-se e desprenderam-se de direito a um mundo de outro, no transtorno, desordem e conquista em que já está se dissolvendo a nação espanhola.

Esta desordem aumentou os males da América, inutilizando os seus recursos e reclamações e autorizando a impunidade dos governantes da Espanha para insultar e oprimir esta parte da nação, deixando-a sem o amparo e a garantia das leis.

É contrária à ordem, impossível ao governo da Espanha e funesto para a América que, tendo esta um território infinitamente mais extenso e uma população incomparavelmente mais numerosa, dependa e esteja sujeita a uma parte peninsular do continente europeu.

As sessões e abdicações de Baiona, as jornadas do Escorial e de Aranjuez e as ordens do lugar-tenente, duque de Berg, para a América, deveriam pôr em uso os direitos que até então os americanos haviam sacrificado para a unidade e a integridade da nação espanhola.

A Venezuela, mais do que ninguém, reconheceu e conservou generosamente esta integridade para não abandonar a causa de seus irmãos enquanto tinha esta aparência de salvação, por menor que fosse.

A América voltou a existir, quando pôde, e decidiu tomar as rédeas de seu destino e conservação; assim como a Espanha pôde reconhecer, ou não, os direitos de um rei que apreciara mais a sua existência do que a dignidade da nação que governava.

Quantos Bourbons acudiram às inválidas estipulações de Baiona, abandonando o território espanhol contra a vontade dos povos e faltaram, depreciaram e pisaram no dever sagrado que contraíram com os espanhóis de ambos os mundos quando, com seu sangue e seus tesouros, os colocaram no trono, a despeito da Casa de Áustria; por esta conduta, tornaram-se inábeis e incapazes de governar um povo livre a quem entregaram como um rebanho de escravos.

Os governos intrusos que aboliram a representação nacional aproveitaram perfidamente as disposições que a boa-fé, a distância, a opressão e a ignorância davam aos americanos contra a nova dinastia que se introduziu pela força na Espanha; e contra os seus próprios princípios, mantiveram entre nós a ilusão a favor de Fernando, para devorar-nos e vexar-nos impunemente enquanto nos prometiam a liberdade, a igualdade e a fraternidade por meio de discursos pomposos e frases estudadas, para encobrir o laço de uma representação urdida, inútil e degradante.

Logo que se dissolveram, substituíram e destruíram entre si as várias formas de governo da Espanha e, ainda que a imperiosa lei da necessidade ditasse que a Venezuela se preservaria para propagar e conservar os direitos de seu rei e oferecer um asilo aos seus irmãos da Europa contra os males que os ameaçavam, desconheceu-se toda a sua conduta anterior, variaram-se os princípios e chamou-se de insurreição, perfídia e ingratidão, o mesmo mote que serviu de norma aos governos da Espanha, porque já se fechava a porta do monopólio da administração que queriam perpetuar em nome de um rei imaginário.

Apesar dos nossos protestos, da nossa moderação, da nossa generosidade e da inviolabilidade dos nossos princípios contra a vontade dos nossos irmãos da Europa, declaram-nos em estado de rebelião, bloqueiam-nos, hostilizam-nos, enviam agentes para que nos amotinemos uns contra os outros e procuram desacreditar-nos entre as nações da Europa implorando o seu auxílio para nos oprimir.

Sem fazer o menor apreço das nossas razões, sem apresentá-las ao julgamento do mundo e sem outros juízes que os nossos inimigos, condenam-nos a uma dolorosa incomunicação com nossos irmãos; e para acrescentar o desprezo à calúnia, nomeiam-nos procuradores contra a nossa vontade expressa, para que em suas Cortes disponham arbitrariamente dos nossos interesses sob o influxo e a força dos nossos inimigos.

Para sufocar e aniquilar os efeitos da nossa representação quando se viram obrigados a concedê-la, submeteram-nos a uma tarifa mesquinha e diminuta, e sujeitaram à voz passiva das prefeituras, degradadas pelo nepotismo dos governadores, a forma de eleição: o que foi um insulto a nossa simplicidade e boa-fé, mais do que uma consideração de nossa incontestável importância política.

Sempre surdos aos gritos da justiça, os governos da Espanha procuraram desacreditar todos os nossos esforços declarando-nos como criminosos e selando com a infâmia, o cadafalso e o confisco todas as tentativas que, em diversas épocas, fizeram alguns americanos, para não ser envolvidos na desordem que pressentíamos e conduzidos à horrorosa sorte que iremos afastar de nós para sempre; com esta política atroz, conseguiram fazer os nossos irmãos insensíveis às nossas desgraças, armá-los contra nós, apagar deles as doces impressões de amizade e de consanguinidade e transformar em inimigos uma parte da nossa grande família.

Quando nós, fiéis às nossas promessas, sacrificávamos a nossa segurança e dignidade civil para não abandonar os direitos que generosamente conservamos a Fernando de Bourbon, vimos que, além das relações de força que o ligavam ao imperador dos franceses, incluiu os vínculos de sangue e amizade, e assim até os governos da Espanha declararam sua resolução de não reconhecê-lo, a não ser condicionalmente.

Nesta dolorosa alternativa, permanecemos três anos em uma indecisão e ambiguidade política, tão funesta e perigosa, que apenas ela bastaria para autorizar a resolução que a fé das nossas promessas e os vínculos da fraternidade nos haviam feito diferir; até que a necessidade obrigou-nos a ir além do que nos propusemos, impelidos pela conduta hostil e desnaturada dos governos da Espanha, que nos relevou do juramento condicional com que fomos chamados à augusta representação que exercemos.

Mas nós, que nos vangloriamos de fundamentar a nossa conduta nos melhores princípios e que não queremos estabelecer a nossa felicidade sobre a desgraça dos nossos semelhantes, olhamos e declaramos como nossos amigos, companheiros de sorte e partícipes da nossa felicidade os que, unidos conosco pelos vínculos de sangue, língua e religião, sofreram os mesmos males na ordem anterior; sempre que, reconhecendo a nossa absoluta independência dela e de toda outra dominação estranha, ajudem-nos a defendê-la com sua vida, sua fortuna e sua opinião, declarando-a e reconhecendo-a (assim como a todas as outras nações) inimigos na guerra e amigos, irmãos e compatriotas na paz.

Considerando todas estas sólidas, públicas e incontestáveis razões da política, que tanto persuadem a necessidade de recobrar a dignidade natural que a ordem dos acontecimentos nos restituiu em razão dos imprescritíveis direitos que têm os povos de destruir todo pacto, convênio ou associação que não corresponde aos fins para os quais foram instituídos os governos, acreditamos que não podemos nem devemos conservar os laços que nos ligavam ao governo da Espanha e que, como todos os povos do mundo, estamos livres e autorizados a não depender de outra autoridade que não seja a nossa e tomar entre as potências da terra, posto igual que o Ser Supremo e a natureza nos indicam e a que também nos chama a sucessão dos acontecimentos humanos e o nosso próprio bem e utilidade.

Entretanto, do que conhecemos sobre as dificuldades que traz consigo e as obrigações que nos impõe o lugar que ocuparemos na ordem política do mundo e a influência poderosa das formas e hábitos a que estivemos, infelizmente, acostumados, também conhecemos que a vergonhosa submissão a elas, quando podemos sacudi-las, seria mais ignominiosa para nós e mais funesta para a posteridade do que a nossa longa e penosa servidão, e que é nosso dever indispensável prover a nossa conservação, segurança e felicidade, variando essencialmente todas as formas da nossa Constituição anterior.

Portanto, acreditando que com todas estas razões está satisfeito o respeito que devemos às opiniões do gênero humano e a dignidade das demais nações, das quais participaremos e com cuja comunicação e amizade contamos, nós, os representantes das Províncias Unidas da Venezuela, tendo como testemunha do nosso proceder e da retidão das nossas intenções o Ser Supremo, imploramos os seus divinos e celestiais auxílios e ratificamos, desde o momento em que nascemos, que sua providência nos restituiu o desejo de viver e morrer livres, acreditando e defendendo a santa, católica e apostólica religião de Jesus Cristo como o primeiro dos nossos deveres. Nós, pois, em nome e com a vontade e a autoridade que temos e que nos foi dada pelo virtuoso povo da Venezuela, declaramos solenemente ao mundo que as suas Províncias Unidas são e devem ser livres de toda submissão e dependência da Coroa da Espanha e dos que se dizem ou disserem ser seus procuradores ou representantes, e como tal, Estado livre e independente, tem pleno poder de possuir o tipo de governo que esteja conforme com a vontade geral dos seus povos, declarar a guerra, fazer a paz, formar alianças, fazer tratados de comércio, limites e navegação, fazer e executar todos os demais atos que fazem e executam as nações livres e independentes. E para tornar válida, firme e subsistente esta nossa solene declaração, damos e empenhamos mutuamente, umas províncias às outras, as nossas vidas, as nossas fortunas e o mais sagrado da nossa honra nacional. Dada no Palácio Federal e de

Caracas, firmada de próprio punho, selada com o grande selo provisório da Confederação, referendada pelo secretário do Congresso, aos cinco dias do mês de julho do ano de mil oitocentos e onze, o primeiro dia da nossa independência.

Fonte: *Gaceta de Caracas*, Caracas, 16 de julho de 1811.

DOCUMENTO Nº 2

CONSTITUIÇÃO FEDERAL PARA OS ESTADOS DA VENEZUELA, 21 DE DEZEMBRO DE 1811 (SELEÇÃO)

Capítulo oitavo. Direitos do homem que serão reconhecidos e respeitados em toda a extensão do Estado

Primeira seção. Soberania do povo

Artigo 141 – Depois de constituídos os homens em sociedade, renunciaram àquela liberdade ilimitada e licenciosa conduzida por suas paixões, próprias de um estado selvagem. O estabelecimento da sociedade pressupõe a renúncia a estes direitos funestos, a aquisição de outros mais doces e pacíficos e a sujeição a certos deveres mútuos.

Artigo 142 – O pacto social assegura para cada indivíduo o gozo e a possessão de seus bens, sem prejuízo do direito que os demais indivíduos tenham sobre os seus.

Artigo 143 – Uma sociedade de homens reunida sob as mesmas leis, costumes e governo forma uma soberania.

Artigo 144 – A soberania de um país ou o supremo poder de regular e dirigir equitativamente os interesses da comunidade reside, pois, essencial e originariamente, na massa geral de seus habitantes e exercita-se por meio de seus procuradores ou representantes, nomeados e estabelecidos de acordo com a Constituição.

Artigo 145 – Nenhum indivíduo, nenhuma família, nenhuma porção ou reunião de cidadãos, nenhuma corporação particular, nenhum povo ou partido, pode atribuir-se a soberania da sociedade, que é imprescindível, inalienável e indivisível em sua essência e origem, nem pessoa alguma poderá exercer qualquer função pública de governo, a não ser a que obteve pela Constituição.

Artigo 146 – Os magistrados e oficiais do governo, investidos de qualquer tipo de autoridade, seja no Legislativo, no Executivo ou no Judiciário, são, consequentemente, meros agentes e representantes do povo nas funções que exercem, e todo o tempo responsáveis perante os homens ou habitantes de sua conduta pública por vias legítimas e constitucionais.

Artigo 147 – Todos os cidadãos têm direito indistintamente aos empregos públicos, da maneira, forma e condições prescritas pela lei, não sendo aqueles empregos públicos propriedade exclusiva de alguma classe de homens em particular; e nenhum homem, corporação ou associação de homens terá outro título para obter vantagens e considerações particulares, diferentes das de outros no que se refere aos empregos que formam uma carreira pública, mas o que provém dos serviços feitos ao Estado.

Artigo 148 – Não são estes títulos nem serviços de maneira alguma hereditários por natureza, nem transmissíveis aos filhos, descendentes ou outras relações de sangue. A ideia de um homem nascido magistrado, legislador, juiz, militar ou empregado de qualquer tipo é absurda e contrária à natureza.

Artigo 149 – A lei é a expressão livre da vontade geral ou da maioria dos cidadãos, indicada pelo órgão de seus representantes legalmente constituídos. Ela fundamenta-se na justiça e no bem comum, e deve proteger a liberdade pública e individual contra toda opressão ou violência.

Artigo 150 – Os atos exercidos contra qualquer pessoa fora dos casos e contra as formas que a lei determina são iníquos e, se em razão deles, usurpar-se a autoridade constitucional ou a liberdade do povo, serão tirânicos.

Segunda seção. Direitos do homem em sociedade

Artigo 151 – O objetivo da sociedade é a felicidade comum e os governos foram instituídos para manter o homem dentro dela, protegendo o aperfeiçoamento de suas faculdades físicas e morais, aumentando a esfera de sua satisfação e procurando o mais justo e honesto exercício dos seus direitos.

Artigo 152 – Estes direitos são a liberdade, a igualdade, a propriedade e a segurança.

Artigo 153 – A liberdade é a faculdade de fazer tudo o que não prejudicar os direitos dos outros indivíduos, nem o corpo da sociedade, cujos limites só podem ser determinados pela lei porque, caso contrário, seriam arbitrários e prejudiciais à própria liberdade.

Artigo 154 – A igualdade consiste em que a lei seja igual para todos os cidadãos, tanto para punir quanto para proteger. Ela não reconhece distinção de nascimento, nem herança de poderes.

Artigo 155 – A propriedade é o direito que cada um tem de gozar e dispor dos bens adquiridos com seu trabalho e capacidade.

Artigo 156 – A segurança existe na garantia e na proteção que a sociedade dá a cada um dos seus membros sobre a conservação da sua pessoa, dos seus direitos e de suas propriedades.

Artigo 157 – Não se pode impedir o que não está proibido pela lei e ninguém poderá ser obrigado a fazer o que ela não prescreve.

Artigo 158 – Tampouco os cidadãos poderão ser repreendidos em juízo, acusados, presos ou detidos, a não ser nos casos e nas formas determinadas pela lei; e quem provocar, expedir, subscrever, executar ou fizer executar ordens e atos arbitrários deverá ser castigado; mas todo cidadão que for convocado ou detido em virtude da lei deverá obedecer instantaneamente, pois se torna culpado caso resista.

Artigo 159 – Todo homem é inocente até que não tenha sido condenado em virtude das leis; e enquanto isso não for feito, é indispensável proteger a sua pessoa. Qualquer rigor que nesse sentido não for sumamente necessário, deverá ser reprimido.

Artigo 160 – Ninguém poderá ser julgado ou condenado ao sofrimento de alguma pena em matéria criminal, a não ser depois que tenha sido legalmente ouvido. Toda pessoa em semelhante caso terá o direito de conhecer o motivo da acusação contra ela e conhecer a natureza de tal acusação para ser confrontada com os seus acusadores e testemunhas contrárias, e para produzir outras a seu favor e quantas provas possam ser-lhe favoráveis dentro dos termos regulares, por si mesma, pelo seu representante ou do defensor de sua escolha, e nenhuma será compelida ou forçada a testemunhar contra si mesma, assim como tampouco seus ascendentes, colaterais, até o quarto grau civil de consanguinidade e segundo grau de afinidade.

Artigo 161 – O Congresso, com a brevidade possível, estabelecerá por lei, detalhadamente, o julgamento com jurados para os casos criminais ou civis que comumente são aplicados em outras nações, com todas as formas próprias deste procedimento, e fará, então, as declarações que aqui correspondam a favor da liberdade e da segurança pessoal, para que sejam parte desta e observem-se em todo o Estado.

Artigo 162 – Toda pessoa tem direito a estar segura de que não sofrerá nenhum tipo de investigação, registro, averiguação, captura ou embargo irregular ou indevido referente a sua pessoa, casa e bens; e qualquer ordem dos magistrados para averiguar lugares suspeitos sem probabilidade de algum fato grave que o justifique, sem designação expressa dos referidos lugares ou para se apoderar de alguma ou algumas pessoas e de suas propriedades, sem nomeá-las ou indicar os motivos do procedimento, e sem que haja precedido testemunho ou disposição juramentada de pessoas críveis, será contrária aquele direito, perigosa à liberdade e não deverá ser autorizada.

Artigo 163 – A casa de todo cidadão é um abrigo inviolável. Ninguém tem o direito de nela entrar, a não ser em caso de incêndio, inundação ou reclamação que provenha do interior da mesma ou quando assim o exigir algum procedimento criminal de acordo com as leis, com a responsabilidade das autoridades constituídas que expediram os decretos: as visitas domiciliares e execuções civis só poderão ser realizadas durante o dia, em virtude da lei e com respeito à pessoa e aos objetos expressamente indicados na ata que ordenar tal visita ou sua execução.

Artigo 164 – Quando se acordarem pela autoridade pública semelhantes atos, estes se limitarão a pessoa e objetos expressamente indicados nos decretos nos quais se ordena a visita e execução, pois esses devem ser vistos como invioláveis; da mesma forma que as correspondências de todos os cidadãos não podem ser interceptadas por nenhuma autoridade, nem tais documentos provarão nada em juízo, a não ser os que forem exibidos pela mesma pessoa a quem forem dirigidos por seu autor e nunca por outra terceira, nem pelo reprovado meio da interceptação. Excetuam-se os delitos de alta traição contra o Estado, os de falsidade e demais que se cometam e executem precisamente pela escritura, em cujo caso se procederá ao registro, exame e apreensão de tais documentos seguindo o disposto pelas leis.

Artigo 165 – Todo indivíduo da sociedade tendo direito a ser por ela protegido no usufruto de sua vida, sua liberdade e suas propriedades seguindo o disposto pelas leis, está obrigado, por conseguinte, a contribuir com as despesas desta proteção e a prestar serviços pessoais ou o equivalente quando for necessário; mas nenhum poderá ser privado da menor porção de sua propriedade, nem esta poderá aplicar-se a usos públicos, sem seu próprio consentimento ou o consentimento dos Corpos Legislativos representantes do povo; e quando alguma necessidade pública legalmente comprovada exigir que a propriedade de algum cidadão seja aplicada para usos semelhantes, deverá receber por ela uma indenização justa.

Artigo 166 – Nenhum subsídio, carga, imposto, taxa ou contribuição poderá ser estabelecido ou cobrado sob qualquer pretexto, sem o consentimento do povo, expresso através de algum órgão de seus representantes. Todas as contribuições têm por objetivo a utilidade geral e os cidadãos têm o direito de vigiar seus investimentos e a prestação de contas nos canais pertinentes.

Artigo 167 – Nenhum tipo de trabalho, cultura, atividade ou comércio será proibido aos cidadãos, exceto aqueles que agora constituem a subsistência do Estado e que depois, oportunamente, permitir-se-ão quando o Congresso considerar útil e conveniente para a causa pública.

Artigo 168 – A liberdade de cada cidadão de exigir os seus direitos perante os depositários da autoridade pública, com o devido respeito e moderação, em nenhum caso poderá ser impedida ou limitada. Todos, pelo contrário, deverão achar que é um remédio rápido e seguro, seguindo o disposto pelas leis, contra as injúrias e os danos que sofrerem em sua pessoa, propriedades, honra e estima.

Artigo 169 – Todos os estrangeiros, de qualquer nação, serão recebidos no Estado. Suas pessoas e propriedades gozarão da mesma segurança que a dos demais cidadãos, sempre que respeitarem a religião católica, única no país, e que reconhecerem a independência destes povos, sua soberania e as autoridades constituídas pela vontade geral dos seus habitantes.

Artigo 170 – Nenhuma lei criminal ou civil poderá ter efeito retroativo, e o que se fizer para julgar ou castigar ações cometidas antes de sua existência será tomado como injusto, opressivo e desconforme com os princípios fundamentais de um governo livre.

Artigo 171 – Nunca serão exigidas cauções excessivas nem se imporão penas pecuniárias desproporcionais aos delitos, também não se condenarão os homens a castigos cruéis, ridículos e em desuso. As leis sanguinárias devem ser diminuídas, visto que sua aplicação frequente não é condizente com a força do Estado e é tão injusta quanto impolítica, sendo o verdadeiro desígnio dos castigos corrigir e não exterminar o gênero humano.

Artigo 172 – Todo tratamento que agrave a pena determinada pela lei constitui um delito.

Artigo 173 – O uso da tortura fica abolido para sempre.

Artigo 174 – Toda pessoa que for legalmente detida ou presa deverá ser posta em liberdade após o pagamento de caução ou fiança suficiente, exceto nos casos em que houver provas evidentes ou grande presunção de delitos graves. Se a prisão advier de dívidas e não houver evidência ou presunção veemente de fraude, tampouco a pessoa deverá nela permanecer, logo que seus bens tenham sido colocados à disposição de seus respectivos credores, conforme as leis.

Artigo 175 – Nenhuma sentença pronunciada por traição contra o Estado ou qualquer outro delito trará infâmia aos filhos, descendentes do réu.

Artigo 176 – Nenhum cidadão das províncias do Estado, exceto os que estiveram empregados no Exército, na Marinha ou nas Milícias e que se encontrarem em serviço, deverá sujeitar-se às leis militares ou sofrer os castigos delas emanados.

Artigo 177 – Os militares, em tempos de paz, não poderão aquartelar-se ou alojar-se nas casas dos demais cidadãos sem o consentimento de seus donos, nem mesmo em tempos de guerra, a não ser por ordem dos magistrados civis, conforme as leis.

Artigo 178 – Uma milícia bem treinada e instruída, composta de cidadãos, é a defesa natural mais conveniente e segura para um Estado livre. Não deverá haver, portanto, tropas veteranas em tempos de paz, a não ser as rigorosamente necessárias para a segurança do país, com o consentimento do Congresso.

Artigo 179 – Tampouco os cidadãos serão impedidos do direito de ter e portar armas lícitas e permitidas para a sua defesa; e o Poder Militar em todos os casos se conservará subordinado à autoridade civil e será por ela dirigido.

Artigo 180 – Não haverá foro pessoal algum; só a natureza das matérias determinará os magistrados em razão de seu conhecimento; e os empregados de qualquer ramo, nos casos havidos sobre assuntos que não forem próprios de sua profissão e carreira, sujeitar-se-ão ao julgamento dos magistrados e tribunais ordinários, como os demais cidadãos.

Artigo 181 – Será livre o direito de manifestar os pensamentos pela imprensa; mas qualquer um que o exerça será responsável perante as leis se atacar e perturbar com suas opiniões a tranquilidade pública, o dogma, a moral cristã, a propriedade e a estima de algum cidadão.

Artigo 182 – As legislaturas provinciais terão o direito de petição ao Congresso e não se impedirá os habitantes de se reunir, ordenada e pacificamente, em suas respectivas paróquias, para se consultar e tratar de seus interesses, dar instruções aos seus representantes no Congresso ou na província, ou dirigir petições a um ou outro orgão Legislativo, sobre a reparação de agravos ou males que sofram em seus próprios negócios.

Artigo 183 – Para todos estes casos deverá preceder, necessariamente, uma solicitação expressa por escrito dos pais de família e homens bons da paróquia, em um número mínimo de seis, solicitando a reunião para a respectiva Municipalidade, e esta determinará o dia, comissionará algum magistrado ou pessoa respeitável do partido para que presida a Junta, e depois de concluída e lavrada a ata, procederá ao seu envio à Municipalidade que dará o encaminhamento conveniente.

Artigo 184 – Só deverão acorrer a estas Juntas os cidadãos votantes ou eleitores, e as legislaturas não estão absolutamente obrigadas a conceder as petições, mas, levá-las em consideração, para proceder as suas funções do modo que parecer mais conveniente ao bem geral.

Artigo 185 – O poder de suspender as leis ou de deter a sua execução nunca deverá ser exercido, a não ser pelas respectivas legislaturas ou pela autoridade delas emanada, somente para aqueles casos particulares que tenham sido expressamente prescritos fora do que expressa a Constituição; e toda suspensão ou detenção que se faça em virtude de qualquer autoridade sem o consentimento dos representantes do povo será repudiada como um atentado aos seus direitos.

Artigo 186 – O Poder Legislativo suprirá provisoriamente todos os casos nos quais a respectiva Constituição não possa pronunciar-se e dará, oportunamente, respeitando esta mesma Constituição, a adição ou a reforma que seja necessário fazer sobre ela.

Artigo 187 – O direito do Povo de participar da legislatura é a maior segurança e o mais firme fundamento de um governo livre; portanto, é preciso que as eleições sejam livres e frequentes, e que os cidadãos que possuam as qualificações necessárias ao melhor interesse da comunidade tenham o direito de sufragar e eleger os membros da legislatura nas épocas assinaladas e pouco distantes, como manda a Constituição.

Artigo 188 – Uma prolongada continuação dos principais funcionários no Poder Executivo é perigosa para a liberdade, e esta circunstância exige uma alternância periódica entre os membros do referido Poder para assegurá-la.

Artigo 189 – Os três poderes essenciais do governo, a saber: o Legislativo, o Executivo e o Judiciário, devem ser conservados tão separados e independentes um do outro quanto mais o exija a natureza de um governo livre ou for conveniente para uma cadeia de amizade e união que liga toda a Constituição de um modo indissolúvel.

Artigo 190 – A emigração de uma província à outra será totalmente livre.

Artigo 191 – Os governos foram constituídos para a felicidade comum, para a proteção e a segurança dos Povos que os compõem, e não para o benefício, honra ou interesse particular de algum homem, de alguma família ou de alguma classe de homens em particular, que são apenas uma parcela da comunidade. O melhor de todos os governos será o que for mais apropriado para produzir a maior soma de bem e felicidade e estiver mais protegido do perigo de uma má administração; e quantas vezes se reconhecer que um governo é incapaz de preencher esses objetivos ou quando a maioria da nação for contrária a ele terá, inegavelmente, o direito inalienável e imprescindível de aboli-lo, mudá-lo ou reformá-lo da maneira que julgue mais conveniente para alcançar o bem comum. Para obter esta maioria indispensável, sem prejuízo da justiça e da liberdade geral, a Constituição apresenta e ordena os meios mais razoáveis, justos e regulares no capítulo da revisão, e as províncias adotarão outros semelhantes ou equivalentes em suas respectivas Constituições.

Seção Terceira. Deveres do homem em sociedade

Artigo 192 – A declaração dos direitos contém as obrigações dos legisladores; mas a conservação da sociedade pede que os que a compõem conheçam e preencham igualmente os requisitos de suas próprias obrigações.

Artigo 193 – Os direitos dos outros são o limite moral dos nossos e o princípio dos nossos deveres com relação aos demais indivíduos do Corpo Social. Eles repousam sobre dois princípios que a natureza gravou em todos os corações, a saber: "Faz sempre aos outros o bem que quisera deles receber. Não faças a outro o que não gostarias que te fizessem".

Artigo 194 – São deveres de cada indivíduo para com a sociedade viver submetido às leis, obedecer e respeitar os magistrados e as autoridades constituídas, que são seus órgãos, manter a liberdade e a igualdade de direitos, contribuir para os gastos públicos e servir a pátria quando ela assim o exigir, fazendo-lhe o sacrifício de seus bens e de sua vida, se necessário.

Artigo 195 – Ninguém é homem de bem, nem bom cidadão, se não observar as leis fiel e religiosamente, se não for um bom filho, um bom irmão, um bom amigo, um bom esposo e um bom pai de família.

Artigo 196 – Qualquer um que não observe as leis abertamente ou que sem violá-las claramente, eludi-las com astúcia e com rodeios artificiais e culpáveis, é inimigo da sociedade, ofende os interesses de todos e torna-se indigno da benevolência e estima pública.

Seção Quarta. Deveres do Corpo Social

Artigo 197 – A sociedade garante aos indivíduos que a compõem o usufruto de sua vida, de sua liberdade, de suas propriedades e demais direitos naturais; nisto consiste a garantia social que resulta da ação reunida dos membros do Corpo Social e depositada na Soberania nacional.

Artigo 198 – Sendo constituídos os governos para o bem e a felicidade comum dos homens, a Sociedade deve proporcionar auxílio aos indigentes e desgraçados e a instrução de todos os cidadãos.

Artigo 199 – Para precaver-se de toda transgressão dos altos poderes que nos foram confiados, declaramos: que todas e cada uma das coisas constituídas na declaração anterior dos direitos estão isentas e fora do alcance do Poder Geral Ordinário do Governo e que, contendo ou apoiando-se sobre os indestrutíveis e sagrados princípios da natureza, toda lei contrária a elas que se expeça pela legislatura Federal ou pelas províncias será absolutamente nula e sem nenhum valor.

Capítulo Nono. Disposições gerais

Artigo 200 – Como uma parcela dos cidadãos que até hoje denominamos índios não conseguiu o fruto apreciável de algumas leis que a Monarquia Espanhola pronunciou a seu favor, porque os encarregados do governo nesses países esqueceram-se de sua execução, e como as bases do sistema de governo que a Venezuela adotou nesta Constituição não são outras que a justiça e a igualdade, encarregará muito particularmente os governos provinciais que, da mesma forma como deverão aplicar seus esforços e cuidados para conseguir a ilustração de todos os habitantes do Estado, porporcionar-lhes escolas, academias e colégios onde todos os que assim desejarem possam aprender os princípios da religião, da moral, da política, das ciências e das artes úteis e necessárias para a manutenção e prosperidade dos povos, procurem, por todos os meios possíveis, atrair para estas casas de ilustração e ensino os referidos cidadãos naturais, fazê-los compreender a íntima união que têm com todos os demais cidadãos, as considerações que merecem do governo e os direitos que gozam pelo simples fato de serem homens iguais a todos os de sua espécie, a fim de conseguir por este meio tirá-los do abatimento e da rusticidade na qual os manteve o antigo estado de coisas, e que não permaneçam por mais tempo isolados e mesmo temerosos de se relacionar com os outros homens, proibindo desde agora que possam, involuntariamente, prestar serviços a tenentes e padres de suas paróquias e nem a outra pessoa, e permitindo-lhes a divisão da propriedade das terras que lhes foram concedidas e das quais têm posse, para que, proporcionalmente entre, os pais de família de cada povo as dividam e delas disponham como verdadeiros senhores, de acordo com os termos e regulamentos que façam os Governos Provinciais.

Artigo 201 – Por conseguinte, revogam-se e ficam sem valor as leis que no governo anterior certos tribunais e protetores dos naturais concederam e que, visando a protegê-los, nada mais fizeram que prejudicá-los, de acordo com o que mostra a experiência.

Artigo 202 – O comércio iníquo de negros, proibido por decreto da Junta Suprema de Caracas em 14 de agosto de 1810, fica solenemente abolido em todo o território da União, sem que possam, de maneira nenhuma, introduzir qualquer tipo de escravos através deste comércio.

Artigo 203 – Do mesmo modo, ficam revogadas e anuladas em todos os lugares as leis antigas que impunham a degradação civil a uma parte da população livre da Venezuela, conhecida até agora com a denominação de pardos; eles ficam de posse de sua personalidade natural e civil e restituídos aos imprescindíveis direitos que lhes correspondem, tanto quanto os demais cidadãos.

Artigo 204 – Ficam extintos todos os títulos concedidos pelo governo anterior, e nem o Congresso, nem as legislaturas provinciais poderão conceder outro título de nobreza, honras ou distinções hereditárias, nem criar empregos ou ofício de nenhum tipo, cujos soldos ou emolumentos possam durar mais tempo que os da boa conduta dos que lhes servem.

Artigo 205 – Qualquer pessoa que exerça algum emprego de confiança ou honra sob a autoridade do Estado não poderá aceitar presentes, título ou emolumento de nenhum rei, príncipe ou Estado estrangeiro, sem o consentimento do Congresso.

Fonte: *Constitución Federal para los Estados de Venezuela, hecha por los Representantes de Margarita, de Mérida, de Cumaná, de Barinas, de Barcelona, de Trujillo e de Caracas, reunidos en Congreso General y sancionada el 21 de diciembre de 1811*, Caracas, Supremo Congresso dos Estados Unidos da Venezuela. Edição fac-símile reproduzida no Congresso Constituinte de 1811 – 1812, Caracas, Edições do Congresso da República, tomo II.

DOCUMENTO Nº 3

DECRETO DE LIBERDADE DOS ESCRAVOS, CARÚPANO, 2 DE JUNHO DE 1816

Simon Bolívar, Chefe Supremo e Capitão-Geral dos Exércitos da Venezuela e Nova Granada

Aos habitantes de Río Caribe, Carúpano e Cariaco

Saudações

Considerando que a justiça, a política e a pátria reclamam imperiosamente os direitos imprescindíveis da natureza, decreto a liberdade absoluta dos escravos que sofreram sob o jugo espanhol nos três séculos passados e, considerando que a República necessita dos serviços de todos os seus filhos, devemos impor aos novos cidadãos as seguintes condições:

Artigo 1º – Todo homem robusto, desde os quatorze anos de idade até os sessenta anos, apresentar-se-á na paróquia de seu Distrito para alistar-se no Exército da Venezuela, vinte e quatro horas depois de publicado o presente decreto.

Artigo 2º – Os anciãos, as mulheres, as crianças e os inválidos ficarão isentos desde agora e para sempre do serviço militar, assim como, também, do serviço doméstico e campestre em que estavam empregados para o benefício dos seus senhores.

Artigo 3º – O novo cidadão que se recuse a pegar em armas para cumprir o sagrado dever de defender a sua liberdade ficará sujeito à servidão, não somente dele, mas também de seus filhos menores de 14 anos, de sua mulher e seus pais anciãos.

Artigo 4º – Os parentes dos militares empregados no Exército Libertador gozarão dos direitos de cidadãos e da liberdade absoluta que é conceder este decreto em nome da República da Venezuela.

O presente regulamento terá força de lei e será fielmente cumprido pelas autoridades de Rio Caribe, Carúpano e Cariaco.

Dado no Quartel-Geral de Carúpano, 2 de junho de 1816.

Fonte: *Simón Bolívar Fundamental* (Germán Carrera Damas, compilador). Caracas, Monte Ávila Editores Latinoamericana, tomo II, pp. 167, 168).

Documento nº 4

DECRETO DE 22 DE JANEIRO DE 1820 SOBRE A LIBERDADE DOS ESCRAVOS, GUAYANA

O Congresso Soberano, considerando os dois proclamas nos quais o general Bolívar, então Chefe Supremo da República da Venezuela, declarou a liberdade dos escravos, primeiro com algumas modificações e depois, inteira e absoluta, reconheceu com madura meditação e acordo que esta medida, ditada pela justiça e reclamada pela natureza, requer para ser executada de modo vantajoso para a pátria e para eles mesmos, diversas disposições preparatórias que naquelas circunstâncias era impossível tomar. É preciso, no estado de ignorância e degradação moral a que esta parcela desgraçada da humanidade encontra-se reduzida, é preciso, em tal estado, fazer homens antes de fazer cidadãos. É igualmente necessário proporcionar-lhes a subsistência com a liberdade, abrindo um vasto campo para as suas atividades e para precaver delitos e corrupção, que acompanham em todos os lugares a miséria e a ociosidade. O Congresso, considerando a liberdade como a luz da alma, acreditou também que devia conceder-lhes em etapas, como os que recobram a visão, para não expô-los, de repente, a todo o esplendor do dia. A experiência comprova a exatidão desta comparação. Guiado por suas lições, o Congresso planejava seguir as seguintes etapas:

1º – Somente reconhecer, como disse na Constituição, o princípio sagrado que diz que o homem não pode ser propriedade de outro homem.

2º – Determinar um prazo prudente dentro do qual ficasse extinta de fato a escravidão, como fica abolida por direito.

3º – Promover ativamente a primeira civilização dos escravos, com diversas instituições, ensinando as crianças a ler e a escrever, dando a todos, em geral, uma ideia dos deveres sociais, inspirando neles o amor ao trabalho e às virtudes públicas, e fazendo depender delas mesmas a mais ou menos rápida posse de sua liberdade.

4º – Manter nela os que já a tenham obtido e concedê-la sucessivamente aos que se apresentarem para servir na milícia, aos que souberem alguma ocupação ou ofício, manifestarem alguma habilidade ou talento particular ou distinguirem-se por sua honradez, conduta e patriotismo.

5º – Colocar um fim à entrada de novos escravos.

6º – Elaborar um censo dos escravos existentes nas fazendas e atribuir-lhes, com relação aos seus produtos, certo lucro proporcional, sendo que eles devem comprometer-se a cultivá-los por determinado número de anos, em cujo caso serão considerados como serventes livres, mas ligados àquela plantação ou pasto pelo tempo estipulado.

7º – Elaborar um fundo efetivo de indenização a favor dos proprietários que não tenham perdido o direito a ela por ter lutado contra o seu país ou por outra causa justa. Como a execução desse plano exigia diversos estabelecimentos, instituições, meios e recursos, o Congresso ocupava-se de organizar tudo, de modo que, no prazo exato de cinco anos, fosse obtida a extinção total da escravidão em toda a Venezuela, quando acontecimentos extraordinários deram uma nova existência e forma colossal à República. Era preciso trabalhar sobre outras dimensões, conceber outro plano mais abrangente e recomeçar a obra com novos materiais, ao mesmo tempo em que deveria finalizar suas tarefas legislativas, deixando tão augustas funções para a Representação Nacional da Colômbia, que deverá reunir-se no início do próximo ano, de acordo com a lei fundamental.

Por todas essas considerações, o Congresso Soberano teve por bem suspender até o próximo ano o plano ao qual se propunha para a extinção absoluta da escravidão e, neste sentido, decreta:

Artigo 1º – A escravidão fica abolida por direito e será totalmente extinta dentro do prazo estipulado e através dos meios prudentes, justos e filantrópicos que o Congresso Geral determinará em sua próxima reunião.

Artigo 2º – Enquanto isto, tudo ficará no mesmo estado em que se encontra hoje cada um dos três departamentos da República, sem nada mudar nas províncias ou em lugar algum, permanecendo em liberdade os que a tenham obtido e aguardando para recebê-la do Congresso Geral os que ainda se encontram em servidão.

Artigo 3º – Entretanto, os que forem convocados pelo presidente da República ou fizerem algum serviço distinguido receberão a sua liberdade, considerando as indenizações a que tenham direito.

Artigo 4º – A entrada de escravos no território da República, seja para comércio ou para estabelecimento, fica proibida sob multa de mil pesos por indivíduo.

Artigo 5º – Primando a República pelo respeito às leis, usos e costumes de todas as nações, declara-se que todo escravo de país estrangeiro será preso e restituído ao seu amo, castigado com a pena de pagar os gastos e prejuízos dos que tenham favorecido a sua vinda e dos que o ocultarem e protegerem. Assim tem entendido o Supremo Poder Executivo e disporá o necessário para o seu cumprimento.

Dado no Palácio do Congresso Soberano, capital da Guayana, em 22 de janeiro de 1820.

Fonte: "Decreto sobre a Liberdade dos Escravos", Guayana, 22 de janeiro de 1820. José Félix Blanco e Ramón Azpúrua. *Documentos para la historia de la vida publica del Libertador*, Caracas, Edições da Presidência da República, tomo VII, 1978.

Nota do editor: Na Venezuela, a abolição da escravatura foi finalmente sancionada no dia 24 de março de 1854.

DOCUMENTO Nº 5

LEI DE REPARTIÇÃO DE BENS NACIONAIS ENTRE OS MILITARES DO EXÉRCITO REPUBLICANO. ANGOSTURA, 10 DE OUTUBRO DE 1817

Simon Bolívar, Chefe Supremo da República, Capitão-Geral dos Exércitos da Venezuela e de Nova Granada

Considerando que o primeiro dever do governo é recompensar os serviços dos virtuosos defensores da República que, sacrificando generosamente as suas vidas e propriedades pela liberdade e felicidade da pátria, apoiaram e apoiam a desastrosa guerra de independência, sem que nem eles nem os seus familiares tenham os meios de subsistência; e considerando que existem no território ocupado pelas Armas da República e no que libertaremos, hoje nas mãos dos inimigos, inúmeras propriedades de espanhóis e americanos fiéis ao rei, que de acordo com o decreto e o regulamento publicado em 3 de setembro deste ano, devem ser sequestradas e confiscadas, decreto o que segue:

Artigo 1º – Todos os bens de raiz e imóveis que, de acordo com o citado decreto e regulamento, foram sequestrados e confiscados ou devam ser sequestrados e confiscados e não tenham sido alienados nem possam ser alienados em benefício do Erário nacional, serão repartidos e concedidos aos generais, chefes, oficiais e soldados da República, nos termos que se expressam abaixo.

Artigo 2º – Sendo os graus obtidos na campanha uma prova irrefutável dos diferentes serviços prestados por cada um dos indivíduos do Exército, a repartição das propriedades de que trata o artigo anterior será feita da seguinte forma, a saber:

    Para o General em comando – 25.000 pesos
    Para o General de Divisão – 20.000 pesos
    Para o General de Brigada – 15.000 pesos
    Para o Coronel – 10.000 pesos
    Para o Tenente-Coronel – 9.000 pesos
    Para o Major – 8.000 pesos
    Para o Capitão – 6.000 pesos
    Para o Tenente – 4.000 pesos
    Para o Subtenente – 4.000 pesos
    Para o Primeiro e Segundo Sargentos – 1.000 pesos
    Para o Primeiro e Segundo Cabos – 700 pesos
    Para o Soldado – 500 pesos

Artigo 3º – Os oficiais, sargentos, cabos e soldados que forem promovidos depois da repartição terão direito a exigir a diferença existente entre a quantidade que receberam quando exerciam a função anterior e a que lhes corresponde pelo que recebem na época da última repartição.

Artigo 4º – Se, feito o cômputo do valor das propriedades a serem repartidas, não se alcançar a cobrir todas as partes, o governo suprirá a falta com quaisquer outros bens nacionais, e principalmente, com a concessão de terrenos baldios.

Artigo 5º – Se antes ou depois de repartidas as propriedades, o governo decidir premiar o valor, serviço ou ação excepcional de um militar, poderá fazê-lo concedendo-lhe qualquer uma das referidas propriedades, sem que, neste caso, esteja obrigado a consultar a graduação do agraciado nem a quantidade que se lhe concede.

Artigo 6º – Caso um militar tenha merecido e alcançado a graça a que se refere o Artigo precedente, não terá direito a reclamar a parte que lhe atribui o Artigo 2º, se o valor da propriedade que lhe tenha sido concedida for maior do que o atribuído ao seu grau.

Artigo 7º – Quando as propriedades partíveis forem de um valor mais alto que as quantidades atribuídas aos diferentes graus, o governo cuidará para que as divisões sejam feitas visando ao interesse de todos, para o qual poderão mancomunar-se ou juntar-se muitos, e solicitar que determinada propriedade (rural) lhes seja concedida.

Artigo 8º – A repartição será feita por uma comissão especial, a ser oportunamente nomeada, a qual se sujeitará, neste sentido, ao regulamento que será publicado para este fim.

Artigo 9º – Ao governo reserva-se a imediata direção desta comissão.

Publique-se e comunique-se a quem corresponda e envie-se cópia ao Estado-maior para que seja publicada na Ordem do

Dia, que se fará circular por todas as divisões e corpos do Exército da República para a sua satisfação.

Dado, firmado de próprio punho, selado com o selo provisório da República e referendado pelo infra-escrito secretário do governo supremo no quartel-geral de Santo Tomás de Nova Guayana, em 10 de outubro de 1817.

Simón Bolívar

Fonte: *Archivo del Libertador.* Seção O'Leary, tomo XV. Extraído de *Simón Bolívar Fundamental* (Germán Carrera Damas, compilador). Caracas, Monte Ávila Editores Latinoamericana, tomo II, pp. 172-174.

A PARTICIPAÇÃO DAS MULHERES NA INDEPENDÊNCIA DA NOVA GRANADA: GÊNERO E CONSTRUÇÃO DE MEMÓRIAS NACIONAIS

Maria Ligia Coelho Prado
Stella Maris Scatena Franco

Introdução

A historiografia produzida no século XIX sobre o tema das independências na América Latina reservou um espaço privilegiado para os líderes dos exércitos revolucionários, consagrados como "heróis da pátria" ou como "pais fundadores da nação". Esta perspectiva reservou pouco espaço para os indivíduos pertencentes aos setores populares que também se constituíram em atores de destaque na penosa conquista da separação da Espanha. Esses setores compuseram um quadro de "pessoas comuns": mulheres, índios, negros, mestiços e brancos pobres que, a despeito de defenderem os propósitos independentistas e engrossarem as fileiras dos exércitos revolucionários durante o curso das guerras, foram relegados a posições secundárias ou obscuras pela historiografia tradicional.

As mulheres – ricas ou pobres – participaram ativamente dos movimentos de independência, atuando como sujeitos políticos no âmbito da esfera pública. Podemos encontrá-las envolvidas nas tramas e combates de um cenário histórico incerto e violento. Posteriormente, algumas foram transformadas em símbolos de resistência contra a dominação espanhola, tendo suas imagens sido apropriadas nos processos de construção das memórias nacionais.

As personagens escolhidas para nossa reflexão neste texto são Policarpa Salavarrieta e Manuela Sáenz, duas mulheres que contribuíram para o processo emancipatório do vice-reino de Nova Granada. Para analisá-las, utilizaremos fontes diversas, tais como biografias, cartas, imagens pictóricas, peças de teatro e crônicas, material que nos permitiu acompanhar suas trajetórias e perceber como se deram as construções de suas memórias.[1]

As mulheres na independência

A independência política da América Espanhola foi alcançada depois de uma guerra prolongada que se estendeu, em algumas regiões, por mais de dez anos. Foi particularmente violenta no vice-reino de Nova Granada, palco de intensas lutas e de grandes incertezas para os rebeldes independentistas. Durante os anos de guerra, houve avanços e recuos, mudanças de estratégia e de rotas, não sendo possível prever que a vitória dos

---

[1] Há uma enorme bibliografia que discute as acepções de memória e história, e as relações que estes conceitos guardam entre si. Não cabe aqui nos determos sobre esse importante debate teórico. Para os propósitos deste artigo, basta afirmar que, em nossa perspectiva, história e memória não se confundem. Estamos próximos da visão de Pierre Nora, para quem história e memória são instâncias distintas, ainda que seja necessária a ressalva de que a especificidade da memória em relação ao processo histórico não implica uma separação estrita entre tais instâncias; procura-se, assim, evitar os riscos de uma análise dicotômica ou do esquecimento de seus reais e frequentes imbricamentos. Para diferentes análises sobre o assunto, consulte: HALBWACHS, Maurice. *La mémoire collective*. Paris: Les Presses Universitaires de France, 1950; NORA, Pierre. "Entre Memória e História. A Problemática dos Lugares", in: *Revista Projeto História*, São Paulo, nº 10, dez. 1993; LE GOFF, Jacques. *História e memória*. Campinas: Editora da Unicamp, 1990; MENESES, Ulpiano T. Bezerra de "Do teatro da memória ao laboratório da História: a exposição museológica e o conhecimento histórico", in: *Anais do Museu Paulista História e Cultura Material*, São Paulo, nº 3, pp. 103-126, 1995.

defensores da independência se concretizaria. A sociedade neo-granadina dividiu-se entre a adesão à causa da independência e a lealdade à Coroa espanhola.[2] O medo e a insegurança estavam incorporados à população, ao mesmo tempo em que a esperança e a crença na possibilidade de transformações positivas faziam emergir aspirações sociais diversas e conflitantes.[3]

Em Caracas, no dia 5 de julho de 1811, pela primeira vez na América Ibérica, foi declarada a total independência da Capitania Geral da Venezuela, daí nascendo a Primeira República. Entretanto, sua vida foi efêmera, pois foi derrubada pelas tropas realistas no ano seguinte. Apenas em 1821, após a batalha de Carabobo, em que as tropas independentistas foram comandadas por Simón Bolívar, o sonho da independência se materializou. A atual Colômbia já havia cortado os laços com a Espanha, em 7 de agosto de 1819, após a batalha de Boyacá, com tropas igualmente lideradas por Bolívar. Quanto ao Equador, o Exército do Sul, sob as ordens de José Antônio Sucre, em 24 de maio de 1822, venceu a Batalha de Pichincha, consignando a derrota espanhola em todo o território do antigo vice-reino da Nova Granada.[4]

No período inicial dos combates pela independência, os êxitos dos exércitos comandados por Símon Bolívar pareciam

---

[2] Sobre o tema, veja DOMÍNGUEZ, Jorge I. *Insurrección o lealtad. La desintegración del Imperio español en América.* México: Fondo de Cultura Económica, 1985.

[3] Flores Galindo nos fala de vários murais limenhos, do começo do século XIX, que retratavam a imagem do mundo de ponta-cabeça: o réu aparecia aguardando o juiz, o usuário exercendo a caridade, os touros arremetendo contra os lidadores. Cf. GALINDO, Alberto Flores (org.). *Independencia y revolución.* Lima: Instituto Nacional de Cultura, 1987.

[4] O Panamá, que se unira à Gran Colômbia em 1821, permaneceu como território colombiano até 1903, quando proclamou sua independência e configurou-se como país autônomo. Sua independência ocorreu com apoio dos Estados Unidos, interessados na construção do canal ligando o Oceano Atlântico ao Pacífico.

sólidos, no entanto, como já se indicou, eles se desmancharam rapidamente, diante da organização das tropas realistas. Nova ofensiva dos rebeldes indicava sua capacidade de recomposição e a proposição de inusitadas táticas de enfrentamento. Entretanto, logo em seguida, uma fase particularmente dramática abriu-se para os defensores da independência com a restauração de Fernando VII, de volta ao trono espanhol, após a derrota de Napoleão e a expulsão dos franceses da Espanha. O rei desencadeou uma reação fortíssima para tentar impedir a separação de suas colônias. Decidiu enviar, em 1814, à Nova Granada, um exército de 10 mil homens e 18 navios de guerra, comandados pelo experiente general Pablo Morillo, denominado "El Pacificador". Para alcançar "a paz", Morillo demonstrou habilidades militares, assim como extrema determinação na repressão aos sublevados. Não sem razão, esse período ficou estigmatizado pelo nome de "regime de terror". O número de mortos nos combates foi alto, assim como o de prisioneiros, muitos dos quais condenados ao fuzilamento. A violência dos interventores foi de tal ordem que fez crescer o grupo dos inconformados com as arbitrariedades dos realistas, empurrando-os para o lado dos chamados "patriotas". Finalmente, os exércitos de Bolívar se impuseram, as deserções nas hostes realistas aumentaram e após a vitória em algumas batalhas decisivas, a independência foi proclamada em definitivo.

 A associação entre exército e gênero masculino opera-se instantaneamente. No século XIX, imaginamos homens marchando a pé ou a cavalo, carregando suas armas. Esquecemo-nos, no entanto, de que mulheres, muitas vezes com filhos, acompanhavam os soldados (maridos, amantes ou companheiros). Como não havia abastecimento regular das tropas, muitas trabalhavam cozinhando, lavando ou costurando, em troca de algum dinheiro. Essas mulheres aguentavam as duras caminhadas e as agruras das batalhas sem qualquer reconhecimento positivo. Ao contrário, em geral, carregavam a pecha de "mulheres fáceis" que se vendiam aos homens por qualquer preço.

No âmbito das atribuições consideradas tradicionalmente femininas, as mulheres desempenharam tarefas de enfermeiras, tratando dos feridos, assim como de costureiras, cosendo as roupas dos combatentes. Entretanto, também se incorporaram aos exércitos, como soldados. No Brasil, o nome de Maria Quitéria é o primeiro a ser lembrado. Nas lutas pela independência, a jovem baiana, de família simples e humilde, vestida como homem, participou de batalhas e foi recebida e condecorada pelo imperador D. Pedro I. Do mesmo modo, na América Espanhola, encontramos registros documentais de muitas mulheres-soldados que se perfilaram pela independência.[5] Para citar, entre outros, um exemplo de Nova Granada, tomemos o de Evangelista Tamayo, natural de Tunja, que lutou sob as ordens de Bolívar, na Batalha de Boyacá, decisiva para a independência da Colômbia, e que continuou participando das lutas até morrer em 1821, com o grau de capitão.[6]

---

[5] Não encontramos registros de mulheres que ingressaram nos exércitos realistas; é provável que tenham existido, mas foram esquecidas, na medida em que estavam do lado derrotado. Como nos lembra George Mosse, na Europa do século XIX, encontravam-se jovens mulheres que, disfarçadas de homens, entraram para o exército; lutaram, por exemplo, nas guerras napoleônicas, tanto do lado francês quanto do alemão. Mosse cita um texto, publicado em 1912, sobre "as heroínas alemãs" das guerras entre 1807 e 1815, no qual o autor documenta a presença de 17 mulheres vestidas como homens que abraçaram a "causa patriota". MOSSE, George L. *Nationalism and Sexuality. Respectability and Abnormal Sexuality in Modern Europe*. Nova York: Howard Fertig, 1985, p. 101.

[6] Cf. CHERPAK, Evelyn, "La participación de las mujeres en el movimiento de independencia de la Gran Colômbia, 1780-1830". In: LAURIN, Asunción (org.). *Las mujeres latinoamericanas. Perspectivas históricas*. México: Fondo de Cultura Económica, 1985.

Um testemunho relevante da participação das mulheres como soldados vem do próprio Bolívar, que manifestou seu agradecimento depois da libertação da província de Trujillo, na Venezuela, às mulheres que lutaram: "...até o belo sexo, as delícias do gênero humano, nossas amazonas combateram contra os tiranos de São Carlos com um valor divino, ainda que sem êxito. [Os espanhóis] dirigiram suas infames armas contra os cândidos e femininos peitos de nossa beldades; derramaram seu sangue; fizeram expirar a muitas delas e lhes puseram grilhões, porque conceberam o sublime desígnio de libertar sua adorada pátria".[7]

A atuação feminina nas lutas pela independência não se restringiu à sua participação militar. Assumiu outras modalidades. Compareciam a reuniões políticas subversivas e clandestinas onde se debatiam temas da política e da guerra. As mais ricas contribuíam para "a causa patriota" comprando o que fosse necessário, desde material tipográfico até peças de armamento bélico. Outra perigosa manifestação do comprometimento feminino com a causa da independência aparecia em seu trabalho como "mensageiras", isto é, espiãs. Provavelmente a condição de mulher deveria levantar menos desconfiança, facilitando a busca de informações para os insurgentes. Mas quando os espanhóis suspeitavam que uma certa mulher estava ajudando os revoltosos, acontecia sua prisão e, muitas vezes, seu desterro. O documento expedido pelo general Antonio Casano, governador de Bogotá, determinando o tratamento devido às mulheres desterradas, indicava que esses casos eram frequentes a ponto de

---

[7] *Las fuerzas armadas de Venezuela en el siglo XIX: Textos para su estudio.* Caracas, 1963, vol. I, p. 242. Citado por CHERPAK, Evelyn, op.cit., p. 257.

necessitar uma legislação. Segundo ele, as incriminadas estavam proibidas de assistir a atos sociais, tinham de se vestir com simplicidade e receber instrução religiosa, pois se supunha que só aquelas distantes da religião poderiam se dedicar a atividades subversivas.[8]

Saliente-se que a repressão às mulheres independentistas ultrapassou os limites da prisão e do desterro. Os realistas não hesitaram em executar aquelas consideradas perigosas ou traidoras. Segundo a historiadora colombiana Elvira Gutiérrez Isaza, em Nova Granada, 44 mulheres foram fuziladas, 119 foram presas e desterradas e 15 condenadas a trabalhos forçados.[9] Entre as que receberam a pena capital, estava Antonia Santos, de Socorro, que pertencia a um grupo guerrilheiro rebelde e que, depois de presa e julgada, foi executada em praça pública, em 1819, pouco antes da Batalha de Boyacá.[10]

Vida e morte de Policarpa Salavarrieta

A figura mais notável a ser destacada em Nova Granada foi, sem dúvida, a de Policarpa Salavarrieta. Ela integrava o pequeno grupo de mulheres que ganhou notoriedade em virtude das decisões políticas tomadas durante sua vida e das circunstâncias trágicas de sua morte por fuzilamento, em 14 de novembro de 1817,

---

[8] Cf. CHERPAK, Evelyn, op. cit., p. 259.

[9] Cf. Gutiérrez Isaza, Elvira. *Historia heroica de las mujeres próceres de Colómbia*. Medellín: Imprenta Municipal, 1972. Citado por CHERPAK, Evelyn, op. cit., p. 260.

[10] Veja ROCAMORA, J. Luis Trenti. *Grandes mujeres de América*. Buenos Aires: Editorial Huarpes, 1945, p. 448; Cortés, José Domingo. *Diccionário biográfico americano*. Paris: Tipografia Lahure, 1876, p. 460.

na praça de Bogotá. Transformada em heroína nacional, alcançou destaque público e duradouro.[11]

Policarpa Salavarrieta, conhecida como Pola, nasceu em Guaduas, na atual Colômbia, em 1795.[12] Sua família, de origem espanhola, não tinha títulos de fidalguia, mas era de regular fortuna ligada à agricultura e ao comércio.[13] Em 1799, a família mudou-se para Santa Fé de Bogotá. Porém, em 1802, seus pais e dois de seus irmãos morreram em uma epidemia de varíola. Mais tarde, outros dois irmãos de Pola entraram para a Ordem dos Agostinianos. Ela voltou para Guaduas com sua irmã mais velha, Catarina, e seu irmão mais jovem, Bibiano. Na biografia romanceada de Enriqueta Montoya de Umaña, encontram-se diversas afirmações sobre a vida de Pola que não podem ser comprovadas pelos documentos. Entre elas, está a indicação de que Policarpa frequentou a escola do convento de Guaduas, onde

---

[11] Veja ROCAMORA, J. Luis Trenti. Op. cit., p. 448 e CORTÉS, José Domingo. Op. cit., p. 460. Consulte, ainda, MONTOYA DE UMAÑA, Enriqueta. *La criolla Policarpa Salavarrieta*. Bogotá: Instituto Colombiano de Cultura, 1972. Para uma biografia recente, veja HENDERSON, James e HENDERSON, Linda Roddy. *Ten notable women of Latin America*. Chicago: Nelson-Hall, 1978, cap. 6.

[12] Era filha de Joaquín Salavarrieta e de Mariana Rios. Tinha seis irmãos. Não se tem certeza da data de seu nascimento, porque sua certidão de batismo se perdeu. Há controvérsias com relação ao local de nascimento, mas a maioria dos pesquisadores afirma que foi em Guaduas. Quanto a seu nome, há também variações. Seu pai a chamou de Polonia, nome que está no testamento dele de 1802.

[13] Este setor social provavelmente se relaciona àquele ao qual Germán Carrera Damas se refere quando trata da Venezuela. Para o autor, havia ali a predominância de uma "burguesia comercial e agrária", que dependia da produção agrícola e da exportação, constituindo um setor com relativa consciência de que a Espanha representava um entrave ao crescimento econômico. CARRERA DAMAS, Germán. *La crisis de la sociedad colonial*. Caracas, 1976. *Apud* BUSHNELL, David. "A Independência da América do Sul Espanhola". In: BETHEL, Leslie (org.) *História da América Latina: da independência até 1870*. São Paulo: Editora da Universidade de São Paulo, Imprensa Oficial do Estado; Brasília: Fundação Alexandre de Gusmão, 2001. p. 123.

aprendeu a ler, escrever e contar. Como as mulheres de seu tempo, ela sabia costurar, o que lhe foi muito útil para ganhar a vida. Guaduas era uma pequena cidade que servia de passagem obrigatória entre Bogotá e o rio Madalena, que dava acesso ao porto caribenho. Por ela trafegavam comerciantes com suas mercadorias e também viajantes que traziam notícias políticas da região e da Espanha. Pola interessava-se por essas informações, especialmente quando chegavam as notícias sobre os levantes de rebeldes que almejavam a independência de Nova Granada.

Há um elemento comum nas biografias mais conhecidas das mulheres que tiveram participação política nesse período. Elas estão sempre associadas a um homem, quer seja ele noivo, marido ou irmão. Não foi diferente com Policarpa. Alejo Sabaraín, para certos autores, era seu noivo e amante. Alguns já desmentem essa informação, afirmando que Alejo era noivo de outra moça. Segundo Enriqueta Montoya, Pola enamorou-se, aos 15 anos, de Alejo Sabaraín, procedente de uma respeitada família de Guaduas; tinham planos para se casar, quando a guerra de independência se iniciou, atravessando suas vidas. Verdadeira ou não a história dos amores entre Policarpa e Alejo, o certo é que estiveram ligados ao mesmo grupo que lutava pela causa da independência.

Policarpa possivelmente não esteve envolvida com atividades políticas antes de 1810. Mas na própria vila natal já havia tomado partido dos independentistas, do mesmo modo que seu jovem irmão Bibiano. Alejo Sabaraín aderira à causa muito cedo, integrando-se aos Exércitos do Sul, comandados por Antonio Nariño, e lutando em 1813, na campanha de Pasto. Imagina-se que, como seguidor de Nariño, Sabaraín defendesse um governo centralizado em oposição a uma organização política federalista.[14]

Todas as informações sobre a fase seguinte da vida de Pola são bastante desencontradas. Ao que parece, foi viver por um tempo em Bogotá trabalhando como costureira na casa da rica família de María Matea de Martinez Zuldúa. Retornou a Guaduas e, no final de 1816, estava de volta a Santa Fé. Nesse momento, sua adesão à causa da independência já pode ser comprovada, porque várias fontes afirmam que ela levava um salvo conduto com o falso nome de Gregória Apolinária. Aparentemente viveu como empregada doméstica na casa de Andrea Ricaurte Lozano, que acabara de ter o terceiro filho. Essa casa pertencia a uma família envolvida com as atividades clandestinas rebeldes.

A guerra separou Policarpa de Alejo. Ele havia sido feito prisioneiro em 1816. Como aparece em outros relatos dessa época, os espanhóis costumeiramente faziam um sorteio para escolher os condenados ao fuzilamento. No caso de Sabaraín, conta-se

---

[14] Antonio Nariño (1765-1823) defendia o unitarismo e manteve, em razão disso, o Estado da Cundinamarca, por ele presidido, fora das Províncias Unidas da Nova Granada, confederação criada em 1811. Para Nariño, a ausência de um poder centralizado traria como consequência o enfraquecimento de seu Estado. No início de 1812, desatou uma guerra civil entre a Cundinamarca e as Províncias Unidas, mas em 1813 Nariño sustentou uma aproximação, para obter apoio no combate contra os realistas em Popayán. Dali seguiria para Pasto, região montanhosa e isolada no extremo sul da Colômbia que se mantinha leal à Espanha e depois, possivelmente, para Quito. Seu plano de dar continuidade à Campanha do Sul – como ficou conhecida, neste contexto, a luta contra os espanhóis na região – foi abortado, pois, após recuperar Popayán, em 1814, Nariño foi detido pelos realistas no caminho para Pasto, em um momento em que se encontrava fragilizado em razão das adversidades naturais do terreno e da dispersão dos soldados. No mesmo ano foi preso e enviado a Cádiz. Sua libertação se deu em 1820, como consequência da revolta liberal espanhola, depois da qual retornou à Colômbia, recém-emancipada da Espanha. Em 1821, disputou a vice-presidência com Santander, sendo derrotado e, contrariamente à sua posição anterior, defendeu uma política federalista, opondo-se aos projetos centralizadores de Bolívar. Cf. BUSHNELL, David. Op. cit. pp. 139 e 170.

que um menino tirava de um pote um papel com uma letra. O acusado seria fuzilado se saísse a letra M, significando Morte. Foi o que lhe aconteceu, mas por razões desconhecidas acabou indultado e libertado. Porém, continuou na luta, dedicando-se, como Pola, à espionagem. Havia já formada uma rede clandestina de solidariedades políticas vinculada com o movimento guerrilheiro dos irmãos Vicente e Ambrósio Almeyda, que tinham ligações com as guerrilhas de Casanare e Arauca.

Santa Fé de Bogotá estava ocupada pelas forças realistas de Morillo desde 16 de maio de 1816. Juan Sámano, designado por Morillo como comandante geral de Nova Granada, chegou em outubro desse ano a Bogotá, com o objetivo de restaurar a ordem. Sámano pôs em prática uma tática de terror que despertou um forte sentimento de rejeição ao poder espanhol, destruindo a possibilidade da "pacificação" desejada por Morillo. Alicerçado em tribunais de guerra, foi ele quem ordenou a execução de Policarpa e Sabaraín, bem como de figuras políticas importantes como Camilo Torres e o naturalista José Caldas.[15]

Nesse período de perseguições, Policarpa continuou seu trabalho de busca de informações para serem enviadas às tropas guerrilheiras coordenadas pelos Almeyda. Alguns biógrafos afirmam que ela se ocupou até mesmo da compra de material de guerra e que ativamente procurava convencer jovens indecisos a aderirem aos grupos patriotas.[16]

---

[15] Francisco José de Caldas nasceu em Popayán (1771-1816). Foi importante cientista, professor e editor de um semanário e de um jornal diário. Camilo Torres também nasceu em Popayán (1766-1816), jurisconsulto e atuante figura política do período. Amigo de Bolívar, foi presidente do Congresso das Províncias Unidas entre 1812 e 1814.

[16] Cf. CASTRO CARVAJAL, Beatriz. "Policarpa Salavarrieta". In *Revista Credencial História*. Bogotá-Colombia, nº 73, janeiro de 1996. Disponível em http://www.lablaa.org/blaavirtual/revistas/credencial/enero1996/ener2.htm.

Quando Sabaraín foi preso novamente ao tentar fugir para Casanare, foi encontrada com ele uma lista de nomes de realistas e de patriotas que Pola lhe havia entregue. Numa outra versão, os realistas descobriram a organização clandestina usando um informante infiltrado, Facundo Tovar. Alguns dos integrantes foram presos e, com eles, havia um informe escrito por Pola dirigido ao comando guerrilheiro. O sargento Iglesias a prendeu em casa de Andrea Ricaurte depois de seguir seu irmão Bibiano, que também foi preso.

Mantida prisioneira no Colégio Maior de Nossa Senhora do Rosário, foi julgada e condenada à morte por um Conselho de Guerra, no dia 10 de novembro. Outros oito homens também receberam a mesma sentença e, entre eles, estava Sabaraín. Assim, no dia 14 de novembro de 1817, Policarpa Salavarrieta e Alejo Sabaraín foram fuzilados na praça Maior de Santa Fé de Bogotá. O corpo de Pola não foi exposto nas ruas como o dos homens. Seus irmãos agostinianos recolheram seu cadáver e o enterraram na igreja de Santo Agostinho. Entretanto, o cronista Pedro I. Ibañez afirma que encontrou um documento que desmente essa versão. Segundo tal fonte, naquele dia, sofreram o fuzilamento oito homens e uma mulher, cujos cadáveres "foram recolhidos [pela Irmandade] Monte de Piedade e sepultados na humilde igreja de Vera Cruz, hoje Panteão Nacional". Nos arquivos da instituição encontra-se o registro de que se pagaram alguns "peões, que carregaram e enterraram os nove que passaram pelas armas no dia 14 de novembro de 1817".[17]

Os registros sobre a vida de Policarpa são poucos e imprecisos; o mesmo não ocorre com relação ao ato público de sua mor-

---

[17] Cf. IBAÑEZ, Pedro M. *Crónicas de Bogotá*, 2ª ed., 1917, t. III, cap. XLIX (2ª parte). Disponível em http://www.lablaa.org/blaavirtual/história/cronic/cap49a.htm.

te, fartamente tratado por seus contemporâneos e depois por seus biógrafos. Reflexões sobre individualidades, trajetórias pessoais, vidas e mortes, nos remetem a discussões sobre o sentido da construção biográfica. As biografias tradicionais normalmente recaem sobre os problemas da busca da verdade absoluta, da visão evolutiva da vida da personagem abordada, da heroicização do indivíduo e da perspectiva factual, para citar os mais evidentes. Essas armadilhas aparecem frequentemente no caminho daqueles que se enveredam pelas trilhas da biografia. Muitos biógrafos expressam segurança na possibilidade de resgatar e desvendar integralmente as trajetórias individuais "tais como elas existiram". Não acabariam, com isso, construindo personagens com missões e destinos definidos *a priori*? Em última instância, seria possível, no recontar de uma vida, captar os desvios, os fragmentos ou partes desconexas de que é composta uma existência? Em que medida a coerência que se dá a uma trajetória individual é forjada pelos biógrafos que tentam, tantas vezes, alinhavar acontecimentos, eliminando as contradições encontradas?

Com uma perspectiva que poderíamos entender como "pessimista" com relação à possibilidade de realização de biografias, Pierre Bourdieu fala sobre uma "ilusão biográfica". Procura mostrar que as biografias em geral concebem a história de um indivíduo buscando uma coerência: uma vida com começo, meio e fim, costurada por uma lógica que, ao mesmo tempo, define sua razão de ser e busca resolver as incoerências. O que se tem, ao final, na expressão de Bourdieu, não é "a" vida, recuperada "na inesgotável série de suas manifestações sucessivas", mas uma construção de uma personalidade, de uma "individualidade socialmente instituída" e alcançada "a custo de uma formidável abstração".[18] Em outra direção, Giovanni Levi refuta a perspectiva que nega a possibilidade do historiador de escrever a vida de um indivíduo. Sua preocupação central parece ser a de recuperar a importância do indivíduo na história, sem, entretanto, opor indivíduo e sociedade. Defende haver "um estilo próprio a uma época e a um grupo", mas critica a postura que julga "irrelevante ou não pertinente a especificidade das ações de cada indivíduo".[19]

É interessante pensar os escritos sobre Policarpa à luz dessas reflexões. Como foi mencionado, várias são as referências encontradas sobre sua morte, o que nos leva a pensar que grande parte das atenções de seus biógrafos foi canalizada para este momento, como se toda a sua existência desembocasse no ato de seu fuzilamento. A mais antiga e segura fonte sobre a morte de Policarpa é a do importante cronista da independência, José María Caballero, que deixou uma narrativa dramática e heróica de seus últimos momentos. Apresenta-a como bonita e orgulhosa em seus procedimentos e de proveniência espanhola (querendo dizer com isso, de cor branca). Diz que era "(...) muito patriota; boa moça, de boa aparência e de boas prendas". No caminho ao patíbulo, descreve como estava vestida: roupas de sarja azul-marinho, chapéu cubano de palha. Caballero conta que na praça, antes da execução, um soldado espanhol lhe deu um copo de vinho e que ela ao recusá-lo, porque era oferecido pelas mãos de um tirano, exclamou: "Povo de Santa Fé! Como permitis que morra uma compatriota vossa e inocente?". E

---

[18] Cf. BOURDIEU, Pierre. "A ilusão biográfica". In: FERREIRA, Marieta de Moraes e AMADO, Janaína (Orgs.). *Usos & abusos da história oral*. Rio de Janeiro: Editora FGV, 2002, pp. 186-187.

[19] Cf. LEVI, Giovanni. "Usos da biografia". In: FERREIRA, M. Op. cit., p. 182.

depois: "Morro por defender os direitos de minha pátria". Finalmente, olhando para o céu, invocou: "Deus eterno, vê esta injustiça".[20]

Outra importante fonte sobre Policarpa provém do relato de Andrea Ricaurte de Lozano em cuja casa ela viveu e de onde foi levada para a prisão. Para Andrea, "Policarpa era jovem e bem apessoada, viva e inteligente; sua cor aperolada". [21]

A execução de Pola deve ter causado grande comoção, pois produziu respostas imediatas após o acontecimento. A primeira conhecida foi a de Joaquín Monsalve, preso na mesma ocasião, que escreveu um anagrama para Policarpa, de grande circulação: *Yace por salvar la pátria*. Desses primeiros anos, também é a canção fúnebre – letra e música – dedicada a cantar a morte e o sacrifício de Póla.[22]

Em 1819, depois da Batalha de Boyacá, José Domínguez Roche[23] escreveu, a pedido de Francisco de Paula Santander, uma tragédia sobre a morte de Pola, que só foi publicada em 1826. As personagens foram provavelmente inspiradas nas crônicas de Caballero e de Andrea Ricaurte, como a do soldado espanhol que lhe brinda um copo de vinho, ou a do sacerdote

---

[20] Cf. CABALLERO, José María. *Diario de La Independencia*. Bogotá: Biblioteca Popular, vol. 71, 1974, pp. 243 e segs. Citado por GONZÁLEZ, Beatríz. "La iconografia de Policarpa Salavarrieta". *Cuadernos Iconográficos del Museo Nacional de Colombia*, n°. 1. Disponível em http://www.lablaa.org/blaavirtual/todaslasartes.pola/icono1.htm.

[21] Cf. texto de Andrea Ricaurte: *Lorenzo María Lozano remite a Los Señores Leonidas Scarpetta y Saturnino Vergara la relación que su madre Ana Ricaurte la hizo de los Sucesos em que se vió envuelta la heroína Policarpa Salavarrieta y que culminaron com la prisión y fusilamiento em 1817*. Bogotá, 20/04/1875, Biblioteca Nacional de Colómbia, Sección Raros y Curiosos, Fondo Anselmo Pineda 314, manuscrito 528, Pieza 2, fólios 38-44.

[22] Veja a sessão de documentos no final do artigo.

[23] No catálogo da Biblioteca Nacional da Colombia o nome do autor aparece como José Domingo Roche.

que deseja seu arrependimento. Selecionamos, na sessão de documentos, alguns versos do quinto ato dessa peça teatral, mostrando uma longa fala de Policarpa ao soldado espanhol que a vigiava. O espanhol é "servil" e "sanguinário". O autor da peça faz de Pola uma heroína corajosa. Seu "sangue é inocente" e vai morrer porque apenas quis "ser livre", ocorrendo uma "injustiça". Despedindo-se do "ilustre povo granadino" e de sua "cidade amada e de sua pátria bela", exclama que "morre abatendo os tiranos", e que "morrer com valor ensina aos homens".

Nesta mesma moldura e no mesmo tom retórico, o bispo e poeta colombiano Rafael Celedón produziu, algumas décadas depois, um poema em que descreve o cortejo que conduz Pola ao fuzilamento, provavelmente tomando Caballero como fonte. Aqui são abundantes os adjetivos glorificadores de sua conduta: ela segue "tranquila ao sacrifício"; ela é "heróica, sublime, generosa, abnegada, mártir". Seus verdugos querem que ela se arrependa, fazendo-lhes "dádivas e ofertas"; ou a assustam com suas duras palavras. Mas tudo é em vão, pois ela se mantém "nobre e leal", sendo seus feitos e sua morte, exemplos a serem seguidos.[24]

Outra referência inescapável relativa à execução de Policarpa são as *Memórias* de José Hilário López (1798-1869), que se tornou, entre 1849 e 1853, presidente da Colômbia pelo Partido Liberal. Em 1812, aos 14 anos, entrou para o Exército patriota e participou de várias batalhas, inclusive sob as ordens de Antonio Nariño. Em 1816, caiu prisioneiro do Exército espanhol comandado por Juan Sámano e foi condenado à morte. Conta em suas *Memórias* que, no sorteio para escolher que prisioneiros seriam executados, tirou o cartão negro que o condenava a

---

[24] Veja a sessão de documentos no final do artigo.

ser fuzilado. Diante do destino que o aguardava, utilizou o cartão para enrolar um cigarro, dizendo que era preciso tirar o melhor proveito de tudo que nos acontece. Entretanto, a sentença foi comutada, tendo ele permanecido preso. Na sequência, foi obrigado a servir como soldado nas fileiras espanholas e, como tal, tornou-se sentinela na capela onde Pola era mantida prisioneira. Presenciou sua execução e, como testemunha privilegiada, deixou um relato pessoal dos últimos dias de Policarpa. Sua descrição sobre ela, desde a maneira como estava vestida, seu comportamento e sua atitude diante dos seus inimigos, coincide com a de Caballero. O perfil de Pola traçado por López é de uma patriota dedicada, uma verdadeira heroína romântica que incitou o povo à revolução.[25]

Ao lado dos registros escritos mencionados, algumas pinturas do século XIX retratam seu sacrifício, constroem uma forte imagem desse acontecimento e lhe atribuem traços físicos definidos. O primeiro quadro conhecido é de pintor anônimo, e deve ter sido elaborado por volta de 1825.[26] Como se pode notar, há uma grande simplicidade na concepção da pintura, que representa os últimos momentos da heroína. A tela está dividida em duas partes. Na maior, à direita, estão as três figuras principais – Pola, o soldado e o padre – que são apresentados quase no mesmo plano, com pequeno destaque para a figura da heroína. Note-se que são as mesmas personagens da crônica de Caballero e da peça de teatro de Roche. Pola tem a cabeça levemente inclinada

---

[25] Cf. LÓPEZ, José Hilario. *Memorias del general José Hilario López, antiguo presidente de la Nueva Granada, relatadas por él mismo*. Paris: Imprenta D'Aubusson y Kugelmann, 1857, t. I, capítulo x, pp. 83-88. Esta narração é retomada por José María Cordovez Moure em suas *Reminiscencias de Santa Fé de Bogotá*, Madrid, Aguilar, 1962, pp. 1387-1389.

[26] Veja sessão de documentos no final do artigo.

para mostrar sua modéstia e contrição. À esquerda, aparece o lugar do cadafalso, onde Pola deveria ser executada, acompanhado dos dizeres (próprios da pintura colonial e muito comum nos retratos do período) em que se explica o acontecimento.

O segundo quadro escolhido foi produzido por José María Espinosa, pintor importante, miniaturista de renome que, adepto da independência, deixou retratos das figuras políticas mais relevantes do período, como Símon Bolívar, Antonio Nariño e Francisco de Paula Santander. Também deixou escritas suas *Memórias*. Nelas, afirma ter sido um dos muitos que frequentavam a casa onde Pola vivia, para obter notícias da Venezuela e de Casanare. Segundo sua narrativa, era uma mulher valente e entusiasta da liberdade, que se sacrificava para obter informações para os patriotas. Espinosa havia elaborado um primeiro retrato de Pola sobre o qual não se tem informação precisa e que, provavelmente, serviu de modelo para seu *La Pola en la Capilla*, pintado em 1857.[27] A tela mostra uma mulher serena, de virtudes republicanas – o que é evidente se compararmos com o quadro em que os símbolos religiosos ocupam o primeiro plano da imagem –, vestida de sarja azul-marinho, com um escapulário mariano ao pescoço, tendo na mão direita o plano revolucionário e na mão esquerda um chapéu de palha cubano. Ela não está inquieta e demonstra determinação. A igreja está representada por um altar e um crucifixo, notando-se a ausência do padre. A repressão espanhola está indicada pela presença da cabeça de um soldado, com seu quepe e o colarinho vermelho do uniforme militar, que aparece por trás das grades. A vela pode ter o sentido das luzes que iluminariam o futuro da pátria ou da vida da heroína que se apagaria.

---

[27] Veja sessão de documentos no final do artigo.

As associações entre o pintor José María Espinosa e o presidente José Hilário López merecem ser destacadas. Em 1851, López leu parte das citadas *Memórias* a um grupo de estudantes, antes de sua publicação. Nesse dia, Espinosa fora convidado para ouvir a leitura. Espinosa e López eram amigos e tinham lutado ao lado de Alejo Sabaraín na Campanha do Sul sob o comando de Nariño. A elaboração do quadro em 1857 talvez se deva ao relato de López, que lhe fez voltar as lembranças da guerra pela independência. Alguns analistas chegam a afirmar que o soldado espanhol que olha pela grade foi retratado como sendo López, pois seu olhar é mais de amedrontado do que de arrogante.

Ainda na segunda metade do século XIX, outra tela sobre Policarpa foi produzida com os mesmos elementos das composições anteriores: a jovem e serena mulher pronta a enfrentar o sacrifício pela pátria, ao lado dos símbolos da igreja e do domínio espanhol.[28] Atribuída ao pintor colombiano Epifanio Garay y Caicedo, *Policarpa Salavarrieta en la Capilla* demonstra que o autor se inspirou na obra de Espinosa, dando continuidade à representação de Policarpa como grande heroína da independência.[29]

---

[28] Veja sessão de documentos no final do artigo.

[29] Epifanio Garay e Caicedo (1849-1903) é considerado um dos retratistas acadêmicos mais importantes da arte colombiana do século XIX. Destacou-se também como cantor de ópera e crítico de arte. Em 1892, recebeu uma bolsa do governo colombiano para estudar em Paris, onde permaneceu até 1895.
Existem, ainda, outras imagens sobre ela. No século XX, há pinturas e desenhos, tais como: *El sargento Iglesias intima prisión de la Pola*. Desenho de Miguel Días Vargas, "El Gráfico", novembro de 1917; *Policarpa Salavarrieta conducida al cadalso*. Óleo de Pedro A. Quijano, 1944. Casa Museo del 20 de Julio; *Policarpa Salavarrieta en el patíbulo*. Desenho de Ricardo Acevedo Bernal, Casa Museo del 20 de Julio; *La heroína Policarpa Salavarrieta*. Lápis e aquarela de L, Lara S. "El Gráfico", fevereiro de 1920; *Carro Alegórico de la Pola en la procesión cívica en su honor*, "El Gráfico", novembro de 1917.

A análise de fontes diversas – das crônicas aos poemas e às imagens – permitiu-nos refletir sobre a construção de Policarpa Salavarrieta como símbolo da nação que nascia naquele momento. Suas virtudes tão enaltecidas compunham o alicerce que sustentava sua imagem de heroína.[30]

Manuela Sáenz: "libertadora do libertador"

Outra personagem de destaque no processo de independência desta região foi Manuela Sáenz, cuja vida é permeada de lendas. Muitos dos textos destacam aspectos anedóticos a seu respeito, além de narrarem algumas passagens de forma quase novelesca. De modo geral, estes escritos revelam preconceitos e estereótipos, que se refletem nas detrações ou heroicização da personagem. Sua imagem foi utilizada visando responder a particulares conveniências políticas, sendo sua memória apropriada por grupos defensores das mais diferentes causas, coletivas ou individuais. Desta maneira, não é fácil responder à pergunta "quem foi Manuela Sáenz?", pois encontramos construções sobre a sua vida que resultam em incongruências de dados e apreciações subjetivas a respeito de suas atitudes.

Manuela Sáenz, ou "Manuelita", como é muito comumente lembrada, nasceu em Quito, em 1797, sendo fruto de uma relação extraconjugal entre o militar espanhol Simón Sáenz Vergara

---

[30] Podemos citar outros exemplos do acervo memorialístico de Policarpa Salavarrieta. Em 1895, para comemorar o centenário de seu nascimento, foi inaugurado um monumento em Guaduas e, em 1910, outro em Bogotá. Em 1917, para prestar uma homenagem especial ao "Centenário dos Mártires", publicaram-se documentos relacionados à vida de Policarpa. Sua imagem também foi colocada na nota de 10.000 pesos colombianos. Em 1967, pelo sesquicentenário de sua morte, o Congresso designou o dia 14 de novembro como Dia da Mulher Colombiana, e a casa de seus pais, em Guaduas, converteu-se em museu.

e a *criolla* María Joaquina de Aizpuru. Parte de sua infância e adolescência foi vivida no convento de Santa Catalina, em Quito, do qual fugiu para se unir a um oficial espanhol, vivendo um romance do qual não se sabe exatamente o desfecho. Após esta ocorrência, mudou-se para o Panamá, onde foi morar com seu pai, que lhe arranjou um casamento com o médico inglês James Thorne. Com este mudou-se para Lima, em 1819, vivendo ali em meio ao mais destacado grupo social e conhecendo militares de alta patente, pelos quais se informou sobre as guerras de independência. Apesar de ser seu pai realista, tendo até mesmo ajudado na execução, em 1810, de próceres em Quito, Manuela engajou-se na causa pela emancipação da América Latina, tendo recebido por isso o título de dama da "Ordem do Sol", do general José de San Martín.

Manuela conheceu Simón Bolívar em Quito, tendo-lhe visto pela primeira vez após a vitória dos patriotas na Batalha de Pichincha. Bolívar, que chegou a Quito em 16 de junho de 1822, em desfile pelas ruas, foi avistado por Manuela, que de uma sacada atirou-lhe uma flor ou, de acordo com outras versões, uma Coroa de louros.[31] A relação foi tão forte que ela deixou o marido.

Manuela e Bolívar foram amantes nos oito anos seguintes, até a morte do líder. Quando se conheceram, havia sido recém-nomeado presidente da República da Colômbia, comumente denominada Gran Colombia, que chegou a englobar os atuais países da Colômbia, Panamá, Equador e Venezuela e era parte do projeto bolivariano de unir em confederação os países da América Espanhola. Seu vice era Francisco de Paula Santander, que

---

[31] ROURKE, Thomas. *Bolívar. O cavaleiro da glória*. São Paulo: Livraria Martins, 1942. SALVADOR LARA, Jorge. *Breve historia contemporánea del Ecuador*. México: Fondo de Cultura Económica, 1994.

havia servido no Exército de Bolívar na Venezuela e sido governador da Cundinamarca, então pertencente à Gran Colombia. Em meados da década de 1820, Bolívar interveio no Peru e no Alto Peru (atual Bolívia), coordenando os esforços de guerra já iniciados por San Martín. Assim, depois de se conhecerem em Quito, Manuela e Bolívar dirigiram-se para Guayaquil, passando dali a Lima e depois para La Paz. Neste momento de ausência, Santander assumiu o poder na Gran Colombia no lugar de Bolívar. A conquista da independência da Bolívia deu-se em 1825, sendo Bolívar seu primeiro presidente, acumulando este cargo com o de presidente da Gran Colombia. Na Bolívia, assumiu poderes excepcionais, que lhe foram garantidos constitucionalmente, e impôs um regime centralista, visto com desconfiança por Santander.

Em 1826, estourou na Venezuela uma revolução de cunho separatista, denominada "La Cosiata", liderada por José Antonio Páez, contra o governo de Bogotá, então regido por Santander. Páez havia lutado, desde meados da primeira década do século, ao lado de Bolívar, obtendo várias vitórias para os patriotas. Combateu o já mencionado general Pablo Morillo, e guerreou na Batalha de Carabobo, depois da qual foi nomeado por Bolívar comandante-geral do departamento da Venezuela, que então pertencia à Gran Colombia. Em 1826, diante do conflito entre Páez e Santander, Bolívar voltou a Caracas e depois se dirigiu a Bogotá, conseguindo restabelecer a paz em 1827. Após este episódio, Páez teve seu poder fortalecido na Venezuela.

A pacificação foi, entretanto, momentânea, pois logo as forças tendentes à separação se intensificaram. Por um lado, Bolívar defendia um projeto com um Executivo forte e um poder centralizado; Santander, por outro, se opunha a esta ideia advogando por um governo nos moldes do federalismo. Em 1828, as discórdias políticas eram evidentes. Na Convenção de Ocaña, realizada em abril do mesmo ano, e reunida para reformar a Constituição, não havia sinais de acordo entre os partidários de Santander e os de Bolívar. Ao contrário: estes últimos saíram da Convenção aclamando Bolívar como ditador. Neste contexto, Bolívar sofreu um atentado do qual foi salvo por Manuela Sáenz, como será comentado adiante. Santander, apesar de condenado, conseguiu exilar-se na Europa e nos Estados Unidos. Em dezembro de 1829, sob a liderança de Páez, a Venezuela se separou da Gran Colombia. No começo de 1830, Bolívar ainda tentou contornar a situação, mas já doente e enfraquecido politicamente assinou sua renúncia à Presidência em maio, mesmo mês em que a República do Equador se separava da Gran Colombia. Em 17 de dezembro de 1830, tendo visto naufragado seu projeto de união, Bolívar morreu, vítima de tuberculose, em Santa Marta.[32]

Manuela foi, a partir da morte de Bolívar, perseguida por seus opositores, que tomaram conta do poder.[33] Em 1834, foi banida da República de Nova Granada, migrando para a Jamaica, onde passou cerca de um ano. Tentou voltar para sua terra natal, mas não foi bem recebida em Quito, por ser considerada politicamente perigosa. Expulsa em outubro de 1835 por ordem do presidente equatoriano Vicente Rocafuerte, teve de se exilar em Paita, cidade portuária da costa peruana, onde viveu na

---

[32] Sobre o processo de independência, união e subsequente dissolução do extinto vice-reino da Nova Granada, veja: BUSHNELL, David. Op. cit. Há várias biografias de Bolívar. Para autores brasileiros, veja CASTRO, Moacir Werneck de. *O libertador: a vida de Simón Bolívar*. Rio de Janeiro: Rocco, 1998 e SOARES, Gabriela Pellegrino. *Simón Bolívar: libertador da América do Sul*. São Paulo: Memorial da América Latina; Secretaria da Educação do Estado de São Paulo, 2008.

[33] Santander foi presidente da República da Nova Granada, novo nome da República da Colômbia, entre 1832 e 1836.

pobreza,[34] escrevendo e traduzindo cartas para os estrangeiros no porto, vendendo cigarros e doces na praia, rodeada de seus vários cães, os quais batizou com nomes dos inimigos políticos de Bolívar, tais como Páez e Santander. Para alguns, este exílio era sentido por Manuela quase como um castigo, tendo em vista sua vida agitada e sua frequente ligação com o mundo da política. Não totalmente esquecida, no exílio foi visitada por personalidades públicas, como o carbonário Giuseppe Garibaldi e Simón Rodríguez, que fora preceptor de Bolívar.

Manuela morreu em 1856, vítima de uma epidemia de difteria, e seu corpo foi enterrado numa fossa comum. Seus documentos – ou ao menos parte deles – foram destruídos em incêndio de sua casa, após sua morte.

Alguns episódios da vida de Manuela ganharam destaque, mas nem sempre as histórias têm versões coerentes, havendo fatos desencontrados em muitos casos, que incluem até mesmo suspeitas de ela ter origem mestiça. Os episódios narrados por diferentes fontes mostram que Manuela desempenhou várias funções, que extrapolavam as tarefas comumente reservadas às mulheres da elite, geralmente associadas ao âmbito privado. Assim, são comuns as referências a ações que indicam desde o uso da força física até sua atuação no cenário político das independências na América do Sul.

O principal episódio narrado por seus biógrafos refere-se menos a ela própria e mais a Bolívar. Trata-se da proteção que deu à vida do Libertador. Em duas ocasiões, salvou Bolívar de atentados de morte. Primeiramente, durante um baile de máscaras em celebração do aniversário da Batalha de Boyacá. De

---

[34] Consta que seu marido lhe mandava dinheiro e presentes, mas ela sempre se negou a recebê-los. Veja a carta de O'Leary na relação de documentos no final do artigo.

acordo com relatos, Manuela levantou sua máscara, o que irritou Bolívar, que se retirou mais cedo do baile, fazendo naufragar o projeto dos conspiradores.[35]

Mas é o segundo atentado que alcança maior repercussão. Bolívar e Manuela estavam no Palácio de San Carlos, residência de Bolívar em Bogotá, na noite de 25 de setembro de 1828. O Palácio foi invadido pelos inimigos políticos de Bolívar, partidários de Santander, que se dirigiram ao quarto do casal. O episódio é, invariavelmente, narrado de maneira novelesca. Pego de surpresa, Bolívar pretendia enfrentar os inimigos à mão armada, mas Manuela, que o ajudara a vestir-se, também barrou por instantes a entrada dos contendores com móveis amontoados na porta do quarto, ao mesmo tempo que recomendava a Bolívar a fuga pela janela, que dava para uma rua deserta. Após a entrada dos inimigos, e enquanto Bolívar fugia, Manuela despistava os adversários, passando-lhes informações erradas, como a de que Bolívar tinha se dirigido a um certo aposento do Palácio. Após descobrirem que foram enganados, descontaram seu furor em Manuela, que foi rudemente agredida, ficando vários dias de cama. O tempo ganho por ela foi fundamental para a chegada dos oficiais fiéis a Bolívar, que venceram os envolvidos no complô. A consagração do ato se deu após o retorno de Bolívar ao Palácio de San Carlos, quando ele próprio apelidou Manuela de "Libertadora do Libertador": "em público galardoou-a com o título com o qual passou à lembrança agradecida da história, dizendo estas poucas palavras: Es a libertadora do libertador!".[36]

---

[35] MADARIAGA, Salvador de. *Bolívar*. Paris: Calmann-Levy, 1955, p. 201.

[36] SALVADOR LARA, J. Op. cit, p. 356.

É bem provável que muitas das descrições deste episódio tenham se baseado no relato da própria Manuela Sáenz, em carta a Daniel O'Leary, general irlandês, ajudante de campo de Bolívar e autor de sua primeira biografia, que lhe solicitou explicações sobre o ocorrido para a redação de suas *Memórias*.[37]

A carta de Manuela lembra os romances de capa e espada: logo que ouviu os ruídos armou-se com uma espada e uma pistola e, destemida, foi averiguar o que ocorria. Impediu que Bo-lívar saísse pela porta, sugerindo-lhe a janela. Despistou os inimigos, encontrando rapidamente respostas a todas as suas perguntas. Manteve-se viva e, o mais importante, "libertou o Libertador".

Em sua narrativa, Bolívar está sempre em primeiro plano. Em outro trecho da carta, procura evidenciar que todas as suas qualidades foram frutos de aprendizado resultantes de sua convivência com ele. À primeira vista, uma leitura pode indicar a anulação de sua figura diante do grande líder; entretanto, uma interpretação mais cuidadosa do conjunto de seus escritos revela que Manuela é uma narradora construindo sua figura como heroína da própria história, como mostram as qualidades associadas à sua ação: pensamento ágil e iniciativa, bravura, coragem e altruísmo.

Para Thomas Rourke, historiador norte-americano da primeira metade do século XX, autor de uma biografia bastante romanceada de Bolívar, na qual se detém basicamente sobre os aspectos "anedóticos" da vida de Manuela,[38] ela é representada

---

[37] Esta carta consta na relação de documentos no fim do artigo.

[38] De acordo com o autor, Manuela recebia bigodes dos espanhóis mortos e os colecionava costurando-os em uma manta de seda. ROURKE, T. Op. cit., 1942, p. 271.

como mulher que encarna a sensualidade tropical e o ímpeto sexual, ao passo que seu marido, a frieza e a racionalidade inglesa. De acordo com o autor, a "ardente" Manuela não aguentou a "casa organizada daquele inglês".[39] Esta dualidade está também presente na carta destinada ao marido, na qual Manuela negava qualquer possibilidade de reconciliação. Se, por um lado, ao analisar sua condição como "amante" de Bolívar, despreza conscientemente as convenções sociais, por outro lado, acaba reproduzindo, ao descrever ironicamente o perfil de seu marido inglês, um discurso carregado de generalizações e preconceitos em relação aos anglo-saxões: de que são metódicos, pacatos e racionais, reafirmando os estereótipos em relação ao inglês.[40]

Entendemos essas cartas como exemplos das chamadas "escritas de si", isto é, textos com aspectos da vida privada e de natureza autobiográfica.[41] Para o historiador, essas fontes, durante muito tempo negligenciadas por seu caráter subjetivo, são hoje entendidas como um rico material de trabalho que

---

[39] Idem, ibidem, p. 271. São parecidas as apreciações do historiador, ensaísta e diplomata colombiano Germán Arciniegas (1900-1999). Autor dedicado aos temas latino-americanos e à mestiçagem, em suas análises busca identificar as influências do Novo Mundo sobre o Velho. Ao retratar Manuela e seu marido, opõe a sedução e o vigor de Manuela à vida pacata e sem aventuras proporcionada por Thorne. De acordo com o autor, à época em que conheceu Bolívar, Manuela havia se dirigido a Quito, para "darse unas vacaciones de marido, pues Mr. Thorne era anglicano y aburrido, realista y necio". Por outro lado, pinta Manuela como sedutora e ardente; enfim, uma mulher de desejos: "La vida Le brotaba por los poros. Era La impetuosa juventud, la pasión hechos carne y huesos". Cf. Milagros Socorro. "Manuela Sáenz". In: http://analitica.com/BITBLIO/msocorro/manuela.asp.

[40] Veja a carta na relação de documentos no final do artigo.

[41] Vários autores analisam esses aspectos relacionados à produção das "escritas de si", particularmente as narrativas autobiográficas. Dentre eles destacamos, GOMES, Ângela de Castro (org.). *Escrita de si, escrita da história*. Rio de Janeiro: Editora FGV, 2004 e CALLIGARIS, Contardo. "Verdades de autobiografias e diários íntimos". In: *Estudos Históricos*. Rio de Janeiro, vol. 11, n. 21, 1998.

demanda, entretanto, uma abordagem especial. A leitura desses textos não deve ser feita na perspectiva de se buscar verdades, nem tampouco na de se detectar mentiras ou equívocos. Deve ser feita à luz da intencionalidade do seu autor, preocupado tanto com seu destinatário, como com a construção da sua memória para a posteridade.

Alguns episódios pontuais relacionados à vida de Manuela Sáenz são permeados por controvérsias. O primeiro diz respeito à coordenação das ações de guerra ou mesmo sobre sua participação como soldado em batalhas. De acordo com algumas perspectivas, Manuela atuou como ajudante de Bolívar em suas campanhas no Peru (1823-1824) e na Gran Colombia (1825-1830).[42] De acordo com outras versões, antes mesmo de conhecer o Libertador, Manuela já iniciara sua atuação como guerreira. Assim, participara da batalha de Pichincha, tanto combatendo como soldado, quanto ajudando com suprimentos alimentares e remédios.[43] Segundo o intelectual peruano Ricardo Palma, liderou um esquadrão da cavalaria em Quito.[44] Também lutara com os patriotas e, ao lado de Bolívar, na Batalha de Junín, no Peru, em agosto de 1824.[45] O historiador equatoriano Alfonso Rumazo González afirma que Manuela participou da Batalha de Ayacucho, em dezembro de 1824, mas é preciso fazer a ressalva de que usa como fonte o francês Jean Baptiste Bous-

---

[42] MURRAY, Pamela. "'Loca or libertadora?': Manuela Sáenz in the eyes of History and Historians, 1900-c.1990". In: *Journal of Latin American Studies*, vol. 33; nº 2, maio, 2001, p. 292.

[43] MINSTER, Christopher. Biography of Manuela Sáenz. In: http://latinamericanhistory.about.com/old/latinamericaindependence/p/manuelasaenz.htm.

[44] Cf. GÓMEZ, Andreína. "Manuelita Sáenz: el enigma de una mujer 200 años después". In: http://www.simon-bolivar.org/bolivar/manuela_un_enigma.html.

[45] Idem, ibidem.

singault, cujas *Memórias* não podem ser consideradas uma fonte confiável, pelas tantas mitificações que alimentou a respeito da personagem.[46] Vicente Lecuna, historiador venezuelano, um dos maiores estudiosos da vida de Bolívar, desmente a afirmação de que Manuela acompanhou Bolívar na Campanha dos Andes e participou de batalhas no Peru.[47] Da mesma opinião é Thomas Rourke, para quem a partida de Manuela para Lima deu-se somente depois de alcançada a paz pós-Ayacucho.[48] Desta maneira, não participou da batalha, mas chegou ao Peru tão-somente após a contenda.

A despeito das dúvidas sobre sua participação efetiva na batalhas, nem os mais críticos estudiosos discordam do fato de que se fardava – bem como suas serviçais negras Jonathás e Nathán –, e muitos relatos descrevem-na vestida como oficial durante o dia e femininamente adornada durante a noite. Da mesma maneira, diferentes testemunhos narram seu gosto por cavalgar, esgrimir e atirar.

Mas as discordâncias sobre a vida da personagem não se concentram somente nas questões mais pontuais. As interpretações sobre o caráter, eivadas de julgamentos sobre suas ações, são frequentes nos textos voltados à análise de sua trajetória. Referimo-nos tanto às detrações quanto à heroicização de sua figura. Ambas se fazem por meio de estereótipos e preconceitos construídos a seu respeito.

Em relação aos julgamentos é possível identificar duas correntes interpretativas na bibliografia. Os autores se dividem entre os que traçam a imagem da "heroína" e os que pintam a

---

[46] MURRAY, P. Op. cit., p. 304, nota 53.

[47] Idem, ibidem, p. 301.

[48] ROURKE, T. Op. cit.

personagem como "menina má".[49] Em muitos textos é clara uma tendência a idolatrar Manuela. As características ressaltadas são: a bravura durante a guerra, a devoção e lealdade a Bolívar, os sacrifícios, a pureza, a alma patriótica, o espírito de liderança, a resignação em relação à vida no exílio e, claro, a responsabilidade por salvar Bolívar das conspirações que quase lhe tiraram a vida.[50] No outro extremo, sua imagem é denegrida. Esta corrente tem origem nas reações críticas dos contemporâneos de Bolívar, seus opositores políticos de tendência liberal, que se posicionaram contra o governo que ele impôs em 1827. Viam em Manuela um comportamento pouco ortodoxo, fumando, bebendo e vestindo-se como oficial. Com estas características a aproximariam de uma mulher masculinizada, figurando como uma aberração da natureza, o contrário do protótipo da mulher ideal, que devia ser humilde, altruísta, frágil e delicada. O historiador espanhol Salvador de Madariaga, em sua biografia de Bolívar, publicada pela primeira vez em 1951, a acusa de cometer "atos irresponsáveis" e de ter um "comportamento incontrolável".[51] O testemunho negativo do autor sobre Manuela Sáenz pode ser lido como apenas um sintoma do teor mais geral de sua obra, marcada por uma "visão hispanófila" da independência. Outras versões a retrataram agindo por ambição e conveniência, representando um peso para Bolívar, não proporcionando um ambiente de respeitabilidade em seu entorno e contribuindo, assim, para sua impopularidade. Há ainda, por fim, aquelas para quem Manuela agia de maneira "anor-

---

[49] Para esta análise, veja MURRAY, P. Op. cit.

[50] Expoente importante desta corrente é o já mencionado Vicente Lecuna.

[51] MADARIAGA, S. Op. Cit, pp. 199-200.

mal" e "delirante".[52] Alguns autores a veem usando da sedução para exercer influência política. Sua relação com a política passaria, segundo algumas leituras, pela paixão desenfreada e pela atração sexual.

Encontra-se também a representação de Manuela como mulher sedutora em um de seus retratos, o de Tecla Walker, copiado de Marcos Salas, que se encontra na Quinta de Bolívar, em Bogotá, e no qual usa um vestido branco decotado, com uma alça que pende de um de seus ombros. Um xale de voal transparente deixa à mostra o contorno de seus braços. No retrato, ademais, sua imagem transborda em feminilidade, sendo assim contrária às descrições suas em seus trajes de dia, quando muitas vezes vestia-se de soldado. Ainda assim, é a Manuela-heroína, o que é representado pela faixa que transpassa diagonalmente seu colo.

Enfim, guerra e erotismo se misturam criando uma ambiência que remete à ausência de freios ou à falta de controle, em consonância com o estereótipo da mulher enquanto ser regido pelas emoções e não pela razão.

Estas representações nos remetem a uma reflexão a respeito das questões de gênero. A despeito de ter inegavelmente exercido um papel em âmbito público, Manuela é na maior parte das vezes lembrada como "a amante de Bolívar". No discurso construído a respeito da personagem, o que desponta com toda a força é o seu lado sentimental, não sendo seus atos entendidos propriamente como decisões e ações deliberadas da personagem

---

[52] Esta é, de acordo com Murray, a posição do escritor peruano Ricardo Palma em suas *Tradições peruanas*, publicadas de 1872 a 1918, e nas quais escreve dois ensaios sobre Manuela. MURRAY, P. Op. cit, p. 297.

na construção de sua própria atuação política.[53] E ela assumiu efetivamente algumas tarefas de destaque. É notório, neste sentido, o fato de Daniel O'Leary ter pedido que o posto de guardiã dos documentos pessoais do Libertador fosse-lhe concedido. Ao lado disso, Manuela desempenhou um papel político importante, correndo riscos ao buscar e levar informações a Bolívar e aos exércitos independentistas.

Podemos entender este tratamento como a reprodução de uma tendência que tradicionalmente atrela a mulher à esfera privada, sendo esta, supostamente, uma ligação demarcada pela "natureza feminina". Este traço pode ser visto como uma forma de dominação simbólica que se apresenta frequentemente no discurso masculino. Mas, para além disso, constatamos facilmente a presença deste mesmo tipo de formulação no próprio discurso das mulheres, quando, por exemplo, admitem seu altruísmo, caridade, sentimentalismo e uma atuação exclusiva no plano privado, em detrimento de seu papel político, de sua atuação pública e de uma racionalidade nas suas atitudes. Isto é, o discurso da dominação masculina foi muitas vezes incorporado – conscientemente ou não – pelas mulheres quando elas elaboraram suas visões a respeito de suas próprias atuações. Desta maneira, ao lado dos discursos, as experiências concretas vividas no cotidiano pelas mulheres, sejam elas resultantes ou não de atitudes deliberadamente engajadas nas causas políticas, devem ser sempre lembradas e investigadas, para que se abra

---

[53] Pamela Murray chega a propor uma ação deliberada de Manuela para a construção de uma "carreira". Ao se olhar desta maneira para a atuação de Manuela seria possível compreender melhor a natureza da cidadania feminina na América Hispânica, nos primeiros tempos após a independência. MURRAY, Pamela S. "Of love and politics: reassessing Manuela Sáenz and Simón Bolívar, 1822-1830". In: *Histoy Compass*, vol. 5, jan. 2007, p. 227.

um leque demonstrativo de ações femininas que compõem as práticas sociais e que ajudam a movimentar a história.[54]

Embates pela memória de Manuela

Os textos escritos sobre Manuela Sáenz, além de comportarem, como foi mostrado, representações e simbologias as mais variadas, carregam, muitas vezes, interesses políticos explícitos. Em algumas situações são atravessados por visões nacionalistas, como ocorre no Equador, onde predominou a vertente da heroicização da personagem, que simboliza a contribuição do país à causa da independência. Mas há ainda análises que buscam em Manuela a feminista aguerrida ou a revolucionária e a guerrilheira, sendo exemplo para este último caso o poema de Pablo Neruda intitulado *La insepulta de Paita: Elegía dedicada a la memoria de Manuela Sáenz, amante de Simón Bolívar*.[55]

Tais aproximações mostram uma persistência da personagem na memória coletiva, mas também o uso da memória para diversos fins. Do ponto de vista da apropriação respondendo a fins políticos, e também relacionando a imagem de Manuela às

---

[54] Para um debate a respeito, veja SCOTT, Joan W. "Prefácio a *Gender and politics of history*" e TILLY, Louise A. "Gênero, história das mulheres e história social". In: *Cadernos Pagu. Desacordos, desamores e diferenças*. Campinas: Unicamp, 1994. Para uma análise que ressalta a importância de investigações sobre as experiências cotidianas das mulheres, veja: DIAS, Maria Odila L. da Silva. "Teoria e método dos estudos feministas: perspectiva histórica e hermenêutica do cotidiano". In: BRUSCHINI, Maria Cristina e COSTA, Albertina de Oliveira (org.). *A questão do gênero*. Rio de Janeiro: Fundação Carlos Chagas – Rosa dos Ventos, 1991 e DIAS, Maria Odila L. da Silva. "Novas subjetividades na pesquisa histórica feminista: uma hermenêutica das diferenças". In: *Estudos Feministas*, CIEC/UFRJ, v.2, nº 2, 1994. Para uma perspectiva que enfatiza o discurso como dominação simbólica, veja: CHARTIER, Roger. "Diferença entre os sexos e dominação simbólica". In: *Cadernos* Pagu, nº 4. Campinas, Unicamp, 1995.

[55] Cf. MURRAY, P. Op. cit, p. 306.

lutas de mulheres por inclusão social e resguardo dos direitos de cidadania, podemos citar como exemplos os recentes discursos do presidente Rafael Correa, do Equador.

Rafael Correa menciona Manuela Sáenz em seu discurso de posse da Presidência da República do Equador, em 15 de janeiro de 2007. Ela é, por um lado, aludida como uma mulher revolucionária. Mas é curioso como ao mesmo tempo Correa agrega a Manuela à visão tradicional da mulher, tanto porque é colocada ao lado do homem, quanto porque é-lhe atribuído um papel também habitualmente relacionado à mulher: o da lida doméstica da "costura". Correa afirma que Manuela figurou como companheira de Bolívar, tecendo "sua bandeira revolucionária com retalhos de amor, talento e decisão sublime".[56] Ademais, em 24 de maio de 2007, o presidente conferiu à Manuela a patente de "general", em comemoração aos 185 anos da Batalha de Pichincha, da qual supostamente, segundo algumas versões, participou. Ela já havia ganho, no passado, a patente de "coronel", em razão de pedido do marechal Antonio José de Sucre a Bolívar. Agora, entra, pós-*mortem*, para a história, como general. No discurso de Correa, a apropriação da personagem é clara. Ele busca localizar nos atos de Manuela a origem de certas diretrizes de seu governo. Afirma, por exemplo, que o fato de ela fomentar a construção de locais onde fossem costurados uniformes para as tropas inspirou seu programa "Costurando com Desenvolvimento". De acordo com suas palavras, este teve como "dona e madrinha a figura de Manuela". Outras apropriações se dão em torno da associação de Manuela a causas feministas. A "ho-

---

[56] O discurso, originalmente publicado em *El Commercio*, Quito, de 15/01/2007, foi reproduzido e traduzido pela Revista Princípios, nº 90, disponível em: http://www.vermelho.org.br/museu/principios/default.asp?cod_not=1156.

menagem" e o "reconhecimento da memória" se expressam, segundo o discurso, em projetos de criação de fontes de trabalho para as mulheres, de luta para garantia de salários e de proteção contra a violência doméstica. Antes de concluir, afirma: "Ninguém vai frear o ímpeto da memória". E, ao fim, a concessão da patente é consagrada com estas palavras, pelas quais agrega a todos os títulos e apelidos por ela recebido, o novo, por ele concedido, o de general da República do Equador: "Manuela Sáenz: se ontem você foi a luz da morena do Pichincha, Soldado do Estado-maior Independente, Dama do Sol, Libertadora do Libertador, Coronel do Exército Grancolombiano, Insepulta de Paita, hoje és, e para sempre, General da República do Equador".[57]

Outro exemplo interessante da apropriação política da memória de Manuela Sáenz é a recente tentativa do governo venezuelano de Hugo Chávez de adquirir o acervo do Museu Manuela Sáenz, em Quito. O museu contém uma coleção de 700 peças, entre cartas, pinturas e diários. Trata-se de um museu particular, de propriedade do empresário equatoriano Carlos Alvarez Saa. Em 2006, o governo de Chávez propôs comprar o acervo por 15 milhões de dólares. As peças não sairiam do país, pois estão protegidas pela Lei de Patrimônio Cultural.

Trata-se de uma demonstração de que a recuperação da memória de Manuela Sáenz é sempre atualizada pelas questões políticas que se renovam a cada momento. Como mentor de um projeto de unidade para as Américas e como "discípulo" da obra de Bolívar, nada mais simbólico do que a tentativa do governo Chávez de possuir os documentos referentes à vida do Libertador e à de Manuela. O fato de que esses continuariam no Equador pode ser

---

[57] Discurso disponível no jornal *Hora do Povo*, de 01/06/2007, p. 8. Versão eletrônica: http://www.horadopovo.com.br.

entendido aqui como um mero detalhe, tendo em vista o projeto unificador e uma liderança que ultrapassaria barreiras nacionais.

Não bastasse isso, o próprio Museu Manuela Sáenz tem sua história particular. Referimo-nos às desconfianças em relação à autenticidade dos documentos nele presentes. Entre eles está um diário supostamente escrito por Manuela Sáenz, reproduzido em edição fac-similar de 1993, pela Casa Editorial Diana, do México, e intitulada *Patriota y Amante de Usted. Manuela Sáenz y el Libertador*. Esta edição reúne, além do diário, pinturas e cartas. Um mar de suspeitas cobre esta publicação. De acordo com Pamela S. Murray, o trabalho peca por uma "qualidade amadora"; além disso, a autora afirma que os documentos inspiram "pouca confiança".[58] Gustavo Vargas Martinez nega veementemente a autenticidade de vários documentos que compõem a obra. Entre os métodos utilizados para identificar a suposta fraude, recorre principalmente à análise de expressões – algumas das quais não seriam de uso corrente no momento em que Bolívar e Manuela viveram – e a uma espécie de trabalho de perícia grafotécnica, por meio da qual se identifica diferenças entre as assinaturas presentes na obra e aquelas consideradas autênticas. O autor afirma que a palavra "Bolívar", por exemplo, originalmente nunca levou acento, como aparece na edição fac-similar; no original, ao contrário, a palavra leva apenas o pingo no "i".[59] Para esta perícia, o autor se ampara na descrição da assinatura de Bolívar feita pelo já mencionado Vicente Lecuna. A Academia Equatoriana de História repudiou os documentos e eles também foram desqualificados por historiadores colombianos.

---

[58] MURRAY, P. (2001) Op. Cit, p. 310.

[59] VARGAS MARTINEZ, Gustavo."Bolívar y Manuelita: con los puntos sobre las ies". In: *Boletín de Historia y Antiguedades*, vol. LXXXI, n° 784, jan.-mar. 1994, p. 129.

Para Vargas Martinez, foi necessária muita imaginação para "inventar" esses documentos, cujos originais não podem ser vistos. Para este autor, o que move a empreitada é uma intenção nacionalista.[60] Já para Pamela Murray, o esforço se daria pela tentativa de Álvarez Saa de se afirmar como colecionador, historiador e especialista em Manuela Sáenz.[61]

Invenções e detrações são aspectos que perpassam a história de Manuela Sáenz, uma história dinâmica que se renova a cada dia. Pode-se concluir esta parte afirmando que ela foi reconhecida como participante do movimento pela independência, ainda que mais frequentemente lembrada como amante de Bolívar, com quem passou cerca de oito anos de sua vida. A discussão historiográfica sobre Manuela se coloca no nível da busca de identificação do que são "verdades e mentiras" sobre a personagem, tal como em geral ocorre quando temos como fontes de análise relatos biográficos, e sobretudo quando estes são concebidos nos moldes tradicionais, concebendo-se o indivíduo como um ser excepcional e destacado da realidade, geralmente caracterizado pelos julgamentos binários que opõem o bem e o mal: anjo ou demônio, herói ou traidor? Estas leituras em geral resvalam para o caráter privado do indivíduo e, sendo este um personagem do sexo feminino, este tendência se acentua. Por mais que Manuela tenha se colocado publicamente, sendo praticamente impossível ignorar esta atuação, as leituras sobre ela penderam com grande força para as questões de cunho privado e individual: seu romance com Bolívar, o adultério, o jeito de se vestir e se portar.

---

[60] Idem, ibidem, p. 138.

[61] MURRAY, P. Op. cit, p. 310.

Assim, não é fácil responder à pergunta "Quem foi Manuela Sáenz?". O poema de Neruda é, em essência, uma longa procura:

> Detuve al niño, al hombre,
> al anciano,
> y no sabía donde
> falleció Manuelita,
> ni cuál era su casa,
> ni dónde estava ahora
> el polvo de sus huesos.[62]

É uma ironia seguir desconhecido o lugar onde jazem seus restos mortais. Seria esta uma peça pregada pelo destino, para nos fazer pensar que Manuela pode estar viva, em todos os lugares, onde quer que a coloquemos?

Conclusões

Pola e Manuela são apenas alguns exemplos de mulheres que atuaram de maneira decisiva no desenrolar do processo de independência de Nova Granada. A despeito disso, a divulgação de suas imagens como mulheres com marcada atuação na esfera pública não se compara àquela destinada a reconhecer os méritos dos líderes homens. De qualquer maneira, elas não chegaram a ser totalmente esquecidas, tendo um lugar resguardado no panteão cívico de seus respectivos países.

---

[62] NERUDA, Pablo. *La insepulta de Paita. Elegía dedicada a la memoria de Manuela Sáenz, amante de Simón Bolívar.* Buenos Aires: Editorial Losada, 1962, p. 21.

As fontes que existem sobre elas dão margem a múltiplas análises. As cartas de Manuela e sua posterior utilização por biógrafos, ensaístas e escritores nos fazem pensar que ela própria contribuiu para a construção de sua imagem de heroína, sobretudo em relação ao episódio do salvamento de Bolívar. É claro que às autoimagens foram-se acoplando outras, elaboradas ao sabor das circunstâncias, dos desejos e clichês influenciados pelos preconceitos de gênero, carregados pelos diferentes autores que se puseram a escrever sobre ela, agregando outras tantas características, como a de mulher máscula ou feminina e sedutora; frágil e delicada ou voluntariosa. De qualquer maneira, mesmo as visões detrativas não são capazes de derrubar sua imagem e importância, como líder de um importante movimento histórico. Isto se deve, em parte, à sua própria atuação, mas, por outro lado, pelo fato de ter convivido com Simón Bolívar, que é lembrado não só em âmbito local mas continental, como um dos maiores expoentes dos movimentos de independência na América Latina. Por estas duas razões, ainda que se tentasse, seu nome dificilmente seria totalmente apagado da história. Contudo, deve-se fazer a ressalva, entretanto, que muito frequentemente Manuela é mais vista como companheira, amante, arquivista, amiga ou protetora do Libertador, do que por sua própria individualidade. É "ele" quem aparece sempre em primeiro lugar.

O mesmo não ocorre com o par romântico Pola-Sabaraín. Na memória construída a respeito do casal, "ele" é o personagem periférico. Ainda que tenham sido executados juntos pelos mesmos motivos, foi Policarpa quem ganhou notoriedade, deixando o noivo à sombra. Nesta situação específica, parece-nos que foi sua condição feminina que acabou por lhe conferir esse lugar proeminente. Ela era a única mulher ao lado de oito homens que foram fuzilados. Além disso, seus atos de coragem e destemor foram presenciados por cronistas que lhes deram grande publicidade. Enfatize-se que, em Nova Granada, como já foi indicado anteriormente, houve outras mulheres que também sofreram a pena capital, como a mencionada Antonia Santos (de Socorro), e que não ganharam espaço relevante na memória nacional. Cremos que uma série de circunstâncias particulares pode explicar tal fenômeno. Elaboraram-se registros glorificadores sobre a morte de Pola – a crônica de Caballero, os escritos de Andrea Ricaurte, as memórias de José Hilario López e, ainda, os quadros que a retrataram, em especial o de Espinosa – a partir dos quais se elaborou a história de Policarpa Salavarrieta como heroína nacional.

Na América Latina, o nome de Manuela Sáez é mais conhecido do que o de Pola. Entretanto, a imagem desta última como heroína nacional é sólida, intocável e sem ambiguidades, enquanto a de Manuela está envolta em juízos marcados pela dubiedade, permitindo apropriações políticas diversas. Mas, sem dúvida, no mundo dos próceres masculinos da independência, elas encontraram um lugar privilegiado e integram o restrito "panteão feminino" das heroínas da independência de Nova Granada.

DOCUMENTO Nº 1

UMA CANÇÃO FÚNEBRE, COM MÚSICA APROPRIADA, DEDICADA À POLICARPA SALAVARRIETA:

Povo de Granada, a Pola não existe,
Pela pátria chorai sua morte.
Pela pátria, aprendamos a morrer,
Ou juremos sua morte vingar.

Pelas ruas e aos pés do suplício, "Assassinos,
    gritava, tremei!
Consumai vosso horrendo atentado!
Já virá quem saiba me vingar!"

Documento nº 2

POEMA DO BISPO E POETA COLOMBIANO RAFAEL CELEDÓN, EM HOMENAGEM À POLICARPA SALAVARRIETA:

Olhai como se apronta tranquila para o sacrifício.
Pisando no cadafalso os degraus sem temor.
A heróica, generosa, sublime Policarpa...!
Tivesse neste instante do rei profeta a harpa,
Para cantar sua nobre, sua heróica abnegação!

Olhai-a entre a multidão de pérfidos guardas.
Como tenro cervo que na infernal ciranda
De cachorros se observa!... Olhai como a obrigam
Com dádivas e oferendas! Assustam-na, instigam-na,
Querendo o segredo de seu peito roubar.

E em vão as ofertas, as astúcias.
E do cadafalso, em vão, a pompa funeral
Ostentam os verdugos, que firme tal qual rocha
Mantém seu peito e abre sua boca,
Para clamar em alto, tão somente Liberdade!

Saúde, saúde mil vezes, oh mártir de Granada!
Que morte recebeste por ser nobre, por ser leal!
Se acaso aqui, em tua pátria, renasce o despotismo.
Renasça em teus irmãos também o patriotismo,
E saibam generosos teus feitos imitar.

Documento nº 3

Em 1819, o General Francisco de Paula Santander pediu a seu amigo José Domingo Roche para compor uma tragédia sobre La Pola. Roche escreveu uma peça em versos, em cinco atos, "baseada em fatos reais". O trecho abaixo é extraído do Quinto Ato e se passa na Plaza de los Mártires.

Fala de Pola ao militar espanhol Delgado, Tenente 10 de Granaderos do Batalhão de Numancia.

"E tu, espanhol servil, vai, dize a teu amo,
Que uma triste mulher aqui o espera,
Que se teve o prazer de sentenciar-me
Venha me ver morrer; se o delicia
Verter sangue inocente; que vá
Alegrar-se de ver correr o nosso;
Apressem o passo sanguinário,
Soldados de Numancia. Que vergonha!
Amarrar uma mulher e conduzi-la
Encerrada entre tantas baionetas
Porque quis ser livre! Que outra coisa
Fez aquela cidade chamada Excelsa
De quem tomastes o nome? Entre as chamas
Ela se sepultou, mas hoje se proíbe
Manifestar esta ação esclarecedora
Sob a horrível e espantosa pena
De morrer imediatamente quem a imita.

Contemplai a injustiça, povos, vejam-na
Já percebo, indicam-me o caminho
Oh! Com quanto prazer sigo a senda
Dos meus antecessores, embora vá
Do olvido à mansão eterna.
Adeus, ilustre povo de Granada,
Adeus, cidade amada, pátria bela,
Atendei a vossa filha que neste dia
O nome bogotano representa
Porque morre abatendo os tiranos,
E ao morrer com valor ao homem ensina".

ROCHE, José Domingo. La Pola. Ed. Garnica, 1826.

Fonte: http://www.lablaa.org/blaavirtual/literatura/lagreen/lagreen19.htm.

DOCUMENTO Nº 4

O Oficial que comandava a guarda da capela foi o Tenente Manuel Pérez Delgado, e José Hilario López foi colocado em um lugar onde podia ver e ouvir o que dizia e fazia Pola. Exortada por vários sacerdotes para que aplacasse sua ira, lhes respondeu: "Em vão incomodam-se, padres meus: se a salvação da minha alma consiste em perdoar meus verdugos e os de meus compatriotas, não há remédio; ela estará perdida, porque não posso perdoá-los, nem quero pensar em semelhante ideia. Bem, padres, aceito o conselho dos senhores com a condição de que me fuzilem neste instante, pois de outra maneira ser-me-á impossível guardar silêncio em vista dos tiranos de minha pátria e dos assassinos de tantos americanos ilustres".

Passou pela porta da capela o Tenente Coronel José María Herrera, americano, Chefe do Estado-maior da Divisão Real acampada na cidade, que disse à Policarpa: "Hoje é tigre; amanhã será cordeiro". A Pola lançou-se sobre ele com grande ira e teve que contê-la pela força um sentinela: "Vós – disse a Herrera –, vis, miseráveis, medis minha alma pelas vossas; vós sois os tigres e em breve sereis cordeiros". Cenas semelhantes ocorreram durante o dia e só a fadiga, nas horas avançadas da noite, acalmou a exaltação da vítima.

Às nove horas da manhã do dia 14 de novembro foi a hora determinada para a execução (...) Coube a Juan Sámano dar provas da execrável crueldade quando levou à morte os dois amantes.

Pola ia na frente do fúnebre grupo de condenados; ao seu lado estavam dois frades franciscanos (...) Pola marchou desvairada até o lugar do suplício, e não cessava de maldizer os espanhóis e de insistir na vingança das vítimas. Ao entrar na praça Maior exclamou:

> Povo indolente! Quão diferente seria hoje a vossa sorte se conhecessem o preço da liberdade! Mas não é tarde. Vede que mesmo mulher e jovem, sobra-me valor para sofrer a morte e outras mil mortes, e não esqueçais este exemplo.

A mártir pediu um copo d'água; com piedoso zelo apressou-se a oferecer-lhe um espanhol, e ao notar que era peninsular quem lhe dava, recusou com energia: "Nem um copo de água quero aceitar dos verdugos de minha pátria". As nove banquetas tinham sido colocadas na frente da antiga Casa Consistorial. Ocuparam-nas as vítimas, ouvindo as orações que rezavam os numerosos frades que as acompanhavam. (...) Ao chegar a Pola ao assento que lhe estava destinado, disse em alta voz: "Miserável povo, tenho pena de vocês! Algum dia tereis mais dignidade!" O Oficial que comandava a escolta quis obrigá-la a sentar como se cavalgasse a banqueta, pois devia ser fuzilada pelas costas: "Não é próprio nem decente em uma mulher semelhante posição, mas sem montar darei as costas, se isto é o que querem". Meio agachada sobre a banqueta, foi vedada e amarrada com as cordas, assim como seus companheiros.

IBÁÑEZ, Pedro María. *Crônicas de Bogotá*, t. III (2ª ed.). Bogotá: Imprenta Nacional, 1917.

DOCUMENTO Nº 5

Marcha para o suplício (século XIX), anônimo,
retrato de Policarpa Salavarrieta, óleo sobre tela 79 x 95cm,
Museu Nacional, Colômbia.

Documento Nº 6

La Pola en Capilla de José Maria Espinosa (1857) óleo sobre tela 80 x 70 cm, Consejo Municipal Villa de Guaduas, Colômbia.

Documento Nº 7

Atribuído a Epifanio Garay Caicedo, *Retrato de Policarpa Salavarrieta* (século XIX) óleo sobre tela, 1,38 x 0,91 cm, Museo Nacional, Colômbia

II – SOBRE MANUELA SÁENZ

Documento nº 8

Em 1846, O'Leary escreveu a um amigo que lhe havia pedido autógrafos de personagens ilustres, o seguinte:

"A propósito dos autógrafos e do autógrafo de Bolívar que lhe envio agora, certamente você ouviu falar de dona Manuela Sáenz, a excêntrica, cara amiga do general Bolívar. Há poucos dias, mandou uma ordem para que me entregassem em Bogotá um pequeno cofre que contém algumas centenas de cartas que lhe havia enviado seu ilustre amante, todas escritas de próprio punho. Passei os olhos pelas cartas muito rapidamente. Nunca houve amante mais ardente nem mais apaixonado, entretanto, nessas cartas, percebe-se um sentimento de virtuoso pesar por suas relações ilícitas, como você poderá ver nessa carta, escolhida ao acaso.

Dona Manuela era casada e seu marido, Thorne, adorava com frenesi sua infiel esposa que, para arrancar dele esse amor, violava seus juramentos e cada dia lhe dava novas provas de infidelidade, mas em vão: ele a amava mais cada dia. Algumas de suas cartas são testemunho de sua inextinguível paixão, que nem o tempo pôde destruir. Não faz muito tempo que morreu, deixando-lhe tudo o que possuía. Em suas cartas, fala com frequência de somas de dinheiro que lhe mandava, de trezentas e mais onças algumas vezes, sempre se queixando de que ela não aceitava seus presentes e de que nunca lhe pedia dinheiro. Ela era o ser mais desinteressado que conheci".

Documento nº 9

CARTA DO LIBERTADOR À DONA MANUELA SÁENZ: DE QUE SE FALA ANTERIORMENTE:

Prata, 26 de novembro

"Meu amor:
Sabes que me deu muito gosto a tua bela carta?
É muito bonita a que me entregou Salazar.
O estilo dela tem um mérito capaz de fazer-te adorar por teu espírito admirável.
O que me dizes de teu marido é doloroso e gracioso ao mesmo tempo.
Desejo ver-te livre, mas também inocente, porque não posso suportar a ideia de ser o ladrão de um coração que foi virtuoso e agora não o é por minha culpa.
Não sei como fazer para conciliar minha dita e a tua, o teu dever e o meu: não sei cortar este nó que Alexandre com sua espada só aprofunda mais e mais, pois não se trata nem de espada nem de força, mas sim de amor puro e de amor culpável; de dever e de falta; do meu amor, enfim, por Manuela, a bela".

Documento nº 10

CARTA DE MANUELA SÁENZ A SEU MARIDO

A carta de Dona Manuela Sáenz para seu esposo,
a que se refere o Libertador, é a que segue:

"Não, não, não. Chega, homem, pelo amor de Deus. Por que fazer-me escrever faltando com a minha resolução? Vamos, de que adianta o senhor, a não ser fazer-me passar pela dor de dizer-lhe mil vezes não? O senhor é excelente, é inimitável, jamais direi outra coisa a não ser o que o senhor realmente é, mas, meu amigo, deixar o senhor pelo general Bolívar é algo, deixar outro marido sem as qualidades do senhor seria fácil.

E o senhor crê que eu, depois de ser a querida do meu general por sete anos e com a certeza de possuir seu coração, preferiria ser a mulher do Pai, do Filho, do Espírito Santo ou da Santíssima Trindade? Se algo sinto é que não tenha sido o senhor melhor para tê-lo deixado. Eu sei muito bem que nada pode unir-me a ele sob os auspícios do que o senhor chama honra. Crê-me o senhor menos honrada por ser ele meu amante e não meu marido? Ah! Eu não vivo das preocupações sociais inventadas para um tormento mútuo.

Deixe-me senhor, meu querido inglês. Façamos outra coisa: no céu voltaremos a nos casar, mas não na terra. Parece-lhe mau este acordo? Então diria que o senhor é muito insatisfeito. Na pátria celestial viveremos uma vida angelical e espiritual (pois como homem o senhor é aborrecido). Ali tudo será "à inglesa", porque a vida monótona está reservada para a sua nação (em amores, digo, porque no demais, quem é mais hábil para o comércio e a Marinha?). Vivem o amor sem prazeres, a conversação sem graça e o caminhar devagar; o saudar com reverência, o levantar-se e sentar-se com cuidado, a brincadeira sem riso. Estas são formalidades divinas, mas eu, miserável mortal, que rio de mim mesma, do senhor e destas seriedades inglesas, etc., como me daria mal no céu!... Tão mal como se fosse viver na Inglaterra ou em Constantinopla, pois os ingleses têm o conceito de tiranos com as mulheres, ainda que o senhor não o tenha sido comigo; mas sim, mais ciumento que um português. Isso eu não quero. Não tenho bom gosto?

Basta de brincadeiras; formalmente e sem rir, com toda a seriedade, verdade e pureza de uma inglesa, digo que *não me juntarei mais com o senhor*. O senhor, anglicano, e eu, ateia, é o mais forte impedimento religioso; o fato de eu estar amando outro é maior e mais forte. Não vê com que formalidade penso?

Sua invariável amiga,

Manuela".

Esta carta tem a seguinte nota dirigida ao Libertador pela mesma senhora:

"É necessário perceber que meu marido é católico e eu jamais fui ateia; só o desejo de estar separada dele me fez falar assim".

(Daniel O'Leary, *Últimos años de la vida pública de Bolívar*, p. 146).

DOCUMENTO Nº 11

∾

Sobre a participação de Manuela Sáenz no drama de 25 de setembro, nada melhor do que a sua própria e ampla visão dos acontecimentos através de uma carta enviada ao General O'Leary, que lhe pediu notícias quando escrevia as suas *Memórias*.

A LIBERTADORA DO LIBERTADOR

25 de setembro de 1828

O senhor me pede que lhe diga o que presenciei em 25 de setembro de 1828, na Casa de Governo de Bogotá. Além disso, quero lhe dizer o que aconteceu antes.

Um anúncio

Uma noite, estando eu em minha casa, uma de minhas criadas me chama dizendo que uma senhora, muito determinada, me chamava na porta da rua; saí, deixando o Libertador na cama, um pouco resfriado. Esta senhora, que ainda existe, e que me chamava, disse que queria fazer certas revelações nascidas do afeto que tinha pelo Libertador, mas que em troca exigia que não dissesse o seu nome. Eu a fiz entrar, deixei-a na sala de jantar e comuniquei ao general. Ele me disse que, estando enfermo, não podia sair para recebê-la nem podia fazê-la entrar em seu quarto e que, além disso, ela não era quem dizia ser. Dei à senhora estas desculpas; a senhora me disse, então, que havia uma conspiração, nada menos que contra a vida do Libertador; que havia muitas tentativas e que só a adiavam para encontrar a ocasião do tiro certeiro; que os conjurados se reuniam em várias partes, uma delas na Casa da Moeda; que o chefe desta maquinação era o general Santander, ainda que não assistisse às reuniões e só soubesse o estado das coisas pelos seus agentes, mas que ele era o chefe; que o general Córdoba sabia algo, mas não tudo, pois seus amigos iam deixando-o de lado, pouco a pouco. Enfim, a senhora me disse tanto, que nem me lembro.

O dia 25 de setembro

Não soube mais depois disso, mas em poucos dias aconteceu o que vou contar. Em 25 [de setembro], às seis da tarde, o Libertador mandou me chamar; respondi que estava com dor de cabeça; repetiu outro recado dizendo que minha enfermidade era menos grave do que a sua e que fosse vê-lo; como as ruas estavam molhadas, coloquei em cima do meu sapato outro sapato. (Estes serviram a ele na fuga, porque tinha tirado as botas para limpar.) Quando entrei, estava tomando banho. Disse que podia acontecer uma revolução. Eu lhe disse:

– Pode haver até dez, parabéns, pois o senhor acredita nos avisos.

– Não se preocupe – disse – não vai haver nada...

Fez com que eu lesse para ele durante o banho; quando deitou, dormiu profundamente, sem outra precaução além de sua espada e pistolas; sem mais guarda que a de costume, sem prevenir o oficial de guarda nem ninguém, contente com que o chefe de Estado-Maior ou sei lá o que era, tinha dito; que não se preocupasse, que ele cuidaria de tudo. (Este era o senhor coronel Guerra, o mesmo que, dizem, deu para esta noite nome, senha e contra-senha e que no outro dia andava prendendo todo mundo, até que não sei quem o denunciou.)

Seria quase meia-noite quando os cachorros do Libertador começaram a latir e ouviu-se um ruído estranho, que deve ter sido feito ao se encontrarem com os sentinelas, mas sem armas de fogo para evitar barulho. Despertei o Libertador e a primeira coisa que fez foi pegar a sua espada e uma pistola e tratar de abrir a porta; eu o contive e fiz que se vestisse, o que fez com muita serenidade e rapidez. Disse-me:

– Bravo, pois bem, estou vestido. E agora, o que fazemos?... Tornamo-nos fortes?...

A janela salvadora

Voltou a querer abrir a porta e eu o detive. Então me lembrei do que tinha escutado do próprio general um dia:

– O senhor não disse a Pepe Paris que esta janela era muito boa para uma coisa destas?...

– Dizes bem...– Me disse e foi até a janela. Eu impedi que saltasse porque passavam pessoas, mas o fez quando não houve mais gente e porque já estavam forçando a porta.

Fui encontrar-me com eles para dar tempo a que escapasse; mas não tive tempo de vê-lo saltar nem de fechar a janela. Assim que me viram me agarraram: - Onde está Bolívar? Eu lhes disse que estava no Conselho, que foi a primeira coisa que lembrei; revistaram o primeiro dormitório obstinadamente, depois passaram para o segundo e, vendo a janela aberta, exclamaram:

– Fugiu! Salvou-se!

Eu lhes dizia: – Não, senhores, não fugiu, está no Conselho.
– E por que a janela está aberta?
– Eu acabo de abri-la porque estava escutando um barulho.

Uns acreditaram em mim, outros não; passaram para o outro quarto, tocaram na cama quente e se desconsolaram ainda mais, mesmo eu dizendo que nela estava deitada, esperando que o general saísse do Conselho para dar-lhe um banho. Perguntavam-me onde estava o Conselho (pois o senhor sabe que, sendo nova esta casa, não conheciam como era dividida e quem entrou para ensiná-los acovardou-se, segundo se soube depois). Eu lhes disse que sabia que tinha uma reunião a qual chamavam *conselho* e que o Libertador a frequentava, mas que eu não conhecia o lugar.

Com isto ficaram muito bravos e me levaram com eles até que encontrei Ibarra ferido; e ele, quando me viu, disse: – Então, o Libertador morreu?... – Não, Ibarra, o Libertador vive.

Sei que ambos fomos imprudentes; coloquei um lenço em seu ferimento. Então Zulaibar me ergueu para fazer novas perguntas. Não dizendo nada, conduziram-me ao dormitório de onde tinham me tirado e eu levei comigo o ferido e o coloquei na cama do general. Deixaram guardas nas portas e nas janelas e foram embora.

Generosidade de Bolívar

Quando o general saiu de Bogotá para destino desconhecido, me disse:
– Está para chegar, preso, o general Padilla; quero que o visites na prisão, que o consoles e o sirvas em tudo que precisar.

Assim o fiz. O senhor general Obando, a quem Deus guarde por muitos anos, disse em Lima que eu, entre minhas más qualidades, tinha a de ter-me portado com muita generosidade, ao que eu respondi que essa virtude não era minha, mas sim do Libertador, que tinha me dado tantas e tão repetidas lições de clemência. Isto é certo; o senhor bem sabe. Tantos escaparam da morte por causa do Libertador. Basta dizer que eu tive em minha casa pessoas procuradas e o Libertador sabia. O general Gaitán foi avisado que saísse de tal lugar porque já sabiam onde estava. Vi o doutor Merizalde em uma casa quando entrava a cavalo e disse para a dona da casa:

– Assim como venho com um criado, poderia vir com outra pessoa e ela teria visto o doutor Merizalde; diga-lhe que seja mais precavido.

Talvez por isso que, após a morte do Libertador, Merizalde me fez sua comadre. Poderia dizer-lhe infinitas coisas deste tipo e as omito porque são muitas, assegurando-lhe que no principal fui apenas o instrumento da magnanimidade do grande Bolívar.

Paita, 10 de agosto de 1850.

Manuela Sáenz.

Referência bibliográfica dos documentos: BUSANICHE, José Luis. *Bolívar visto por sus contemporáneos*. México: Fondo de Cultura Económica, 1986.

Documento nº 12

DIÁRIO DE MANUELA SÁENZ

VISITAS DE FIGURAS PÚBLICAS

Hoje, 25 de julho de 1840, visitou-me o senhor José Garibaldi, bem-posto, ainda que um pouco doente. Recebi-o em meu modesto lar, coisa que não reparou. Estivemos conversando sobre sua vida e seus trabalhos e recordando suas aventuras conhecidas mundialmente, e o senhor riu quando lhe perguntei pela escritora Elphis Melena, a alemã; sobre sua fama de aventureiro e sobre suas duas esposas.

Disse-me que eu era uma pessoa especial no rol de suas amizades e que também o era "a memória do gênio libertador da América: o General Simón Bolívar".

***

Paita, 3 de fevereiro de 1843

Antes de ontem veio visitar-me um velho amigo do Libertador, o criador de suas desgraças, por ter metido na cabeça de Simón tantas ideias para tratar as coisas com favorecimento a todos, tanto aos seus amigos, como aos seus inimigos.

Simón Rodríguez ou Samuel Robinson ou o diabo considerado. Tantos nomes para encobrir apenas uma coisa: ser Quixote ou tonto. De qualquer forma, falamos e discutimos, pois defende Santander (a sua gestão). Já de muita idade, talvez 83 anos, alto, mas encurvado, seu cabelo branco como a neve e usando bengala. Não demorou muito porque disse que tinha um negócio a tratar. Perguntou-me coisas que só ele poderia saber.

Documento nº 13

SOBRE MANUELA LEITORA

Julho de 1840

São oito horas e a luz já se acaba. Voltei a ler com entusiasmo *Os pastores de Belém*, prosa e versos divinos de Lope de Vega Carpio. Como me anima esta leitura e como faz-me lembrar de quando era criança, em casa. No livro encontrei as pequenas violetas que Simón trouxe de uma chácara quando esteve em Patilivilca e deu-me de presente dizendo que eram muito delicadas, belas e perfumadas (comparando-as comigo).

Sim, seu amor continua aqui em meu coração e meus pensamentos e meu amor estão com ele na eternidade.

Simón, senhor meu, que roubou todos os meus pensamentos, meus desejos, minhas paixões...

Amei-o em vida com loucura; agora que está morto, respeito-o e venero-o.

***

Julho de 1840

Hoje voltei a ler *Dom Quixote* e de suas páginas saem as lembranças. Fecho-as para escrever. Como este homem sagaz em desbaratar um moinho, assim o fez Simón, caindo com o peso de sua própria armadura.

***

Domingo, 27 [Possivelmente 1843]

O que foram estas visitas de cortesia em minha casa? As mulheres só faziam falar, fazer crochê e bordados de renda. Enquanto isso, eu lia. Entusiasmava-me muito ler. Os homens, como eram galantes.

***

DOCUMENTO Nº 14

SEU INTERESSE PELA POLÍTICA

Sem data [Provavelmente 1843]

Já se passaram oito anos e só vi misérias, pobreza, epidemias, os covardes peruanos que só se alegram com a desgraça alheia. Um porto que só produz lástima, onde o entorpecimento é a ordem do dia. Como pode uma mulher estar a par das coisas da cultura? O mundo não tem ideia de onde fica Paitas. E como saber das notícias? Minha ideia: barco que chegue, assalto de informação; cidadão que dele venha tirar-lhe as notícias.

Escrevo aos meus familiares em Quito e ninguém responde. Não tenho ninguém. Estou só e esquecida. Desterrada de corpo e alma, envilecida pela desgraça de ter que depender de meus devedores que nunca pagam.

Jonathás foi, recomendado por mim, à casa de minha comadre Chanita. Quem cuida dela? Pobre, pegou esta febre amarela e está exausta. Aqui tudo se transformou em sanatório.

***

Parece que não tenho importância para ninguém. Estamos em 9 de julho de 1843 e não há descanso. As *Gazetas* que me chegam são números atrasados e eu quero viver o presente com notícias frescas.

Quase não vale a pena ler porque não há ninguém com quem comentar. Sentada em minha cama, medito notícias que tenham proveito para minha pátria, o Equador.

Escrevo cartas e cartas; ninguém se interessa por meus assuntos em Quito, só a Providência me mantém viva. Desisti do assunto de Lima para não me aborrecer com James. Agora, só resignação. E seguir adiante.

Pelo menos ainda tenho amigos, meu Nathán e Jonathás. Jonathás veio com notícias do porto. Viu o General Santa Cruz com recados para mim; que reelegeram o General Flores por mais oito anos. Isto é o que Deus faz com as almas boas e honestas. O senhor Pareja vem com frequência e sua conversa é muito construtiva e devota às ordens do Senhor Presidente Flores.

DOCUMENTO Nº 15

A VIDA EM PAITA

Agosto de 1843

Escrevo estas linhas para sentir-me viva, viva por dentro. Depois de tudo, na minha idade, penso em alguns amigos que dariam tudo para ter-me em casa e para desfrutar das minhas lembranças e dos mexericos de Jonathás (que conta-os com graça).

Não existe nada interessante neste miserável porto; a única coisa que apareceu, uma companhia de teatro, que não encontrou lugar para ficar e o improvisaram na praia.

A gente daqui anda desvairada com o assunto dos limites; como seria bom se pudessem tirar estes imbecis do meu Equador.

Se eu estivesse em Quito alguns anos atrás... pobrezinhos, quem sabe?

DOCUMENTO Nº 16

MANUELA E BOLÍVAR

Domingo 27 [Provavelmente 1843]

1. Eu tive razões muito poderosas para me unir a ele; uma convicção de patriota, juntos a qualquer custo. Minha firmeza e meu caráter, já que estava convencida de que Simón seria o único libertador da América, o único na história do mundo, como libertador de uma nação grande e soberana.
2. No início – Oh! amor desejado – tive de ser mulher, secretária, escrevente, soldado hússar, espiã, inquisidora e intransigente. Eu fazia planos. Sim, consultava-o, quase os impunha, mas ele se deixava arrebatar pela minha loucura de amante e assim ficava tudo bem. Como soldado hússar, fui encarregada de fazer e cuidar do arquivo e demais documentos da campanha do Sul. De suas cartas pessoais e de nossas cartas apaixonadas e belas.

    Meu incomparável amigo deixou-me uma imensa responsabilidade que eu agradeço.
3. Juntos, mobilizamos povos inteiros a favor da revolução, da pátria. Mulheres fazendo uniformes, outras tingindo tecidos ou panos para costurar e lonas para as mochilas dos soldados. Pedíamos às crianças que trouxessem ferros-velhos, latões, para fundir e fazer escopetas ou canhões; cravos, ferraduras etc. É certo, eu era uma comissária de guerra que não descansou nunca até ver o final de tudo.

4. Acham que sou orgulhosa. Sou? Sim, confesso. Saber que pertencia ao homem mais maravilhoso, culto, loquaz, garboso, apaixonado, nobre. O maior homem, aquele que libertou o Novo Mundo Americano. Meu amor sempre foi seu e eu sempre fui seu refúgio e onde repousava de suas angústias e de seus esforços para com a pátria.
5. Que contraste, Simón: de rainha da Magdalena, para esta vida de privações. De Cavaleira da Ordem do Sol para matrona e confeiteira, de soldado hússar para suplicante, de Coronel do Exército para encomendeira.

A ESCRAVIDÃO CARIBENHA ENTRE DOIS ATLÂNTICOS: CUBA NOS QUADROS DAS INDEPENDÊNCIAS AMERICANAS[1]

Rafael de Bivar Marquese

Historiografia e o problema das relações entre independência e escravidão

O presente artigo, que trata de Cuba na virada do século XVIII para o XIX, examina um processo histórico algo distinto dos demais abordados nesta coleção. Os ensaios apresentados até agora ao leitor procuraram analisar os movimentos de independência e a construção de Estados nacionais politicamente soberanos em diferentes regiões da América de colonização espanhola. As colônias caribenhas de Cuba e de Porto Rico, no entanto, representaram uma notável exceção a esse quadro mais amplo, pois permaneceram na órbita do império espanhol durante todo o século XIX.

O problema da fidelidade de Cuba à Espanha esteve relacionado, desde a década de 1820, ao tema da escravidão. Com efeito, a ideia de que o avanço do escravismo nas atividades agroexportadoras constituiu o principal obstáculo à independência, ao impedir que os grandes empresários residentes em Cuba abraçassem a causa do rompimento com a Espanha, esteve presente na pena dos mais diversos grupos políticos que atuaram na ilha ao longo do século XIX (partidários da união à

---

[1] Este trabalho faz parte de um projeto mais amplo financiado pelo CNPq.

Espanha, independentistas, anexionistas, autonomistas), passando, posteriormente, para a historiografia nacionalista pré e pós-Revolução de 1959.[2] Dentre os vários exemplos que poderiam ser lembrados, veja-se o caso de um célebre ensaio de Manuel Moreno Fraginals, publicado há mais de meio século. Nele, o historiador cubano, ao analisar o pensamento de José Antonio Saco, cunhou a expressão "nação ou plantação" para dar conta dos dilemas colocados à formação de uma ordem nacional soberana na ilha. Saco, representante dos antigos grupos crioulos de Cuba alijados do poder local pelo avanço destruidor dos interesses açucareiros, estaria entre aqueles que "não queriam fazer de sua pátria uma ilha de açúcar e de escravos e aspiravam a uma nação e não a uma plantação".[3] A interpretação de Moreno Fraginals se conectou, em realidade, a um *topos* mais amplo do pensamento político e historiográfico cubano. Essa linhagem contrastou o mundo do campesinato livre (fundamento da nacionalidade e da independência) ao mundo das *plantations* escravistas (fundamento da dominação colonial espanhola e, também, do poder neocolonial norte-americano), tendo servido de inspiração, antes, para o famoso contraponto

---

[2] Sobre a historiografia específica a respeito das relações entre escravidão e independência, veja a primeira parte do artigo de Hernán Venegas Delgado. "El fantasma de la Revolución Haitiana y la independencia de Cuba". In: *Projeto História*, 31: 25-54, dez. 2005, pp. 26-29. Sobre a historiografia anterior e posterior à Revolução Castrista, veja Robert Freeman Smith, "Twentieth-Century Cuban Historiography". In: *The Hispanic American Historical Review*, 44 (1): pp. 44-73, fev. 1964; Oscar Zanetti Lecuona. "Cuba 1899-1922: iniciación republicana y discurso histórico nacional". In: Martín Rodrigo y Alharilla (org.). *Cuba: de colonia a república*. Madri: Editorial Biblioteca Nueva, 2006, pp. 43-52; Louis A. Perez Jr. "In the Service of the Revolution: Two Decades of Cuban Historiography, 1959-1979". In: *The Hispanic American Historical Review*, 60 (1): pp. 79-89, fev. 1980.

[3] Manuel Moreno Fraginals. "Nación o Plantación (El Dilema Político Cubano Visto a través de José Antonio Saco)". In: *Estudios Historicos Americanos – Homenaje a Silvio Zavala*. México: El Colégio de México, 1953, p. 250.

do tabaco e do açúcar de Fernando Ortiz e, depois, para a ideia da "ilha com duas histórias" de Juan Pérez de la Riva.[4]

Os historiadores, contudo, não interpretaram a manutenção de Cuba como colônia espanhola apenas à luz da escravidão. De acordo com o sumário apresentado por Piqueras Arenas, as explicações mais correntes até a década de 1990 para a fidelidade cubana giraram – para além do já mencionado tema do escravismo – em torno de três aspectos adicionais. Primeiro, o peso da presença militar espanhola em Cuba, derivado, por um lado, das reformas promovidas após a tomada de Havana pelos ingleses, em 1762, e, por outro, do lugar estratégico ocupado pela ilha no contexto das guerras de independência no continente. Segundo, o afluxo de refugiados, tanto da Revolução de Saint-Domingue como das sucessivas derrotas espanholas no continente, que trouxeram para Cuba um contingente não desprezível de pessoas com sentimentos contrários à independência e temerosos dos riscos de uma eventual mobilização da população negra e mulata. Terceiro, a aposta da oligarquia havaneira no caminho do reformismo de Fernando VII, capaz, segundo ela, de continuar carreando a Cuba os benefícios que vinham sendo obtidos desde o início das reformas bourbônicas. A articulação entre essas variáveis, contudo, ainda seria dada pela escravidão negra: nos termos de Piqueras, "beneficiários de uma recente prosperidade, os plantadores crioulos temeram que uma insurreição separatista e a previsível resposta violenta espanhola aca-

---

[4] Cf. Fernando Ortiz. *Contrapunteo cubano del tabaco y el azúcar* (1ª ed: 1940). Caracas: Biblioteca Ayacucho, 1987; Juan Pérez de la Riva. "Una isla con dos historias" (1ª ed: 1968). In: *La conquista del espacio cubano*. Havana: Fundación Fernando Ortiz, 2004, pp. 189-206. Sobre o chão comum dessa interpretação, veja as sugestivas considerações de Christopher Schmidt-Nowara. *The Conquest of History. Spanish Colonialism and National Histories in the Nineteenth Century.* Pittsburgh: University of Pittsburgh Press, 2006, pp. 100-103.

bassem com a riqueza da ilha, sendo aproveitada pelos escravos para promover uma rebelião que subverteria a ordem social".[5]

Nos últimos anos, alguns historiadores vêm-se esforçando para revisar esse modelo explicativo. Allan Kuethe, por exemplo, demonstrou que os principais postos de comando das tropas regulares baseadas em Cuba, entre fins do século XVIII e inícios do XIX, como resultado das reformas bourbônicas e da posição específica da ilha no contexto imperial, estavam nas mãos da classe dominante insular. Em uma linha de argumentação semelhante, Sherry Johnson indicou a prática disseminada, independente de classe, dos casamentos entre famílias cubanas e migrantes espanhóis (em geral, militares), o que levou à construção de uma identidade cubana comum, todavia fortemente apegada à metrópole.[6] Tanto em uma interpretação como em outra, teriam sido os cubanos que derrubaram os projetos de independência da ilha no quadro de crise do comando colonial espanhol sobre o Novo Mundo, não pelo receio de revoltas escravas, mas sim pelos laços identitários que os atavam à metrópole. Venegas Delgado, por sua vez, enfrentou a tese da ameaça escrava como obstáculo à independência em seu próprio terreno, ao explorar os projetos de emancipação elaborados por senhores

---

[5] José A. Piqueras Arenas. "Leales en época de insurrección. La élite criolla cubana entre 1810 y 1814." In: Izaskun Álvarez Cuartero & Julio Sánchez Gómez (org.). *Visiones y revisiones de la independencia americana.* Salamanca: Ediciones Universidad de Salamanca, 2003, pp. 185-186. Veja também Josef Opatrný. "El Estado-nación o la 'cubanidad': los dilemas de los portavoces de los criollos cubanos de la época antes de La Escalera." In: M. Dolores González-Ripoll; C. Naranjo; A. Ferrer; G. García; J. Opatrný. *El Rumor de Haití en Cuba: Temor, Raza y Rebeldía, 1789-1844.* Madri: CSIC, 2004, pp. 323-326.

[6] Cf. Allan J. Kuethe. "La fidelidad cubana durante la edad de las revoluciones." In: *Anuario de Estudios Americanos.* LV (1): 209-220, jan.-jun. 1998; Allan J. Kuethe. *Cuba, 1753-1815. Crown, Military, and Society.* Knoxville: The University of Tennessee Press, 1986; Sherry Johnson. *The Social Transformation of Eighteenth-Century Cuba.* Gainesville: University Press of Florida, 2001, pp. 96-120.

de escravos de Puerto Príncipe e Trinidad, que contavam, para tanto, com uma aliança entre os republicanos do México e da Colômbia. Venegas criticou, com isso, o equívoco de se tomar a "elite escravista assentada em Havana como representativa de todas as elites coloniais".[7]

Mesmo a ideia de que a emancipação nacional de Cuba demorou a ocorrer foi relativizada. Ada Ferrer e Matt Childs lembraram recentemente que, se colocada em um contexto caribenho mais amplo, para além dos marcos exclusivos do império espanhol, a conquista de 1898 não foi tardia. Afinal, antes de Cuba, somente o Haiti obteve sua independência. Em grande parte do Caribe colonizado pelas potências do noroeste europeu, ela só veio na segunda metade do século XX, sendo que várias ilhas caribenhas ainda permanecem sob algum tipo de controle metropolitano.[8]

A última advertência traz um ponto fundamental para compreender a manutenção de Cuba como colônia espanhola ao longo do século XIX, isto é, a necessidade de um enquadramento caribenho e mesmo atlântico mais amplo para o correto entendimento deste "não-evento".[9] Contudo, deve-se advertir para os riscos de fazê-lo sem se levar em conta as diferentes temporali-

---

[7] Venegas Delgado, "El fantasma de la Revolución Haitiana", p. 28.

[8] Cf. Ada Ferrer. "Cuba en la sombra de Haití: noticias, sociedad y esclavitud". In: M. Dolores González-Ripoll; C. Naranjo; A. Ferrer; G. García; J. Opatrný. *El Rumor de Haití en Cuba: Temor, Raza y Rebeldía, 1789-1844*. Madri: CSIC, 2004, p. 181, n. 5; Matt D. Childs, *The 1812 Aponte Rebellion in Cuba and the struggle against Atlantic Slavery*. Chapel Hill: The University of North Carolina Press, 2006, p. 179.

[9] A expressão foi utilizada por Matt Childs, que, ao empregá-la, tomou de empréstimo o sentido que Michel-Rolph Trouillot lhe conferiu ao examinar a historiografia a respeito da Revolução Haitiana. Veja, deste último, o ensaio "An Unthinkable History. The Haitian Revolution as a Non-event". In: *Silencing the Past. Power and the Production of History*. Boston: Beacon Press, 1995.

dades que marcaram a história caribenha. Este é, em realidade, um problema relativamente comum nas sínteses sobre a história do Caribe. É o que ocorre com o livro de Franklin Knight sobre a "gênese do nacionalismo fragmentado" da região. A despeito de afirmar que seu pressuposto seja o de que, "ainda que suas unidades separadas [i.é., as distintas colônias europeias] tenham passado pela mesma experiência geral, elas o fizeram em tempos diferentes", Knight analisa os processos históricos caribenhos como pertencentes a uma única estrutura histórica, vale dizer a um tempo linear. Nessa perspectiva, a história cubana no século XIX acaba sendo compreendida como uma simples continuidade do binômio "açúcar-escravismo de *plantation*" implantado no Caribe por ingleses, franceses e holandeses, em meados do século XVII.[10]

Um caminho mais profícuo é apresentado pelos trabalhos que tratam o Caribe como um espaço geográfico único, conformado, no entanto, por estruturas temporais distintas.[11] O presente artigo pretende dar corpo a essa ideia por meio de um reexame das relações entre escravidão negra e independência em Cuba, nas décadas finais dos setecentos e nas duas primeiras dos oitocentos. Para tanto, procurarei inserir o processo de construção de uma nova estrutura escravista em Cuba, estritamente ligada à sua fidelidade à Espanha, no quadro da crise

---

[10] Cf. Franklin W. Knight. *The Caribbean. The Genesis of a Fragmented Nationalism*. (2ª ed.) Nova York: Oxford University Press, 1990. A citação está na p. xiv. De modos distintos, o mesmo problema da adoção de um tempo linear se faz presente em Eric Williams. *From Colombus to Castro. The History of Caribbean.* (1ª ed: 1970). Nova York: Vintage Books, 1984, e Robin Blackburn. *The Overthrow of Colonial Slavery, 1776-1848*. Londres: Verso, 1988.

[11] Veja, a respeito, o enquadramento proposto por Dale Tomich. *Through the Prism of Slavery. Labor, Capital, and World Economy.* Boulder, CO: Rowman & Littlefield Publ., 2004, especialmente pp. 75-136.

geral do colonialismo e da escravidão negra ocorrida na virada dos séculos XVIII e XIX.

A escravidão cubana entre dois atlânticos

Cuba representou um caso ímpar na paisagem econômica e humana caribenha dos séculos XVII e XVIII, marcada pela conjugação estreita entre produção açucareira e escravidão negra. Devido a sua posição intermediária nas rotas marítimas que conectavam a metrópole com as colônias americanas continentais, a ilha teve desde o século XVI grande importância estratégica para o império ultramarino espanhol, mas, até meados do século XVIII, sua economia se restringiu à operação de seus principais portos, à criação extensiva de gado e à produção de tabaco em pequena escala. A despeito das condições altamente favoráveis à produção de açúcar, o produto aí granjeado nos séculos XVI e XVII foi pequeno. A escravidão negra, é certo, guardou importância para a economia cubana; os cativos, entretanto, eram destinados basicamente às atividades de serviços de Santiago e Havana e adjacências.[12]

Dentre os obstáculos que dificultaram o desenvolvimento açucareiro cubano se achavam a regulamentação comercial espanhola, que garantia o monopólio de Sevilha (posteriormente, Cádiz) sobre todo o comércio entre metrópole e colônias, a carência de capitais para financiar a montagem de engenhos e, sobretudo, a crônica falta de mão-de-obra escrava. Essas travas

---

[12] Cf. Arturo Sorhegui D'Mares e Alejandro de la Fuente. "El surgimiento de la sociedad criolla de Cuba (1553-1608)", "La organización de la sociedad criolla (1608-1699)." In: M. C. Barcía; G. García; E. Torres-Cuevas (org). *Historia de Cuba. La Colonia. Evolución socioeconómico y formación nacional.* Havana: Editora Política, 1994; Manuel Moreno Fraginals. *Cuba/España, España/Cuba: Historia Común.* Barcelona: Crítica, 1995, pp. 34-104.

ao arranque da escravidão de *plantation* em Cuba derivavam das estruturas mais amplas, do que pode ser denominado como o Sistema Atlântico Ibérico, que englobava tanto Espanha como Portugal. Em sua expressão espanhola, suas características básicas – como o foco na exploração dos metais preciosos do continente e a adoção do modelo de porto único na metrópole – já se haviam delineado nas primeiras décadas de exploração do Novo Mundo. Diante das ameaças que piratas e corsários dos países do Noroeste Europeu passaram a apresentar às rotas da prata e do ouro a partir da segunda metade do século XVI, os espanhóis recorreram ao sistema de frotas e à fortificação dos pontos de entroncamento marítimo no espaço caribenho, sendo Havana o principal, haja vista que em seu porto se reuniam todos os vasos antes da partida da frota para Sevilha-Cádiz.[13]

Outro aspecto a ressaltar no Atlântico Ibérico é a divisão geográfica ocorrida entre Espanha e Portugal no que se refere à exploração dos recursos do continente africano. Em razão dos tratados assinados ainda em fins do século XV, os espanhóis se viram alijados da participação direta no trato negreiro, que se tornou, então, campo exclusivo de atuação dos portugueses. Já nas primeiras décadas do século XVI, os traficantes lusos passaram a fornecer escravos – de início em condomínio com mercadores genoveses e, posteriormente, de modo exclusivo – às

---

[13] A ideia sobre a existência de dois sistemas atlânticos na modernidade (séc. XVI-XVIII) que apresento neste e nos próximos parágrafos foi retirada de D. W. Meinig. *The Shaping of America. A Geographical Perspective on 500 years of History.* Vol. I: *Atlantic America, 1492-1800.* Yale: Yale University Press, 1986, pp. 43-55, e P. C. Emmer. "The Dutch and the making of the second Atlantic system". In: Barbara L. Solow (org.). *Slavery and the Rise of the Atlantic System.* Cambridge: Cambridge University Press, 1991, pp. 76-81. Para um panorama sobre o Atlântico Ibérico, veja-se com proveito Stanley J. Stein & Barbara H. Stein. *Silver, Trade, and War. Spain and America in the Making of Early Modern Europe.* Baltimore: The Johns Hopkins University Press, 2000, pp. 3-39.

possessões castelhanas na América por meio de diferentes modalidades, até a consagração dos *asientos* no curso da União Ibérica (1580-1640). Com a consolidação de Havana como o "antemural do Novo Mundo" após a década de 1570 [i.é., como uma área periférica no que se refere à exploração econômica direta, porém com papel geopolítico da maior relevância], a escravidão na ilha adquiriu as feições básicas que se manteriam relativamente inalteradas até a segunda metade do século XVIII: o emprego dos cativos nos serviços urbanos e em pequenas propriedades rurais, sua inscrição em uma paisagem demográfica relativamente balanceada, com predomínio da população branca livre, amplas possibilidades de obtenção da alforria e inscrição positiva dos ex-escravos e descendentes nas hierarquias locais.[14]

Um traço importante do Atlântico Ibérico foi a fraqueza estrutural de suas economias metropolitanas, que, desde o início da expansão colonial, dependeram de capitais e redes comerciais não-ibéricas para a exploração de suas possessões ultramarinas. No longo século XVI, foram os espaços de fluxos do ciclo de acumulação genovesa que forneceram essas redes e capitais.[15] Na centúria seguinte, as monarquias ibéricas, que até então haviam dominado de forma incontestável suas possessões no Novo Mundo, viram suas rivais do Noroeste da Europa avançar sobre seus territórios ultramarinos. As crises espanhola e portuguesa no século XVII abriram caminho para o estabeleci-

---

[14] Sobre o tráfico português, veja Luiz Felipe de Alencastro. *O Trato dos Viventes. Formação do Brasil no Atlântico Sul, séculos XVI e XVII*. São Paulo: Companhia das Letras, 2000, pp. 77-86; sobre a sociedade cubana entre os séculos XVI e XVIII, veja os textos citados na nota 12.

[15] Cf. Giovanni Arrighi. *O longo século XX: dinheiro, poder e as origens de nosso tempo*. (trad.port.) Rio de Janeiro: Contraponto/Ed.Unesp, 1996, pp. 111-130.

mento de outras potências europeias no cenário americano, como Inglaterra, França e Holanda. Os espanhóis abandonaram as pretensões sobre a costa atlântica da América do Norte e perderam grande parte de suas possessões antilhanas; por outro lado, com a crise irremediável do Estado da Índia, o Atlântico Sul se tornou o eixo do império português, mas, mesmo aí, somente a muito custo os colonos luso-brasileiros conseguiram manter o domínio português contra as investidas holandesas.[16]

Contando com o aporte decisivo dos holandeses expulsos da costa nordeste do Brasil, ingleses e franceses promoveram, a partir de meados do século XVII, uma transformação substantiva nas formas de exploração econômica do espaço atlântico. O centro dessa nova estrutura histórica colonial, que, em oposição ao Atlântico Ibérico, pode ser denominado como o Sistema Atlântico do Noroeste Europeu, residiu justamente no Caribe. O que então surgiu não tinha equivalente nas outras áreas de colonização europeia no Novo Mundo, mesmo levando-se em conta as antigas zonas açucareiras da América portuguesa. De fato, as *plantations islands* de ingleses e franceses se particularizaram não apenas pela conjugação estreita entre açúcar e escravidão, algo também presente em Pernambuco e na Bahia, mas, sobretudo, por sua agricultura altamente capitalizada, produção econômica concentrada em um único produto (com a consequente carência de gêneros alimentares básicos) e por um quadro social marcado pelo profundo desequilíbrio demográfico entre a minoria de brancos livres e a esmagadora maioria de escravos negros,

---

[16] Para uma visão de conjunto das alterações nas configurações dos poderes coloniais europeus, veja Immanuel Wallerstein. *The Modern World-System II. Mercantilism and the Consolidation of the European World-Economy, 1600-1750*. Nova York: Academic Press, 1980, e Ralph Davis. *La Europa Atlántica. Desde los Descubrimientos hasta la Industrialización* (trad.esp.). México: Siglo XXI, 1976.

pelo amplo predomínio de africanos nas escravarias, pelas poucas oportunidades para a obtenção de alforria e pelas altas taxas de absenteísmo senhorial. No que se refere à escravidão, o Atlântico do Noroeste Europeu caracterizava-se ainda pelo estrito controle dos mercadores metropolitanos – sediados em portos como Liverpool, Bristol, Londres, Nantes e Bordeaux – sobre a reprodução da força de trabalho colonial, isto é, sobre o tráfico negreiro transatlântico. Não por acaso, após a independência de Portugal em 1640, foram os traficantes do Noroeste Europeu que se tornaram fornecedores de escravos à América Espanhola, em mais uma expressão da fraqueza estrutural da metrópole espanhola.[17]

Esses dois Sistemas Atlânticos – o Ibérico e o do Noroeste Europeu – coexistiram como duas estruturas temporais distintas da segunda metade do século XVII em diante. Os coevos tinham uma clara percepção da "contemporaneidade do não-contemporâneo" que travejou o mundo atlântico do século XVIII. A prática da comparação entre os diferentes impérios ultramarinos europeus se converteu em moeda corrente entre os letrados e burocratas do período. O tema da decadência, central para os *arbitristas* do século XVII, passou a ser apreendido sob o signo do binômio progresso/atraso no século XVIII, vale dizer, pela percepção de que os espanhóis haviam perdido a marcha na competição com seus rivais do Noroeste Europeu.[18] Como bem ressalta o historiador Reinhart Koselleck, o conceito de progresso reunia "experiências e expectativas afetadas por um coeficiente de variação temporal. Um grupo, um país, uma classe

---

[17] Novamente, para uma visão de conjunto, veja Robin Blackburn. *The Making of New World Slavery. From the Baroque to the Modern, 1492-1800.* Londres: Verso, 1997.

[18] Cf. Anthony Pagden. *Señores de todo el mundo. Ideologías del imperio en España, Inglaterra y Francia (en los siglos XVI, XVII y XVIII)* (trad.esp.). Barcelona: Península, 1997, especialmente capítulo 4.

social tinham consciência de estar à frente dos outros, ou então procuravam alcançar os outros ou ultrapassá-los".[19] Daí que, para os reformistas ilustrados setecentistas, a saída para o quadro de estagnação em que se encontrava a Espanha e seu império consistia em emular as experiências de França e Inglaterra.

Nessa nova ordem de preocupações, Cuba ocupou um lugar central. Desde a segunda década do século XVIII, apareceram, na Espanha, planos de reforma que invariavelmente indicavam meios de reerguer a economia metropolitana com a adoção de uma nova política colonial para as Américas, como o fim do monopólio do porto de Cádiz sobre o trato ultramarino e a consequente adoção do livre-comércio imperial. Essas propostas, no entanto, só começaram a ser plenamente adotadas após 1759, com a ascensão de Carlos III ao trono espanhol. A política reformista por ele empregada buscou aplicar parte do receituário que vinha sendo prescrito em décadas anteriores, além de lançar mão de novos planos para recuperar a posição espanhola no concerto mundial.[20]

A necessidade de reformas tornou-se particularmente aguda após a Guerra dos Sete Anos (1756-1763). No curso deste conflito, o porto de Havana e seus arredores foram capturados com facilidade pelos ingleses, demonstrando, uma vez mais, a fragilidade do poder espanhol nas Américas. Significativamente, as reformas imperiais de Carlos III foram aplicadas de início em Cuba. Da série de reformas que a afetaram diretamente, a pri-

---

[19] R. Koselleck. *Futuro Passado. Contribuição à semântica dos tempos históricos.* (trad. port.) Rio de Janeiro: Contraponto/Ed. PUC, 2006, p. 317.

[20] Cf. D. A. Brading. "A Espanha dos Bourbons e seu Império Americano." In: Bethell, L. (org.) *História da América Latina. Vol. I: América Latina Colonial.* (trad.port.) São Paulo: Edusp-Brasília: Fundação Alexandre de Gusmão, 1997, pp. 396-439.

meira a se destacar foi a criação da Real Intendência de Havana, em 1764, destinada a promover o desenvolvimento da economia escravista da ilha. Ao mesmo tempo, foram suprimidos os privilégios da Real Companhia de Comércio de Havana, fundada em 1739, detentora do monopólio do comércio de fumo e de toda a exportação cubana de açúcar, madeira e couros. A regulamentação comercial de 1765 abriu o comércio das Antilhas (e, portanto, de Cuba) a diversos portos da Espanha, iniciando a quebra do monopólio de Cádiz, completado em 1778, quando foi decretado o fim definitivo do sistema de frotas. A partir desta data, passou a vigorar o sistema de *comercio libre* imperial, ou seja, as trocas entre os principais portos das Américas e os da península poderiam ser feitas por navios mercantes individuais. A Coroa também promoveu modificações na esfera do tráfico negreiro. A debilidade dos espanhóis no abastecimento de escravos ficara patente durante o curto período da ocupação inglesa de Havana, quando os traficantes ingleses venderam para os senhores cubanos, em menos de um ano, mais de 3 mil cativos. A regulação comercial metropolitana sobre o assunto prosseguiu até a década final do século XVIII, mas foram firmados, após 1763, novos contratos para a introdução de escravos africanos na ilha.[21]

A respeito do último ponto, é preciso salientar a opinião dos reformadores ilustrados bourbônicos sobre a importância do tráfico de escravos para a dinamização da agricultura de exportação cubana. Dada a carência de mão-de-obra em Cuba, acreditavam que a introdução de cativos africanos seria indispensável para explorar os ricos recursos naturais da ilha. Pedro Rodri-

---

[21] Cf. Pablo Tornero Tinajero. *Crecimiento económico y transformaciones sociales. Esclavos, Hacendados y Comerciantes en la Cuba Colonial (1760-1840)*. Madrid: Ministerio de Trabajo y Seguridad Social, 1996, pp. 34-44, 346-57.

guez Campomanes, por exemplo, em uma memória produzida no contexto imediato da Guerra dos Sete Anos que muito informou as ações tomadas por Carlos III após o conflito, asseverava que "o tráfico de negros nas Índias Ocidentais é um dos objetos de maior atenção nelas": somente um amplo fornecimento de cativos sob o comando de traficantes espanhóis – e não estrangeiros, como até então se vinha praticando – garantiria o crescimento das rendas imperiais nas zonas de agricultura tropical.[22] Da mesma forma, o funcionário régio Agustín Crame (um engenheiro militar alemão contratado por Carlos III para trabalhar na reorganização das defesas espanholas no Caribe) escreveu, em seu *Discurso sobre el fomento de la isla de Cuba de 1768*, que "pensar em mais transmigração de novos espanhóis [para Cuba] seria pecar contra a boa economia. Conduzir estrangeiros seria empresa custosa, difícil e cheia de graves inconvenientes. Porém, ainda que tudo corresse bem, nunca chegariam os europeus a exercitar-se naquelas rigorosas fadigas do campo que ainda estão reservadas à escravidão. Quem viria da Europa para ser um simples jornaleiro comparável a um infeliz escravo?"[23]

Os reformadores ilustrados espanhóis, portanto, tinham claro que o modelo a ser implantado em Cuba deveria se inspirar nas estruturas do Atlântico do Noroeste Europeu, isto é, na economia escravista de *plantation* tal como existia nas Antilhas inglesas e francesas. Neste sentido, houve uma convergência fundamental entre o projeto da ilustração espanhola e os propósitos da oligarquia havaneira. Ambos os grupos pretendiam con-

---

[22] Pedro Rodriguez Campomanes. *Reflexiones sobre el comercio español a Indias* (1762). Org. Vicente Llombart Rosa. Madri, 1988, p. 207.

[23] Agustín Crame. *Discurso sobre el fomento de la isla de Cuba* (1768), apud Tornero Tinajero, *Crecimiento económico y transformaciones sociales*, p. 25.

verter Cuba em uma nova *sugar island*. Tal como os ilustrados metropolitanos, a oligarquia havaneira tinha, em fins do século XVIII, uma notável coesão. Constituída por famílias de proprietários de terras, comerciantes e administradores coloniais que vinham se instalando em Cuba desde o último terço do século XVI, essa oligarquia formou-se lentamente ao longo dos dois séculos seguintes. Na segunda metade dos setecentos, ocorreu uma renovação importante em seus quadros, por meio de suas alianças matrimoniais com os militares e burocratas peninsulares ilustrados enviados da Espanha por Carlos III. Em diversos momentos da segunda metade do século XVIII, é possível observar a coesão dessa oligarquia e a clara formulação de seus anseios econômicos. Desde a criação da Intendência de Havana em 1764, os membros de seu *ayuntamiento* demandaram ao rei o fim do monopólio de Cádiz, a isenção de impostos sobre os produtos cubanos nos portos espanhóis e americanos, a eliminação dos monopólios sobre açúcar, madeira e couros, a proteção do açúcar cubano no mercado metropolitano, a liberdade para o tráfico negreiro.[24]

Pelo que se pode observar, as reformas econômicas promovidas por Carlos III e seus ministros após 1763 se conjugaram às demandas da oligarquia havaneira, o que demonstra – ao contrário do ocorrido no continente – a boa vigência da aliança entre Coroa e elite crioula. A liberação comercial introduzida pelos reformadores bourbônicos entre as décadas de 1760 e 1780 encontrou rápida resposta da oligarquia havaneira, cuja ação foi extremamente ativa para converter Cuba em grande produtora de açúcar. Nesses anos, a produção açucareira escravista cuba-

---

[24] Cf. Kuethe. *Cuba*, pp. 68-9. Veja também Maria Dolores Gonzáles-Ripoll Navarro, *Cuba, La Isla de los Ensayos. Cultura y Sociedad (1790-1815)*. Madri: CSIC, 1999.

na firmou-se sobre bases sólidas. O crescimento do setor, contudo, não foi tão veloz quanto poderia ter sido. Havia, nos arredores do porto de Havana e em toda a região centro-ocidental da ilha, ampla disponibilidade de terras virgens e mesmo de capital – provido pelos crescentes *situados* remetidos da Nova Espanha para as reformas militares em Cuba – para financiar a montagem dos engenhos. O maior empecilho para a expansão definitiva da agricultura escravista cubana continuava residindo no problema da oferta de mão-de-obra, sendo a grande fonte de reclamações dos oligarcas havaneiros entre 1765 e 1789.[25]

As pressões da oligarquia havaneira pela liberação do tráfico de escravos foram finalmente atendidas em fevereiro de 1789, com o decreto que autorizou mercadores espanhóis e estrangeiros a venderem livremente cativos nos portos antilhanos de Havana, Santo Domingo, San Juan e Caracas, por um período predeterminado, passível de renovação.[26] A medida logo se revelou o ponto de inflexão na história da escravidão cubana e, mesmo, da América Espanhola: dos cerca de 1.660.000 africanos que foram introduzidos como escravos em todas as possessões espanholas do Novo Mundo ao longo de quatro séculos, 840 mil – ou seja, mais da metade – desembarcaram em Cuba entre as décadas de 1790 e 1870.[27]

---

[25] Cf. Tornero Tinajero, *Crecimiento económico y transformaciones sociales*, pp. 151-65, 196-200; Manuel Moreno Fraginals. *O Engenho: complexo socioeconômico açucareiro cubano.* (trad. port.) São Paulo: Hucitec-Unesp, 1987, zv. vol.1, pp. 35-80.

[26] Cf. "Real Cédula concediendo la libertad para el comercio de esclavos en Las Antillas Mayores y Caracas, 28 de Febrero de 1789", Manuel Lucena Salmoral. *Leyes para Esclavos*. In: *Nuevas Aportaciones a la Historia Juridica de Iberoamerica*. Madrid: Fundación Histórica Tavera-Digibis-Fundación Hernando de Laramendi, 2000 (CD-Rom).

[27] Retirei os números da avaliação de David Eltis. *Economic Growth and the Ending of the Transatlantic Slave Trade*. Nova York: Oxford University Press, 1987.

Esse afluxo gigantesco de africanos escravizados condicionou de forma decisiva a fidelidade de Cuba à Espanha quando se iniciou o processo de independência americana em 1808. No entanto, é importante lembrar que a experiência de colônias manterem os laços de subordinação à Mãe Pátria, em um contexto de quebra imperial e em razão de interesses escravistas, já havia ocorrido antes no espaço caribenho. Durante toda a crise que conduziu à independência das colônias continentais inglesas na América do Norte, a zona caribenha se conservou fiel ao império britânico. Andrew O'Shaughnessy explorou com cuidado as raízes da opção antilhana pela lealdade à ordem imperial. Segundo seu trabalho, a Grã-Bretanha permaneceu sempre como a referência cultural, social e política básica para os que investiam nas *West Indies*, algo que se expressava na prática generalizada do absenteísmo senhorial, na arquitetura rural e urbana, no fato de os filhos dos que optavam por residir nas ilhas serem enviados para estudar na Inglaterra e não nas instituições de ensino das colônias continentais. Os estreitos laços com a Grã-Bretanha, assim, obstaram a construção de um senso de identidade americana que pudesse ser politizado pelo reduzido grupo de brancos livres residente nas ilhas ou que por lá haviam passado.

Mas, não só. Diante da ameaça dos inimigos externos (como França e Espanha) e, sobretudo, internos, as Antilhas inglesas dependiam do forte apoio militar metropolitano. O risco concreto de revoltas escravas em larga escala, experimentado em diversas ocasiões em todas as ilhas caribenhas, cimentou a adesão à Inglaterra. A conjuntura de rebeldia negra aguda nas décadas de 1760 e 1770 aumentou a receptividade dos colonos das *West Indies* às tropas metropolitanas estacionadas nas ilhas e financiadas com recursos locais. Ao contrário do que sucedeu nas colônias continentais, no Caribe os militares britânicos nunca foram vistos como símbolo da opressão. No plano econômico, as percepções sobre o papel da metrópole eram igualmente distintas. As colônias açucareiras inglesas, em face da competição de suas rivais francesas, dependiam da reserva do mercado consumidor metropolitano. Os porta-vozes antilhanos, ademais, criticavam duramente a prática generalizada de contrabando das colônias continentais com os franceses. Com muita razão, o endurecimento da política comercial e tarifária após a Guerra dos Sete Anos foi lido, na América do Norte, como resultado direto do *West Indian lobby* no Parlamento Britânico.[28]

Algumas dessas razões, em especial as que se reportavam ao conjunto das relações escravistas, fizeram-se sentir em Cuba no contexto das independências das colônias espanholas no continente. Houve, contudo, uma assimetria considerável entre o processo de quebra imperial que ocorreu com a Grã-Bretanha e o que ocorreu posteriormente com a Espanha. Os colonos ingleses no Caribe, ao se manterem fiéis à sua monarquia, procuraram preservar, na defensiva, uma estrutura escravista que fora construída na segunda metade do século XVII, ao passo que os cubanos, na quadra revolucionária inaugurada em 1790, pretendiam erigir, na ofensiva, uma nova conformação societária e econômica lastreada na escravização maciça de africanos.

Vale desenvolver a ideia do último parágrafo. A Guerra de Independência dos Estados Unidos e, posteriormente, a Revolução do Haiti (como ficariam conhecidos os eventos revolucionários de Saint-Domingue após 1804) trouxeram uma disjunção profunda no tempo histórico do mundo atlântico, inaugurando

---

[28] Cf. A. J. O'Shaughnessy. *An Empire Divided. The American Revolution and the British Caribbean.* Philadelphia: University of Pennsylvania Press, 2000.

simultaneamente o declínio da escravidão colonial caribenha francesa e inglesa e a ascensão dos novos espaços escravistas do século XIX. Noutras palavras, o período entre as décadas de 1780 e 1820 compreendeu tanto a crise da estrutura histórica do escravismo do Sistema Atlântico do Noroeste Europeu – cuja base geográfica estava nas Antilhas Inglesas e Francesas – como a montagem da nova estrutura histórica do escravismo oitocentista – cuja base geográfica passou a residir no Sul dos Estados Unidos e nas áreas do Atlântico Ibérico (Cuba e Brasil), que refundaram a escravidão em novos arranjos institucionais.[29]

A revolução nos Estados Unidos, além de demonstrar para todos aqueles que viviam em colônias que era possível romper os laços de subordinação às suas metrópoles e construir novas unidades políticas soberanas, impulsionou a formação do movimento antiescravista na Inglaterra, na década de 1780. Se a cisão imperial conduziu, nos Estados Unidos, ao fortalecimento institucional da escravidão, no Caribe Britânico ela enfraqueceu sobremaneira a posição política dos interesses escravistas. Para esse último grupo, "o estado imperial emergiu após a Revolução Americana mais como um antagonista permanente do que como um aliado confiável".[30] No Caribe Francês, o impacto da revolução norte-americana foi indireto, porém não menos decisivo. Como se sabe, o envolvimento da França no conflito imperial, entre 1776 e 1783, esteve na raiz do processo que levou à eclosão da Revolução Francesa, em 1789. As forças liberadas na metrópole se potencializaram no chão explosivo do Caribe,

---

[29] Cf. Tomich, *Through the Prism of Slavery*, pp. 75-136.

[30] A citação foi retirada de Christopher L. Brown. "The Politics of Slavery". In: D.Armitage; M.J.Braddick (org.) *The British Atlantic World, 1500-1800*. Nova York: Palgrave-Macmillan, 2002, p. 229. Veja também O'Shaughnessy, *An Empire Divided*, pp. 238-48.

tendo por epicentro a mais próspera colônia europeia de então, Saint- Domingue, responsável por cerca de um terço da produção mundial de açúcar e metade da produção mundial de café, com base na exploração de uma massa de trabalhadores escravizados que se aproximava da casa do meio milhão.[31]

Não é esse o lugar apropriado para sumariar o processo revolucionário que encerrou, em 15 anos, o domínio francês e o próprio escravismo naquela colônia, levando à proclamação do segundo Estado independente do Novo Mundo, o primeiro totalmente livre da escravidão. O que interessa destacar é o impacto da Revolução do Haiti sobre o movimento antiescravista inglês e, em especial, sobre a ilha de Cuba. No primeiro caso, tal como em praticamente todo o mundo atlântico de então, os acontecimentos ocorridos na colônia francesa deram origem ao receio entre autoridades e senhores de que os escravos das colônias inglesas poderiam seguir o exemplo de seus pares de Saint- Domingue. A recusa do Parlamento britânico, em 1792, em aprovar a petição pelo fim do tráfico de escravos, e as guerras da década de 1790, ao acirrarem o sentimento patriótico na metrópole, forçaram o movimento antiescravista inglês a um recuo temporário, que, não obstante, foi importante para os abolicionistas reverem suas táticas. Rebatendo a afirmativa dos senhores de escravos e seus asseclas metropolitanos de que a abolição do tráfico estimularia os cativos das Antilhas britânicas a seguirem o exemplo dos revoltosos de Saint-Domingue, os antiescravistas passaram a arguir que o fim do trato

---

[31] Sobre a Revolução do Haiti, veja a boa síntese recente de Laurent Dubois. *Avengers of the New World. The Story of the Haitian Revolution.* Cambridge, Mass: Belknap Press of Harvard University Press, 2004.

transatlântico evitaria exatamente uma revolta de tal porte, ao impedir a entrada de novas massas de africanos nas colônias inglesas. Nos primeiros anos do século XIX, a crise das colônias francesas rivais, o fracasso da expedição napoleônica para reinstituir a escravidão em Saint-Domingue, a proclamação da independência do Haiti e o completo domínio naval inglês sobre o Atlântico abriram o caminho para a aceitação da plataforma dos abolicionistas pelas autoridades públicas. Tornou-se então evidente que o fim da importação de cativos da África era apenas uma questão de tempo.[32]

Sobre a ilha de Cuba, o impacto da Revolução do Haiti foi de natureza distinta. O colapso da maior produtora mundial de açúcar e café abriu enormes oportunidades para a conversão definitiva de Cuba em uma colônia escravista de ponta, algo que foi percebido com clareza pela oligarquia havaneira. O melhor índice disso se encontra em um texto central para a conformação do universo ideológico daquele grupo, o *Discurso sobre la agricultura de la Habana y medios de formentala*, de Francisco de Arango y Parreño, certamente o mais articulado representante dos senhores de escravos cubanos ilustrados da passagem do século XVIII para o XIX. Filho da elite *criolla*, Arango nasceu em Havana em 1765; em meados da década de 1780, seus pais o enviaram a Madri para estudar e, nesse período, entrou em contato com os principais escritos econômicos da ilustração europeia. Com 24 anos, tornou-se *Apoderado General* do *ayuntamiento* de Havana em Madri. Foi neste cargo que, em janeiro de

---

[32] Cf. Michael Duffy. "The French Revolution and British Attitudes to the West Indian Colonies". In: D.P.Geggus; D.B.Gaspar (org.) *A Turbulent Time. The French Revolution and the Greater Caribbean*. Indianápolis: Indiana University Press, 1997, pp. 81-93; Blackburn, *The Overthrow of Colonial Slavery*, pp. 300-10.

1792, Arango finalizou seu *Discurso sobre la agricultura de la Habana*, na verdade uma representação endereçada ao rei.[33]

O propósito central do texto foi indicar os meios mais adequados para Cuba se aproveitar do vácuo no mercado mundial de produtos tropicais, acarretado pela revolta dos escravos de Saint-Domingue iniciada seis meses antes. A colônia espanhola não deveria se valer apenas de modo passageiro da conjuntura aberta com os eventos revolucionários franceses. O momento deveria ser utilizado para transformar profundamente a agricultura cubana, com vistas à tomada do antigo lugar ocupado pela colônia de Saint-Domingue como a maior produtora mundial de artigos tropicais. A mais importante proposta de Arango formulada na ocasião foi a defesa da promoção do tráfico negreiro direto entre África e Cuba. Apesar de liberado pela Coroa desde 1789, o tráfico continuou a ser controlado pelos antigos fornecedores ingleses, que limitavam propositadamente seu volume para elevar os preços dos cativos. Na avaliação de Arango, o tráfico feito por mercadores hispano-cubanos reduziria substancialmente os custos da mão-de-obra escrava na ilha. Em seguida veio a proposta para liberar o comércio externo cubano, o que facilitaria a importação de maquinário açucareiro e as saídas do açúcar cubano para além das fronteiras do império.

Tais temas foram apresentados em uma chave que compreendia o tempo dos espanhóis em defasagem ao de seus rivais ingleses e franceses. A filiação de Arango às diretrizes mais amplas do reformismo ilustrado ibérico era explícita, como se

---

[33] A bibliografia sobre Arango é enorme. Uma boa análise de sua trajetória e pensamento econômico pode ser encontrada em Dale Tomich. "A Riqueza do Império: Francisco Arango Y Parreño, Economia Política e a Segunda Escravidão em Cuba". In: *Revista de História*. 149 (2): pp. 11-43, 2° sem. 2003.

observa no fato de a comparação entre os impérios ultramarinos ter dado a tônica do discurso. "Em cada ponto do quadro comparativo que acabo de delinear", escreveu, "estamos em igual distância que há de dez para um". Os exemplos pregressos do Atlântico do Noroeste Europeu indicavam que era plenamente possível acelerar o tempo histórico. Face ao ceticismo daqueles que diziam ser impossível a Cuba tomar o lugar que até então fora de ingleses e franceses, Arango remetia seus leitores "à história. Vejam, nela, a Jamaica crescer em pouquíssimos anos; o Saint-Domingue francês formar em menos de trinta anos todo o fundo de riquezas que possuía antes da insurreição de seus escravos". O colapso de Saint-Domingue abria a possibilidade de recriação do escravismo cubano em novas bases ou, noutros termos, a construção de uma nova estrutura histórica, fundada no tráfico negreiro transatlântico controlado por mercadores nacionais e no livre-comércio com o mercado mundial.

Ciente do que estava envolvido na importação em larga escala de cativos ("a insurreição dos negros de Guarico [Saint-Domingue] alargou o horizonte de minhas ideias"), Arango propôs igualmente medidas que se antecipariam aos riscos contidos na alteração futura da configuração demográfica de Cuba, "para o tempo em que cresça a fortuna da ilha e tenha dentro de seu recinto quinhentos ou seiscentos mil africanos". A principal delas consistiu no enrijecimento das barreiras raciais, alterando assim o conteúdo das relações sociais escravistas que vigorara na ilha até 1790. Isto se daria, de início, por meio da desmobilização progressiva dos batalhões de *pardos* (mulatos) e *morenos* (negros). Arango entendia que os veteranos desses destacamentos, quando retirados ao campo, tenderiam por causa da identidade de cor a se unir aos escravos na contestação à ordem escravista ("todos são negros; pouco mais ou pouco menos têm as mesmas queixas e o mesmo motivo para viverem desgostados de nós"). Para funcionar a contento, entretanto, a medida de endurecimento das barreiras raciais deveria ser acompanhada pelo fomento da imigração branca.[34]

A despeito dos esforços recentes de alguns especialistas que procuraram relativizar o peso de Arango na história cubana, creio que há razões de sobra para afirmar que seu texto teve caráter de fundação. Ele pode ser tomado como o ponto de chegada das demandas históricas dos interesses escravistas sediados em Havana e, ao mesmo tempo, o ponto de partida da construção de uma nova realidade colonial, a contrapelo dos projetos de outros grupos insulares que lhes eram opostos. Nos anos que se seguiram, todas as propostas que apresentou a Carlos IV foram colocadas em prática, de imediato ou em prazo mais dilatado. Para os objteivos deste artigo, é importante destacar ainda como Arango apreendeu as relações entre Cuba e Espanha. Logo nas palavras iniciais de seu *Discurso* de 1792, quando ressaltou ao rei o caráter urgente das medidas a serem tomadas para dinamizar a economia escravista cubana, Arango desculpou-se do tom reivindicatório escrevendo que "se me excedo em dita súplica, não é por meu interesse: repito que é pelo de V.M., que consiste em aproveitar esse momento, o único em que pode dar-se um fomento incrível à riqueza nacional, o que é o mesmo que à agricultura de Cuba". Por conseguinte, quando se reportou à *riqueza nacional*, Arango referiu-se, a um só tempo, a Cuba e Espanha. Cuba era parte de um todo maior, a nação espanhola,

---

[34] Todas as passagens citadas nos parágrafos acima foram retiradas de Francisco de Arango y Parreño. "Discurso sobre la Agricultura de La Habana y medios de fomentarla." In: *Obras*. Habana: Ministerio de Educación, 1952, 2t. 1, pp. 114-74.

que por sua vez era um corpo político que englobava tanto o território peninsular como o insular. A *riqueza nacional* seria a riqueza simultânea de Cuba e Espanha, a ser incrementada pela escravidão e pelo tráfico negreiro transatlântico.

A construção política da escravidão cubana na crise do Atlântico Ibérico

A radicalização da Revolução do Haiti na década de 1790 e nos primeiros anos do século XIX foi acompanhada de perto, em Cuba, por todos seus setores sociais (senhores, escravos, camadas livres nas cidades e no campo), não obstante os esforços dos homens de Estado para reprimir a difusão das notícias a respeito daqueles eventos. Os canais de circulação dos informes foram os mais diversos. Ofícios secretos remetidos por autoridades coloniais que eram vazados por seus mensageiros, relatos pessoais de soldados que combateram republicanos e escravos rebeldes, depoimentos de refugiados da colônia espanhola de Saint-Domingue e notícias publicadas pela *Gaceta de Madrid* mantinham os cubanos a par de todos os acontecimentos da ilha vizinha. Além disso, alguns dos principais membros da oligarquia havaneira tiveram experiência direta de terreno. O marquês de Casa Calvo, por exemplo, comandou o regimento de Havana enviado a Saint-Domingue; como governador de Fort Dauphin (povoado francês na parte norte da colônia, conquistado pelos espanhóis), testemunhou, em julho de 1794, o massacre de cerca de 700 brancos pelas tropas negras de Jean-François. Arango também visitou Saint-Domingue, chefiando uma comissão diplomática enviada pelo capitão general de Cuba, marquês de Someruelos. Sua estadia se deu entre os meses de abril e maio de 1803, quando as tropas de Napoleão estavam sendo duramente batidas pelo exército de ex-escravos.[35]

Como bem ressaltou Ada Ferrer, "o exemplo do Haiti levou as elites coloniais e escravistas a reavaliar a sociedade local e a considerar sua própria população, geografia e relações sociais tendo em mente o Haiti". O impacto de Saint-Domingue, assim, trouxe não apenas uma oportunidade econômica ímpar, como também incitou o fortalecimento da ordem escravista interna de Cuba por meio da elaboração de novos mecanismos de controle e segurança. As preocupações com as cifras demográficas (parte importante do argumento pró-tráfico negreiro esgrimido pela oligarquia havaneira) e com a distribuição da população pela ilha estimularam a produção de censos bastante cuidadosos e o esquadrinhamento minucioso do território cubano. O contraste com a América portuguesa, onde as notícias do Haiti chegaram pelos homens de Estado residentes em Portugal, é notável: por aqui, a ausência dos canais de informação presentes no espaço caribenho tornava o Haiti um exemplo distante, com pouco impacto para a delineação das opções políticas dos senhores de escravos brasileiros.[36]

No fim da década de 1800, a Revolução do Haiti adquiriu mais fortemente cores de risco político em Cuba, com o início do processo de independência da América Espanhola – vale dizer, com a crise definitiva do Sistema Atlântico Ibérico – e o avanço do abolicionismo inglês. No primeiro caso, a contestação ao

---

[35] Cf. Ferrer, "Cuba en la sombra de Haití: noticias, sociedad y esclavitud", pp. 179-231. O relato da "Comisión de Arango en Santo Domingo", finalizado em 17 de julho de 1803, encontra-se em suas *Obras*, v. 1, pp. 344-83.

[36] Cf. Matthias Röhrig Assunção & Michael Zeuske. "'Race', Ethnicity and Social Structure in 19th Century Brazil and Cuba". In: *Ibero-Amerikanisches Archiv*, 24 (3/4): 375-443, 1998, p. 440.

colonialismo espanhol em lugares como a Nova Espanha, Caracas e Buenos Aires envolveu, já entre 1808 e 1811, mobilização militar de cativos, libertos e seus descendentes. No segundo caso, o fim do tráfico transatlântico de escravos para o império britânico, em 1807, levou o movimento antiescravista a voltar suas baterias contra Portugal e Espanha, no exato momento em que os espanhóis passaram a controlar diretamente o trato negreiro para Cuba. Nesses anos, ademais, entrou em jogo uma terceira variável: desde 1808, emissários norte-americanos, a mando dos presidentes Thomas Jefferson e James Madison, vinham buscando contatar senhores e autoridades coloniais cubanas – incluindo Someruelos – para sondar a possibilidade de anexar a ilha aos Estados Unidos.[37]

O arranjo institucional que definiu a posição de Cuba como colônia fiel à Espanha foi construído nessa quadra. Justamente quando o tráfico negreiro transatlântico para Cuba tornou-se "nacional", isto é, controlado por mercadores hispano-cubanos, sua legitimidade passou a ser questionada. O problema surgiu por ocasião das primeiras Cortes Constitucionais de Cádiz, instituídas em 1810. Em 26 de março de 1811, um representante da Nova Espanha, Miguel Gurudi y Alcócer, apresentou às Cortes um projeto de lei que previa a abolição imediata do tráfico negreiro transatlântico, a liberdade das futuras crianças nascidas de ventre escravo, o direito legal do cativo à alforria e medi-

---

[37] Cf. Timothy Anna. "A Independência do México e da América Central"; David Bushnell. "A Independência da América do Sul Espanhola". In: Bethell, L. (org.) *História da América Latina. Vol.III: Da Independência até 1870.* (trad.port.) São Paulo: Edusp-Brasília: Fundação Alexandre de Gusmão, 2001; Ramiro Guerra y Sanchéz, *Manual de Historia de Cuba* (1ª ed: 1938). Havana: Editorial de Ciencias Sociales, 1971, pp. 205-33; David Murray, "The Slave Trade, Slavery and Cuban Independence". In: *Slavery and Abolition,* 20 (3): 106-26, dez. 1999, pp. 110-111.

das legislativas para garantir o bom tratamento pelos senhores. Na semana seguinte, a 2 de abril, o representante peninsular Agustín de Argüelles propôs uma lei menos radical, que se limitava à abolição imediata do tráfico de escravos para as colônias espanholas.[38]

A reação dos interesses escravistas cubanos foi imediata. Já na sessão em que fora apresentado o projeto de Argüelles, o deputado cubano Andrés de Jáuregui alertou para o risco de publicar o conteúdo desse debates no "Diário das Cortes". Segundo o deputado, a ilha de Cuba, "em especial Havana, a quem represento", passava por um período de "profunda tranquilidade", enquanto "movimentos demasiados funestos e conhecidos de V.M." sacudiam "uma grande parte da América" – uma referência direta à revolta popular de Morelos na Nova Espanha e às insurgências em Caracas e Buenos Aires. Em uma pergunta retórica ameaçadora, indagou Jáuregui: "nos exporemos a alterar a paz interior de uma das mais preciosas porções da Espanha ultramarina?". Ainda em tom de intimidação, concluiu: "lembre-se V.M. da imprudente conduta da Assembleia Nacional da França e dos tristes e fatais resultados que produziu, ainda mais de seus exagerados princípios, nenhuma reflexão... digo mais, a precipitação e inoportunidade com que tocou e conduziu um negócio semelhante".[39] A experiência revolucionária france-

---

[38] Retomo, neste e nos próximos parágrafos, a interpretação que apresentei em outro artigo, escrito a quatro mãos com Márcia Regina Berbel: "La esclavitud en las experiencias constitucionales ibéricas, 1810-1824". In: Ivana Frasquet (org.) *Bastillas, cetros y blasones. La independencia en Iberoamérica*. Madri: Fundación Mapfre, 2006.

[39] Cf. "Documentos de que hasta ahora se compone el expediente que principiaron las Cortes extraordinarias sobre el tráfico y esclavitud de los negros" (1ª ed: 1814). In: Francisco de Arango y Parreño. *Obras*. Havana: Ministerio de Educación, 1952, 2v. t.II, pp. 230-231.

sa, assim, convertia-se na boca de Jáuregui em peça de defesa do tráfico negreiro transatlântico e da ordem escravista cubana.

Em uma clara indicação do concerto que havia entre o deputado cubano em Cádiz e as autoridades metropolitanas em Cuba, discutiu-se em sessão secreta das Cortes, no dia 7 de julho, uma carta do capitão general de Cuba, marquês de Someruelos, na qual informava que a divulgação das proposições de Argüelles, feitas em 2 de abril e publicadas nos Diários das Cortes, haviam provocado enorme inquietação na ilha. Panfletos e jornais anunciavam o risco de uma revolução como a de Saint-Domingue. Someruelos pedia, então, que a discussão sobre o tema não mais fosse veiculada publicamente. Sua mensagem era clara: se as Cortes de Cádiz continuassem a tratar da escravidão negra, a lealdade política dos senhores cubanos à Espanha poderia ficar irremediavelmente comprometida.[40]

Uma resposta mais longa aos projetos de Alcócer e Argüelles veio à luz em 20 de julho de 1811, com a declaração pública conjunta do *ayuntamiento*, do Real Consulado e da Sociedade Econômica dos Amigos do País de Havana, redigida pelo eminente porta-voz dos proprietários havaneiros, Francisco de Arango y Parreño. O documento expressava uma leitura bastante aguda de seu autor a respeito da política internacional da escravidão e das experiências constitucionais e parlamentares da Inglaterra, dos Estados Unidos e da França, sintetizando ainda grande parte do repertório pró-escravista que vinha sendo elaborado no espaço atlântico, desde fins do século XVIII. Nele,

---

[40] A carta de Someruelos está reproduzida nos "Documentos de que hasta ahora se compone el expediente que principiaron las Cortes extraordinarias sobre el tráfico y esclavitud de los negros", pp. 233-234. Sobre a articulação entre as ações de Jáuregui em Cádiz e a carta de Someruelos, veja Piqueras Arenas, "Leales en época de insurrección", pp. 194-195.

Arango afirmou que as Cortes não tinham legitimidade para tratar do assunto e, para comprovar o ponto, lembrou os procedimentos que haviam sido seguidos nos Estados Unidos e na Inglaterra, onde a questão fora discutida exaustivamente por duas décadas com participação ativa dos interesses escravistas. Nos próprios acordos diplomáticos recém-assinados entre Inglaterra e Portugal, "a Corte do Brasil – não obstante ser hoje uma província inglesa – não fez outra coisa sobre o assunto do que um oferecimento vago e indeterminado de abolir este comércio". Já nas Cortes de Cádiz, afora o fato de as deputações das províncias da América estarem sub-representadas, Argüelles propôs o fim imediato do tráfico. Em uma sequência de perguntas retóricas que explicitavam o tema da fidelidade política de Cuba à Espanha, Arango indagou se as Cortes poderiam interferir "no sagrado direito da propriedade, adquirida em conformidade das leis da propriedade, (...), cuja inviolabilidade é um dos grandes objetos de toda associação política, e um dos primeiros capítulos de toda Constituição? Podem tocar-se tão espinhosos, tão respeitáveis pontos quando com especialidade se dirigem aos maiores interesses de todos os habitantes de várias províncias; de várias províncias submissas entre tantas que não o são, e que estão no catálogo das que não completaram sua representação no Congresso?".[41]

Diante das pressões dos representantes escravistas cubanos, que mobilizaram habilmente o tema da lealdade cubana à monarquia e o espectro de Saint-Domingue para frear o impulso antiescravista presente em Cádiz, os projetos de Alcócer e Argüelles foram retirados de pauta ainda em 1811. A vitória

---

[41] Francisco de Arango y Parreño. "Representación de la Ciudad de La Habana a las Cortes Españolas" (1811). In: *Obras.*, t. II, p. 151.

cubana na matéria do tráfico e da escravidão esteve relacionada, ainda, a outro ponto fundamental dos debates constitucionais: as definições referentes à cidadania. Sintetizadas nos artigos 22 e 29 da Constituição, elas resultaram de uma longa discussão ocorrida em setembro de 1811 e da derrota completa dos representantes americanos. Os artigos remetiam à população de origem africana do Novo Mundo e adotavam critérios bastante rígidos para a concessão do título de cidadãos aos habitantes marcados por essa herança, que praticamente os excluíam da cidadania e do censo populacional.

O tema das castas foi um dos mais importantes pontos de divergência entre espanhóis europeus e americanos, pois se reportava ao número dos representantes do Novo Mundo na reunião constituinte. A população americana, então estimada em 15 ou 16 milhões, era composta de 6 milhões de índios e 6 milhões de mestiços livres, integrantes das castas. Entre estes últimos, confundiam-se aqueles cuja origem era estritamente indígena e espanhola com aqueles cujos antepassados, de origem africana, haviam sido escravos. Os representantes de todas as províncias americanas foram incisivos em alertar sobre os perigos implícitos na exclusão desses homens do direito de cidadania: nessas regiões, afirmavam, a medida dividiria um setor indiferenciado da população, sempre integrado em serviços úteis à pátria, transformando-os em poderosos inimigos internos, naqueles difíceis tempos de solidificação da unidade nacional.

Signatário da proposta vencedora dos liberais peninsulares e inscrita na Constituição aprovada em 1812, o deputado cubano Andrés de Jáuregui foi o único dissidente entre os americanos. Sua escolha pela exclusão de negros e mulatos livres dos direitos de cidadania política era expressão clara do projeto escravista que a oligarquia havaneira vinha impondo em Cuba desde o início da década de 1790, que conjugava a defesa da ampliação do tráfico negreiro transatlântico com a do enrijecimento das barreiras raciais internas.

As discussões sobre o cativeiro negro e os direitos de cidadania das castas em Cádiz tiveram grande repercussão nas Américas. A "racialização" do tema da cidadania impulsionou o movimento de independência em grande parte das colônias americanas após 1810 e, não por acaso, os revolucionários americanos das regiões com maior aporte de afro-descendentes livres responderam à formulação excludente dos deputados peninsulares elaborando seus próprios mitos de inclusão racial.[42] As contestações às deliberações gaditanas se fizeram sentir mesmo em Cuba, com um sentido inverso do que ocorreu no continente e da forma que seus deputados mais temiam. As discussões metropolitanas de 1810 e 1811 sobre cidadania e escravidão serviram de combustível para a conspiração de Aponte, um mulato livre, artesão e ex-capitão de milícias, que se inspirou no exemplo dos generais negros do Haiti e que conseguiu articular, contra os poderes escravistas da ilha, uma ampla frente revolucionária composta de escravos e negros e mulatos livres. As ações de contestação à ordem social escravista, levadas adiante pelos grupos raciais subalternos de Cuba no início de 1812, confirmaram para a elite havaneira o acerto das escolhas de seus representantes em Cádiz. Em 23 de maio de 1812, Jáuregui e Juan Bernardo O'Gavan, novo deputado cubano na Espanha, apresentaram um

---

[42] Ver, a respeito, os trabalhos de Marixa Lasso, "A Republican Myth of Racial Harmony: Race and Patriotism in Colombia, 1810-1812". In: *Historical Reflections/Réflexions Historiques*. 29 (1): 43-63, Spring 2003; "Race War and Nation in Caribbean Gran Colombia, Cartagena, 1810-1832". In: *American Historical Review*. 111 (2): 336-61, abr. 2006.

memorial às Cortes a respeito da conspiração de Aponte, repisando a argumentação de Arango sobre os riscos de a assembleia tratar do assunto. Nele, Jáuregui e O'Gavan argumentaram que a maior "ameaça à ilha de Cuba era a população livre de cor na cidade [de Havana], pessoas com mais habilidade que os escravos e com um certo grau de inteligência que foi usado para promover o movimento". A exclusão dos direitos de cidadania das castas, prosseguiam, tinha sido uma decisão mais do que acertada; de agora em diante, caberia às Cortes silenciar complemente o tema da escravidão.[43]

Em todo o quadro de crise da ordem colonial no continente, a fiel ilha apareceu como baluarte do constitucionalismo europeu. Em 13 de junho de 1812, a sessão das Cortes foi aberta com uma manifestação feita por Jáuregui: o Consulado de Havana enviava uma contribuição voluntária de 200 mil pesos para o auxílio da monarquia. Finalmente, em 9 de setembro de 1812, Jáuregui teve o prazer de anunciar ao Congresso que seu país era o primeiro onde se registrava a publicação e o juramento do texto constitucional na América. Diante da convocação para as Cortes Ordinárias, os cubanos haviam iniciado o processo eleitoral para a integração na nova legislatura de 1813 e manifestavam, assim, a total concordância com os termos estabelecidos no texto constitucional, que não tocara na questão do cativeiro. Não por acaso, um dos deputados eleitos nesta ocasião foi justamente o grande ideólogo da classe senhorial escravista cubana, Francisco de Arango y Parreño.

A derrota de Napoleão permitiu a Fernando VII voltar à Espanha e fechar as Cortes. Se o fim abrupto dessa primeira

---

[43] Cf. Childs, *The 1812 Aponte Rebellion in Cuba*, p. 147.

experiência constitucional espanhola instigou o movimento de independência nas províncias continentais da América Espanhola, em Cuba o afinamento de sua elite escravista à metrópole permaneceu sólido. Em realidade, o fechamento das Cortes em 1814 deu aos senhores cubanos uma certa sensação de segurança. Afinal, em novembro de 1813, voltaram a aparecer críticas à escravidão no plenário de Cádiz, desta feita apresentadas pelo deputado Isidoro de Antillón e retrucadas por Arango y Parreño.[44] O próprio ex-deputado Arango, aliás, não teve pudores em ingressar, já em 1815, em uma típica instituição do Antigo Regime espanhol revivida pela volta do absolutismo: neste ano, passou a fazer parte do Conselho das Índias. Na avaliação sua e de seus pares, a prática de conselhos fechados de um regime absolutista poderia trazer mais ganhos aos interesses escravistas de Cuba do que os espaços de opinião pública relacionados à política parlamentar e à imprensa livre.

As conquistas obtidas pelas classes senhoriais cubanas entre 1815 e 1819 bem demonstram o acerto dessa estratégia. Nas palavras de Manuel Moreno Fraginals, "para a plantocracia crioula, entre o final das Cortes e a revolução de Riego houve uma etapa de sossego e felicidade". Naquele lustro, os proprietários de engenhos obtiveram o direito de dispor livremente dos bosques cubanos (Real Cédula de 30 de agosto de 1815), até então supervisionados de forma estrita, para fins militares, pela

---

[44] Este foi o contexto imediato da publicação, em livro, dos "Documentos de que hasta ahora se compone el expediente que principiaron las Cortes extraordinarias sobre el tráfico y esclavitud de los negros". Veja, a respeito, Arthur F. Corwin, *Spain and the Abolition of Slavery in Cuba, 1817-1886*. Austin: The University of Texas Press, 1967, p. 25, e David Murray, *Odious Commerce. Britain, Spain and the Abolition of the Cuban Slave Trade*. Cambridge: Cambridge University Press, 1980, p. 34. Sobre a acomodação da elite escravista cubana à restauração de Fernando VII, veja Moreno Fraginals. *Cuba/España*, p. 162; Guerra y Sanchéz, *Manual de Historia de Cuba*, p. 244.

Marina espanhola; viram ser derrubado o estanco do tabaco (23 de julho de 1817) e decretado o livre-comércio total com mercadores estrangeiros (10 de fevereiro de 1818); finalmente, com a Real Cédula de 16 de julho de 1819 sobre realengos e baldios, ganharam sinal verde para reformular toda a estrutura agrária da ilha.[45] Essas medidas, que criavam condições institucionais adequadas para o deslanche da produção escravista de Cuba, vinham sendo demandadas por seus senhores desde fins do século XVIII. Como entender tantas conquistas, em tão pouco tempo e sob a restauração absolutista? A resposta é simples e já foi fornecida por outros historiadores. Na década de 1810, Cuba adquirira uma importância central para o colonialismo espanhol. Enquanto as guerras de independência no continente americano erodiam o império, as crescentes exportações cubanas de açúcar e café, alimentadas pelo tráfico negreiro transatlântico, davam esteio às finanças imperiais, então em estado calamitoso.[46] Fernando VII respondeu à fidelidade cubana atendendo às demandas históricas de seus senhores.

No entanto, em um ponto nevrálgico, a Coroa Espanhola pareceu ter rifado os interesses escravistas cubanos. Logo após o Congresso de Viena, a Grã-Bretanha encetou negociações bilaterais com a Espanha recuperando a plataforma que até então apresentara, ou seja, fim imediato do tráfico ao norte do Equador e seu encerramento completo em curto prazo. Submetida ao Conselho das Índias no início de 1816, a proposta britânica

---

[45] Sobre o decreto a respeito das matas, veja Moreno Fraginals, *O engenho*, v. 1, pp. 199-208, e Reinaldo Funes Monzote, *De bosque a sabana. Azúcar, deforestación y médio ambiente en Cuba: 1492-1926*, pp. 201-212. Sobre os demais decretos, veja Guerra y Sanchéz, *Manual*, pp. 251-252, e Moreno Fraginals, *Cuba/España*, p. 209 (a citação foi retirada deste último trabalho).

[46] Sobre as finanças imperiais, veja Josep M. Fradera, *Colonias para después de un imperio*. Barcelona: Edicions BellaTerra, 2005, pp. 25-54.

recebeu dois pareceres: a maioria dos conselheiros aceitou a demanda, ao passo que um grupo minoritário, reconhecendo a impossibilidade de fazer frente à Grã-Bretanha, advogou a continuidade do tráfico por, pelo menos, mais cinco anos. O Conselho de Estado Espanhol encampou a proposta minoritária, apresentando-a a Londres em março de 1816, com o acréscimo da exigência de uma indenização (a título dos negreiros capturados após 1810) de 500 mil libras esterlinas, mais um milhão para financiar a imigração europeia para Cuba. Os representantes britânicos, cientes de que esses recursos seriam utilizados para custear a guerra na América contra os independentistas, recusaram-na de imediato. As negociações só foram retomadas em fins de 1816, com base no consenso de que seriam instituídos direito de visita mútua e comissões mistas para julgamento dos negreiros apreendidos (conforme os termos do tratado que vinha sendo negociado com os portugueses). Na nova rodada de discussão, os espanhóis chegaram a uma proposta que concordava com a abolição total do tráfico em 1819 em troca de uma indenização de 600 mil libras, enquanto os ingleses se negavam a pagar mais do que 400 mil libras. A situação crítica da Espanha no verão de 1817 levou a aceitar a indenização ofertada pelos britânicos, com a contrapartida de encerrar totalmente o tráfico em maio de 1820. Tal foi o teor do tratado firmado em Madri, em 23 de setembro de 1817.[47]

Sua assinatura, pela Espanha, envolveu um canal de negociação paralelo com os escravistas cubanos. Um rápido exame de alguns dos discursos do período comprova a assertiva. Veja-se, em primeiro lugar, o conteúdo do voto em separado do Con-

---

[47] Cf. Murray, *Odious Commerce*, pp. 56-69.

selho das Índias, que embasou a proposta apresentada pelo Conselho de Estado à Grã-Bretanha, em março de 1816. Datado de 15 de fevereiro de 1816, atribui-se a redação final do documento a Francisco de Arango y Parreño. Como se viu, os conselheiros que o subscreveram discordaram do voto da maioria do Conselho: na avaliação deles, a Coroa Espanhola não poderia transigir com a abolição do tráfico em menos de cinco anos, isto é, antes de 1821. Se, por um lado, davam como favas contadas que o tráfico legal seria encerrado, em vista da constatação de que a Espanha nada poderia fazer contra o poderio naval inglês, por outro, esses conselheiros não se furtaram a advogar a legitimidade e a importância do tráfico para a economia cubana. O voto em separado apresentava uma defesa orgânica da escravidão, recorrendo a exemplos do mundo antigo, ao caráter benévolo do cativeiro negro no universo ibérico, à comparação entre a situação de Saint-Domingue e a situação cubana. Suas palavras finais, contudo, apontavam o caminho de uma barganha: dada a impossibilidade de impedir o fim do tráfico, os conselheiros solicitavam atenção de Fernando VII em relação ao livre-comércio geral para a ilha de Cuba.[48]

O tema foi desenvolvido largamente em outro informe produzido por Arango dentro do Conselho das Índias, no qual a política de d. João VI no Rio de Janeiro se convertia em instrumento de pressão para a elite escravista havaneira negociar com a Coroa espanhola. Segundo Arango, doravante o grande rival de Cuba seria a ex-colônia portuguesa: a "nova situação do Brasil", elevado no ano anterior à categoria de Reino Unido a Portugal, "tendo a seu serviço, sem inconvenientes nem obstáculos, e a preços

---

[48] Cf. Arango y Parreño, "Voto particular de varios Consejeros de Indias sobre la abolición del tráfico de esclavos", 15 fev. 1816, in: *Obras*, v. II, pp. 274-281.

ínfimos, todos os braços da África", com uma Marinha Mercante "tão considerável como econômica" que contava igualmente "com todas as facilidades e toda a proteção da inglesa", desfrutando por fim "do comércio livre de todas as demais nações conhecidas", alteraria muito em breve a composição do mercado mundial de artigos tropicais, sobretudo os do açúcar e do café. A diretriz a ser adotada por Fernando VII – que já não podia mais contar com as rendas do México – era uma só: "Cuba, não por privilégio, mas por rigorosa justiça e utilidade do Estado, necessita as vantagens concedidas ao Brasil". Cuba poderia elevar em muito as rendas repassadas à Espanha caso obtivesse o direito de comerciar livremente com estrangeiros, uma medida fundamental não apenas para a prosperidade da ilha, mas, sobretudo, para sua "futura segurança e duradoura união com a Mãe Pátria".[49]

O exemplo brasileiro se tornou corrente na pena dos porta-vozes dos senhores de escravos cubanos, em especial após a divulgação, em Cuba, do tratado anglo-português de 1817, que jogara para um futuro indeterminado o fim do tráfico transatlântico português. Em 21 de outubro de 1818, por exemplo, o Real Consulado de Havana endereçou a Fernando VII uma extensa representação. A comparação entre o conteúdo do tratado anglo-português com o tratado anglo-espanhol causara, conforme os signatários, "a sensação mais viva e amarga entre os fazendeiros e comerciantes desta ilha". A América portuguesa mudara de estatuto "desde que a Corte de Portugal transladou sua residência ao Rio de Janeiro: o Brasil, de seu estado de Colônia, passou a ser um império americano com possessões na

---

[49] Cf. Arango y Parreño, "Ideas sobre los medios de establecer el libre comercio de Cuba y de realizar un empréstimo de veinte millones de pesos", 25 ago. 1816, in: *Obras*, v. II, pp. 292-308.

África e na Europa". As enormes potencialidades naturais do Brasil, somadas ao fato de seus escravos custarem bem menos do que em Cuba dada a proximidade com a África, vinham sendo muito aproveitadas desde 1808: um amplo aporte de capitais de bancos, companhias e casas comerciais britânicas estava financiando a expansão de seus engenhos de açúcar, cafezais e fazendas de algodão. Na medida em que Brasil e Portugal faziam parte do império informal britânico, o tratado anglo-português de 1817 representava uma muito bem urdida ação contra a agricultura cubana: "a Inglaterra, que no mês de setembro exige da Espanha total e absoluta abolição do tráfico de escravos para o ano de 1820, no mesmo mês consente, ou mais bem concede a Portugal que o continue para a provisão de sua colônia sem limitação de tempo até a vontade de seu soberano". Inadvertidamente, Fernando VII caíra na armadilha inglesa. Manejando com habilidade a tese da fidelidade cubana à Espanha no quadro de colapso geral de seu mando sobre a América e a importância crescente de suas arcas para as finanças imperiais, o Consulado de Havana propunha – diante da comprovada má-fé britânica – a anulação pura e simples do tratado anglo-espanhol.[50]

O ministro das Relações Exteriores da Espanha, ciente dos riscos diplomáticos envolvidos, fez ouvidos moucos ao pedido do Consulado de Havana, porém a Coroa já vinha contemporizando com algumas medidas as insatisfações dos cubanos quanto ao Tratado de 1817. A primeira delas foi a própria Real Cédula de 10 fevereiro de 1818, permitindo o livre-comércio total para

---

[50] A "Representación del Consulado de la Habana de 21 de octubre de 1818" se encontra reproduzida integralmente em Eduardo Torres-Cuevas & Eusebio Reyes (ed.), *Esclavitud y Sociedad. Notas y documentos para la historia de la esclavitud negra en Cuba*. Havana: Editorial de Ciencias Sociales, 1986, pp.131-138.

Cuba: ainda que se tratasse do reconhecimento legal de uma situação que vinha vigorando de fato havia duas décadas, devemos lembrar que Arango, nos seus informes de 1816, atrelara uma medida (tratado com a Inglaterra) à outra (obtenção do livre-comércio). A segunda medida é de difícil documentação, mas nem por isso menos concreta. O historiador David Murray cita a esse respeito uma peça muito significativa: em carta de 1844 endereçada aos ministros das Relações Exteriores e da Marinha, o ex-capitão general de Cuba, Miguel Tacón, afirmou que, em 1818, uma ordem real fora remetida confidencialmente aos capitães generais de Cuba e Porto Rico, instruindo-os a, doravante, fazer vistas grossas às importações clandestinas de escravos, devido à imperiosidade deles para a agricultura colonial.[51]

O impulso imediato para a assinatura do tratado anglo-espanhol fora claramente o desespero de Fernando VII em manter de pé sua máquina de guerra na América, como bem o indicam as demandas espanholas por elevada indenização inglesa. O tratado de 1817 exigiu, assim, uma dupla costura: com os ingleses, para diminuir a pressão contra o tráfico e levantar fundos para combater a independência dos insurgentes do Novo Mundo; com os cubanos, para preservar a fidelidade em tempos difíceis. No último caso, o Brasil, tornado sede de um império transatlântico com um monarca que dava ampla guarida aos negócios negreiros, converteu-se em modelo para os proprietários cubanos. Não por acaso, a negociação entre Espanha e Cuba envolveu a aceitação, pela primeira, do livre-comércio legal e da manutenção do tráfico negreiro na ilegalidade. Mesmo com o Tratado de 1817, os interesses escravistas cubanos podiam afirmar que seus

---

[51] Cf. Murray, *Odious Commerce*, p. 85.

maiores ganhos haviam sido obtidos dentro dos marcos políticos do absolutismo e não no jogo livre e imprevisível do espaço parlamentar.

A segunda Revolução de Cádiz, iniciada em janeiro de 1820 com um motim de soldados, que se recusaram a ir para a América combater os insurgentes, reascendeu o problema do tráfico no jogo político espanhol. Ao reinstituir as Cortes – agora sediadas em Madri – e a Constituição de 1812, alguns revolucionários espanhóis voltaram a colocar em pauta a questão do comércio negreiro transatlântico para Cuba. Como forma de atrair as simpatias inglesas, propuseram a criação nas Cortes de Madri em março de 1821, de uma comissão para discutir meios capazes de acabar com as violações ao tratado antitráfico de 1817, como a inclusão de suas resoluções no novo Código Criminal a ser elaborado para a Espanha e suas províncias ultramarinas.[52]

Inteirada dos riscos que as novas Cortes poderiam trazer para a ordem escravista insular, a oligarquia havaneira instruiu seus representantes enviados à Espanha a defenderem a posição favorável ao tráfico negreiro. Um desses representantes foi o prelado Juan Bernardo O'Gavan, ex-deputado cubano nas Cortes de Cádiz e signatário da Constituição de 1812. Cânone da Catedral de Havana, professor do Seminário de San Carlos (instituição de ensino de eleição da oligarquia escravista havaneira), membro destacado da Sociedade Econômica dos Amigos do País, O'Gavan era um intelectual com grande prestígio na sociedade cubana. A resposta de O'Gavan às gestões antitráfico nas Cortes tornou-se pública em um opúsculo editado em Madri, em 1821, as *Observaciones sobre la suerte de los negros del África*.

---

[52] Cf. Murray, *idem*, pp. 82-83.

Nele, encontra-se a formulação mais acabada da ideologia pró-escravista elaborada em Cuba até a data, na qual a defesa da instituição se articulou de modo explícito ao projeto da elite escravista sobre o porvir político da ilha. Segundo O'Gavan, a comissão proposta nas Cortes carecia de legitimidade, pois não continha representantes das ilhas espanholas de Ultramar, argumento similar ao esgrimido por Arango, em 1811. Falando como representante do "país em que nasci", Cuba, O'Gavan não se encarava como um "defensor da escravidão", mas sim "do trabalho, sem o qual não há produção, nem população, nem força, nem riqueza, nem nenhum modo de aperfeiçoar a inteligência dos homens para lhes impedir que caiam na barbárie, no embrutecimento, em todas as desordens, em todas as misérias".[53]

A "defesa do trabalho" era um mero eufemismo para preservar com todas as letras o edifício escravista cubano. Para tanto, O'Gavan recorreu ao arrazoado clássico da ideologia escravista elaborada no espaço atlântico na segunda metade do século XVIII. Afora isso, ele voltou suas baterias contra o Tratado de 1817, segundo ele uma imposição imperialista da Inglaterra, interessada em enfraquecer os concorrentes de suas colônias escravistas caribenhas e abrir espaço para suas produções coloniais do Oriente. Em especial, o autor lembrou as implicações políticas caso o Tratado de 1817 fosse seguido de fato, como pretendia a comissão especial das Cortes. Segundo O'Gavan, para os senhores cubanos, havia três possibilidades de ação política, todas condicionadas pela decisão que as Cortes tomariam a respeito do tráfico negreiro. Caso preservassem o *negócio*, cuidando

---

[53] Juan Bernardo O'Gavan. *Observaciones sobre la suerte de los negros del África, considerados en su propia patria, y transplantados a las Antillas españolas: y Reclamacion contra el Tratado celebrado con los ingleses el año de 1817.* Madri: Imprenta del Universal, 1821, p. 4.

da *felicidade* e da *existência* de Cuba, a colônia seguiria sua experiência histórica de fidelidade à *Mãe Pátria*, isto é, à Espanha. No entanto, se fossem de fato encampadas "leis pouco meditadas e que dessem um golpe mortal à sua prosperidade", ou os cubanos seguiriam o caminho da independência (opção criticada pelo autor, em razão dos riscos que traria para a ordem escravista, como o exemplo das colônias continentais espanholas demonstrara), ou seguiriam o da anexação aos Estados Unidos, algo que vinha sendo aventado pelos presidentes daquela República desde o começo do século XIX e que contava com alguma receptividade em certos setores dos proprietários de escravos cubanos.[54]

A opção de O'Gavan era claramente pelo primeiro caminho, o que, na verdade, expressava de forma cabal o projeto da oligarquia escravista havaneira. Nos embates políticos das Cortes de Madri, foi justamente esta a plataforma que se tornou vitoriosa. Os demais projetos alternativos que estiveram em jogo no período foram todos derrotados. Um bom exemplo disso é o caso de Félix Varela, companheiro de O'Gavan no Seminário de San Carlos e representante cubano nas Cortes ordinárias de 1822 e 1823. Logo após a publicação do opúsculo de O'Gavan, Varela, já residindo em Madri, redigiu uma memória na qual criticava a escravidão negra e as leis que oprimiam negros e mulatos livres da ilha. O autor tinha em vista tanto o argumento pró-escravista de O'Gavan como a Constituição de 1812, que negava o direito da cidadania às chamadas "castas". Recorrendo ao espectro de Saint-Domingue, Varela afirmava que a carta de Cádiz aproximava os negros e mulatos livres e libertos dos escravos, criando entre esses

---

[54] Sobre os projetos anexionistas, ver Murray, "The Slave Trade, Slavery and Cuban Independence".

diversos setores subalternos um sentimento de identidade contra seus opressores brancos. Para evitar esse quadro explosivo, era fundamental não só ampliar os direitos de cidadania, revendo os termos da Constituição de 1812, como também garantir a liberdade a todos os escravos. Por essa razão, Varela anexou à sua memória um projeto de lei que previa o início imediato da abolição gradual da escravidão cubana (para ele, o fim do tráfico eram favas contadas, já garantido pelo Tratado Anglo-Espanhol de 1817).[55]

Como demonstrou recentemente o historiador Piqueras Arenas, Varela, em uma espécie de autocensura, jamais tornou pública sua memória. Conhecedor das demandas escravistas de seus eleitores e sem espaço político para apresentar suas propostas antiescravistas em Madri, Varela optou pelo silêncio sobre a matéria. Após o novo fechamento das Cortes em 1823, sua volta para Cuba tornou-se inviável, e ele acabou indo para o exílio, onde se converteu à causa da independência da ilha.[56] A elite escravista havaneira, por sua vez, não demonstrou qualquer contrariedade com o encerramento de mais uma experiência parlamentar na Espanha. Em meados de 1823, ao responder a um artigo do periódico *El Revisor*, editado por liberais moderados cubanos que, diante do colapso do constitucionalismo do Triênio, aventavam a possibilidade de seguirem o caminho da independência, Arango exprimiu com muita clareza como a oligarquia escravista havaneira compreendia o ciclo político que se

---

[55] O projeto de Varela encontra-se reproduzido em José Antonio Saco. *Historia de la Esclavitud desde los tiempos mas remotos hasta nuestros dias.* (2ª ed.) Havana: Editoral "Alfa", 1944, 6v. 5, pp. 158-175.

[56] Cf. José Antonio Piqueras [Arenas]. *Félix Varela y la prosperidad de la patria criolla.* Madrid: Fundación Mapfre-Ediciones Doce Calles, 2007, p. 46 *passim*.

fechava naquele momento. Em sua avaliação, o fim do regime constitucional de modo algum traria ruína a Cuba; muito pelo contrário, pois suas grandes conquistas foram obtidas nos "anos anteriores ao de 1820, sendo absoluto então o poder do rei".[57]

Em síntese, os critérios restritivos de cidadania definidos em 1812, peça importante para impulsionar o processo de independência das colônias continentais, contaram desde o início com o apoio dos escravistas cubanos. Os que se opuseram a esses critérios, como Varela, foram simplesmente excluídos do xadrez político insular. O contraponto residiu no silêncio dos deputados e monarcas espanhóis a respeito do tráfico negreiro transatlântico, ilegal desde 1820. Tanto liberais como absolutistas peninsulares sabiam que a fidelidade e os recursos que Cuba propiciava à Espanha dependiam da continuidade do infame comércio. O pacto entre os interesses escravistas insulares e os interesses colonialistas peninsulares seria reafirmado em diversas ocasiões críticas das décadas seguintes, como na consagração do princípio das faculdades onímodas dos capitães generais em 1825, na derrota dos projetos de independência em aliança com mexicanos e colombianos, na expulsão dos representantes cubanos das Cortes de Madri em 1837, nos eventos da Conspiração de La Escalera (1843-1844), no fracasso dos projetos de anexação na década de 1850. Tal equação política, que combinava

---

[57] Arango y Parreño, "Reflexiones de un habanero sobre la independencia de esta Isla (1823)", in: *Obras*, II, p. 352. Sobre o periódico *El Revisor*, veja Manuel Hernández González, "El liberalismo criollo cubano en el Trienio liberal: *El Americano Libre*". In: Imilcy Balboa & José A. Piqueras (ed.), *La excepción americana. Cuba en el ocaso del imperio americano*. Valencia: Centro Francisco Tomás y Valiente – Fundación Instituto Historia Social, 2006, pp. 236-237, e Guerra y Sanchéz, *Manual de Historia de Cuba*, p. 287. Sobre a posição da oligarquia escravista de Havana no Triênio Liberal, ver José A. Piqueras. "El mundo reducido a una isla. La unión cubana a la metrópoli en tiempos de tribulaciones." In: J. A. Piqueras (org.) *Las Antillas en la era de las Luces y la Revolución*. Madri: Siglo XXI, 2005, pp. 319-342.

tráfico ilegal – Cuba submetida à Espanha – constrição da cidadania para negros e mulatos livres, e que fora originalmente formulada nas duas primeiras experiências constitucionais espanholas, duraria até a década de 1860, isto é, até a Guerra dos Dez Anos, quando se iniciou efetivamente o processo de independência da outrora "sempre fiel ilha de Cuba".

Documento nº 1
˜
FRANCISCO DE ARANGO Y PARREÑO
OBRAS – VOLUME II

DISCUSSÃO SOBRE O COMÉRCIO DE ESCRAVOS REALIZADA NAS CORTES, EM 2 DE ABRIL DE 1811

Vejam-se as propostas em seus devidos lugares: como foi aprovada unanimemente a primeira do Sr. Argüelles sobre a tortura; enquanto à segunda, sobre a abolição do comércio de escravos, expressa o *Diário* que havendo alguns senhores proposto que passasse à Comissão de Constituição, foi dito:

O Sr. Mejía. Oponho-me absolutamente a semelhante determinação. As propostas do Sr. Alcocer passaram a esta Comissão porque compõem um caso diferente, que é o de abolir a escravidão, negócio que requer muita meditação, pulso e tino; porque libertar de uma vez uma imensa multidão de escravos, além de arruinar seus donos, poderá trazer desgraçadas consequências ao Estado; mas impedir uma nova entrada deles é uma coisa urgentíssima. Eu não farei mais do que indicar duas razões. Primeiro, existem muitas províncias na América cuja existência é precária em razão dos muitos escravos que, devido a novas entradas, aumentam dia a dia. Segundo, existe uma lei na Inglaterra que proíbe o comércio de negros em todos os domínios de Sua Majestade Britânica, responsabilizada pelo Parlamento de que em todos os tratados que celebre com as demais potências induza-as a fazer o mesmo. Em virtude deste encargo,

Vossa Majestade acaba de ver que existe um artigo expresso abolindo este comércio na aliança firmada com Portugal. Aguardaremos que nossos aliados venham diante de nós a mostrá-lo e a exigi-lo? Acrescente Vossa Majestade ao que foi dito que, supondo que as nações que têm relações conosco – ou seja, os ingleses, os portugueses e os norte-americanos – já tenham abandonado este tráfico, mas nós ainda estamos muito longe disso, pois sofreriam nossa Marinha e situação – ao aprovar esta proposta indicaríamos apenas o desejo de cumprir uma coisa justíssima, que deve seguir seu curso. Apenas quem tem o empenho de defender a própria fortuna, reduzindo milhões de homens ao nível de bestas, poderia encontrar nociva esta proposta; por esta razão Vossa Majestade deve dar-se pressa em sancioná-la. Enfim, é necessário que Vossa Majestade comece a aumentar a sua família tornando-a, dentro do possível, uniforme; e não o será nunca se souberem os egoístas que têm em suas mãos os meios de impedi-lo comprando insistentemente escravos, enquanto é o caso de proibir a sua entrada. Estaria muito bem passar este assunto à Comissão quando já se pensasse em abolir a escravidão, mas aqui se trata de impedir a entrada de mais negros. Oponho-me, pois, formalmente, a que se espere a Constituição, obra longa que, por mui pronto que se apresente, durará bastante tempo para dar frutos em meio a mil fraudes contra a mente de Vossa Majestade; e assim peço, para evitá-las, que o Senhor Presidente determine o quanto antes um dia para a discussão.

O Sr. Argüelles. Senhor, tampouco pode encontrar-se dificuldades em minha segunda proposta depois dos esclarecimentos do Sr. Mejía. Os termos nos quais foi concebida manifestam que não se trata de libertar os escravos das possessões da América, assunto que exige a maior circunspeção, visto o doloroso exemplo sucedido em São Domingos. Nela limito-me, por enquanto, a que se proíba somente o comércio de escravos. Para tranquilizar alguns senhores que poderiam dar um sentido diferente à proposta, exporei a Vossa Majestade as minhas ideias. O tráfico de escravos, Senhor, não é só oposto à pureza e a liberalidade dos sentimentos da nação espanhola, mas ao espírito de sua religião. Comerciar com o sangue dos nossos irmãos é horrendo, é atroz, é desumano; e o Congresso Nacional não pode vacilar um momento entre comprometer seus sublimes princípios e o interesse de alguns particulares. E ainda nem é possível assegurar que o deles será prejudicado. Entre várias reflexões alegadas pelos que sustentaram tão digna e gloriosamente na Inglaterra a abolição deste comércio, uma delas era profetizar que os próprios plantadores e donos de escravos experimentariam um benefício com a abolição, pois não podendo introduzir a partir daí novos negros, teriam de dar-lhes melhor tratamento para conservar os indivíduos; do que se seguiria necessariamente que, melhorada a condição daqueles infelizes, multiplicar-se-iam entre si com vantagem para si e para os seus donos; ainda que o tempo transcorrido desde a abolição seja relativamente curto, estou seguro de que a experiência justificou a profecia. O mesmo acontecerá com os donos dos nossos engenhos e com outros agricultores de Havana, Porto Rico, Costa Firme etc; e não é possível duvidar de que a proibição seria uma maneira de inclina-los a melhorar o cultivo por outro meio mais análogo ao que reclama a agricultura e mais digno dos súditos de uma nação que luta por sua liberdade e independência. E mais ainda, a oposição que os interessados possam fazer nada conseguiria, considerando a liberdade do Congresso sobre a melhoria da

América. Seria infrutífera, como o foi a que fizeram na Inglaterra os opulentos plantadores e traficantes de Liverpool e outras partes, que se conjuraram abertamente e por um espaço de vinte anos contra o digno e infatigável Wilberforce, autor do *bill* da abolição. Jamais esquecerei, Senhor, a memorável noite de 5 de fevereiro de 1807, na qual tive a doce satisfação de presenciar na Câmara dos Lordes o triunfo das luzes e da filosofia; noite na qual se aprovou o *bill* da abolição do comércio de escravos. Em consequência de tão filantrópica resolução, formou-se em Londres uma Associação, composta pelos defensores daquele *bill* e por várias outras pessoas respeitáveis, para fazer uma reparação pelos meios que fossem possíveis e indenizar as nações da África do ultraje e vexame que sofreram com tão infame tráfico. Seu objetivo é formar estabelecimentos científicos e artísticos nos mesmos lugares que antes eram mercado da espécie humana, levando-lhes, agora, toda espécie de cultura e civilização; e sua profunda sabedoria só excetuou a propaganda religiosa, preferindo deixar aos progressos da ilustração um triunfo que só pode ser obtido com convencimento e meios suaves. Convencido o Governo da Inglaterra de que o objetivo do *bill* não podia ser alcançado enquanto as nações da Europa e da América pudessem fazer por si este tráfico ou emprestassem seu nome aos comerciantes ingleses, resolveu interpor sua mediação às potências amigas a fim de que seus governos adotassem a abolição. Creio que aquele Gabinete tinha dado passos com a Suécia e a Dinamarca antes da guerra atual; e se não fez a Vossa Majestade igual proposta, foi porque naquela época tínhamos a desgraça de estar separados e, hoje em dia, porque Vossa Majestade ocupa-se com questões de maior urgência. Portanto, Senhor, não desperdice uma conjuntura tão feliz de dar a conhecer a elevação e a grandeza do seu olhar, antecipando-se a seguir o digno exemplo de sua aliada, para não perder o mérito de conceder espontaneamente à humanidade a reparação da afronta que exige a abolição do comércio de escravos.

O Sr. Jáuregui. Não é, Senhor, o interesse privado que exige com que fale de tão grave assunto. Aplaudo o zelo dos senhores pré-opinantes e ainda identifico-me com seus princípios e sentimentos, que são os meus. Mas, Senhor, será bom que um negócio como este seja tratado desta forma? Recordo a Vossa Majestade o que há poucos dias expus, com motivo de uma proposta muito semelhante a esta, pedindo que, pelas consequências que poderia ter na América, fosse discutida em segredo, para que não se publicasse no *Diário das Cortes* que por todo lado circula, e Vossa Majestade assim o resolveu. Não basta dizer que a presente questão se decidirá combinando todos os extremos e com o pulso e a prudência que caracterizam o Congresso. E assim creio e espero; mas o mal está em tratar-se em público; está em que inevitavelmente se antecipe o juízo de tantos interessados em um negócio tão delicado e que disso resultem as fatais consequências, pois é mais fácil e seguro chorar do que prevenir e remediar. A Ilha de Cuba e, especialmente, Havana, que represento, é a que mais se interessa por este ponto; todo aquele vasto território goza hoje de profunda tranquilidade. Com a notícia de que isto está sendo tratado sem que esteja acompanhado de uma resolução que concilie tantos interesses como exige este assunto, pode comprometer-se o sossego que felizmente reina em uma possessão tão interessante sob todos os aspectos. Movimentos demasiado funestos e conhecidos de Vossa Majestade agitam grande parte da América. E nos exporemos a alterar a paz interior de uma das mais preciosas porções da Espanha ultramarina? Longe de mim, Senhor, evitar que esta questão seja tratada. Quando chegar o dia, reconhecerão o que hoje me motiva a falar e quais são os sentimentos que meu coração abriga; mas não precipitemos as coisas; tratemo-as pela ordem que exige a prudência. Lembre-se, Vossa Majestade, da imprudente conduta da Assembleia Nacional da França e dos tristes e fatais resultados que produziu, mais do que os seus exagerados princípios, a falta de premeditação ... e digo mais, a precipitação e falta de oportunidade com que conduziu um assunto semelhante. Portanto, concluo, e sobre ele faço uma proposição formal, de que este assunto seja tratado por quem Vossa Majestade determine, mas precisamente em sessão secreta, para evitar as consequências que de outro modo hão de temer-se e que tão presente teve Vossa Majestade em outra sessão que citei; não se publicando tampouco no *Diário das Cortes* esta discussão.

O Sr. García Herreros. Apóio a proposição do Sr. Argüelles, mas gostaria de acrescentar algo. Se, acreditamos ser injurioso para a humanidade o comércio de escravos, o que dizer da escrava, infeliz criatura, que nasce de mãe escrava? Se não é justo o primeiro, muito menos o será o segundo. E assim, peço que se declare que não sejam filhos de escravos, porque, do contrário, perpetuar-se-á a escravidão, ainda que se proíba este comércio. Horroriza ouvir os meios vergonhosos utilizados para que estes desgraçados procriem. Com este infame objeto violam-se todas as leis do decoro e do pudor.

O Sr. Gallego. Isto acarreta outros inconvenientes, porque no final é uma propriedade alheia, que está autorizada pelas leis e que, sem uma indenização, seria injusto despojá-la de seu dono. Do que tratamos aqui é de abolir o comércio de negros. E uma coisa é abolir a escravidão, que foi o que decretou a Assembleia, e outra é abolir este comércio. Sobre a escravidão, tratar-se-á quando e com a circunspeção que corresponda. De qualquer maneira, estes assuntos devem ter toda a publicidade possível, especialmente se já indicados em público, seria muito prejudicial tratá-los em segredo. Portanto, é minha opinião que como não existem os inconvenientes que se temem e uma vez anunciados em público tais assuntos, que continuem também em público, a menos que me mostrem os prejuízos que supõem tratá-los desta forma.

O Sr. Pérez de Castro. Concordo com o modo de opinar do autor da proposição, só acrescentarei que, se o ponto em questão trata, segundo ela, unicamente de suprimir o comércio de escravos sem tocar por enquanto na escravidão, então não deve reservar-se para a Constituição, porque a ela não pertence. E que a supressão do referido comércio, recomendada por princípios de religião e de humanidade, não pode provocar reclamações dos nossos comerciantes, pois não são, em geral, os espanhóis os que se dedicam ao tráfico da escravidão.

O Sr. Aner. Este é um assunto que foi discutido na Inglaterra por muitos anos e finalmente acordou-se que se abolisse o comércio de escravos. Parece que a humanidade se interessa por isso, mas antes convém ater-se ao fato de que para as regiões da América é preciso ter um modo de compensar a falta de braços tão necessários para cultivar aquelas terras. Este é um assunto que necessita maior exame e uma longa discussão. E assim eu desejaria que se nomeasse uma Comissão para que propusesse o modo com que, abolindo o comércio de escravos, se remediasse a falta de braços úteis que semelhante abolição haverá de produzir na América. Quando esta matéria for discutida, darei meu ditame.

O Sr. Alcocer. As proposições que fiz sobre a escravidão são as mesmas do Sr. Argüelles e causa-me admiração que então se mandasse passar à Comissão de Constituição e agora se discutam. Minhas proposições reduzem-se a que se suavize a escravidão sem prejuízo de ninguém e sem que isto possa provocar nenhum transtorno. A primeira proposição é para que se circunscreva o comércio e acabe-se com a escravidão, porque não havendo comércio de escravos haverá de acabar-se a escravidão, ainda que seja daqui a cem anos. Insistindo, pois, em meus princípios, peço que se discuta minha proposição antes da formação da Comissão, pois não se deve temer de modo algum que aqueles se alarmem tratando-se de sua própria felicidade.

O Sr. Villanueva. No *Diário* deve publicar-se, de acordo com sua regra, tudo quanto se diz, omitindo unicamente o que a prudência diz ser inútil ou de nenhum interesse. Mandar omitir algum assunto – sobre desacreditar este papel, que deve merecer a confiança da nação em cujo benefício se estabeleceu – seria ridículo, pois assistiu à sessão numerosa plateia e os autores de outros periódicos.

O Sr. Mejía. Ao mandar que não se publique esta discussão no *Diário das Cortes* resultam três coisas: primeiro, que Vossa Majestade mande agora mesmo que todos os que assistiram à sessão não escrevam nada do que escutaram; segundo, que o autor do *Conciso* e demais papéis públicos onde fazem suas notas calem sobre o particular; e terceiro, que o *Diário das Cortes* perca o crédito que deve merecer.

Com isto, admitida à discussão a segunda proposição do Sr. Argüelles, mandou que se passasse a uma Comissão particular para que desse o seu ditame e também sobre como as proposições do Sr. Alcocer, recordando que tudo fosse publicado pontualmente neste periódico.

Documento nº 2

IDEIAS SOBRE OS MEIOS DE ESTABELECER O LIVRE-COMÉRCIO EM CUBA E DE REALIZAR UM EMPRÉSTIMO DE VINTE MILHÕES DE PESOS

Excelentíssimo Senhor:

A Soberana ordem que Vossa Excelência amavelmente comunicou-me em 3 do presente mês encontrou-me sem os documentos necessários e preciosos para dar-lhe cumprimento. Procurá-los e ordená-los consumiu grande parte do tempo transcorrido e não pouco me deteve a dificuldade de conciliar o preceito de Vossa Excelência com a letra de minha promessa. O que Vossa Excelência manda é que desenvolva minhas ideias sobre os meios de estabelecer como corresponde o livre-comércio em Cuba e de conseguir, pela concessão de tal privilégio, vinte e cinco milhões de pesos, e eu o que disse foi "que esse livre-comércio estabelecido como corresponde, depois de produzir o necessário para cobrir, não as abusivas, mas sim, as naturais obrigações daquela possessão, deve deixar uma sobra que seja suficiente para assegurar os créditos e a amortização de um capital de vinte milhões de duros, cujo empréstimo não seria difícil no estrangeiro com semelhante hipoteca".

Pode ser que me equivoque, mas noto três essenciais diferenças entre o que Vossa Excelência me exige e o que eu indicava. A primeira é quando Vossa Excelência indica a soma de vinte e cinco milhões, sendo vinte na qual eu me fixo. Segunda, parece-me que Vossa Excelência conta com que Cuba apreste

este capital e eu prometi que sacaria dali o correspondente aos *créditos* e *amortização*. E terceira, que Vossa Excelência considera esta soma como o preço de um *privilégio* e meu verdadeiro empenho no papel de Axiomas foi persuadir V.E. de que, seguindo as regras da justiça e da utilidade nacional, *Cuba deveria desfrutar do mesmo comércio que Málaga*.

É certo que entre as vantagens que esta pura liberdade oferece à nação recomendei com empenho o grande aumento do Erário e apresentei, por fim, a agradável perspectiva de realizar desde agora o auxílio já expresso; mas nem foi minha intenção revelar essa esperança como o preço por um privilégio, nem muito menos penso que este fosse, em nosso ânimo, o principal estímulo ou a razão capital. Indiquei alguma razão de atenção preferencial, mas eu, sem dúvida, não soube dar-lhe o valor que têm e necessito reforçá-las antes de chegar ao seu término, ou seja, ao auxílio indicado.

Eu prescindo do poderoso e, para mim, irresistível influxo que o atual estado do Novo Mundo e das potências da Europa deve ter na política e na economia mercantil de nosso Supremo Governo com respeito às suas Américas, mas como não me atrevo a colocar a mão em tão grande e triste quadro, é preciso, para a minha tentativa, que ao menos mostre os próximos e mui funestos resultados que forçosamente haverão de sentir-se no cultivo e no comércio de Cuba em razão da nova situação do Brasil, ou seja, devido ao novo estado em que seu governo o colocou; e isto demonstra que se não queremos arruinar o ponto mais importante das nossas Américas, ou seja, a ilha de Cuba, devemos rapidamente dar-lhe todas as vantagens concedidas ao Brasil ou, pelo menos, todas aquelas que caibam nas atribuições e poder do nosso rei.

É bem sabido que toda a fortuna dessa Ilha depende, agora, dos frutos que extrai, e com a mesma vantagem que a natureza os dá nessa terra, os produz também na do Brasil. Sabe-se também que muitos daqueles frutos não têm aplicação alguma em nossa metrópole, a saber, o melado, o rum, a cera e mesmo o algodão, e que o consumo de açúcar, café e anil da Península não chega anualmente a um décimo dos produtos de Cuba, e se continuar o seu fomento no ritmo em que está, a parte que o consumo da Metrópole tem sobre eles quase não aparecerá. E a consequência precisa destes antecedentes é que grande parte dessas produções vá - e por força devem ir - aos mercados estrangeiros a competir com os do mesmo tipo do Brasil.

Este [o Brasil], que tem a seu serviço, sem inconvenientes nem obstáculos e a preços ínfimos, todos os braços da África, não se contentou em chamar os brancos europeus dando-lhes liberdade de consciência, carta de natureza, segurança e outros privilégios; mas sim, por meio de seus embaixadores (*Gazeta de Madri*, de 8 de agosto deste ano), recruta em todos os lugares gente útil. O Brasil tem, além disso, uma Marinha Mercante tão considerável quanto econômica, e conta ao mesmo tempo com todas as facilidades e toda a proteção da inglesa. Desfruta igualmente e sem limitação alguma de tarifas, do livre-comércio com as demais nações conhecidas. Tem a proteção e o amparo do seu Soberano e conta, enfim, com a poderosa ajuda das demais e variadas produções daquele imenso e privilegiado solo, onde as melhores madeiras, as carnes e bestas úteis abundam tanto quanto os metais preciosos.

Nenhuma possessão da América, inclusive a dos Estados Unidos, jamais reuniu vantagens iguais e é preciso conhecer que, com tal poderoso impulso, os frutos coloniais daquele país, especialmente o açúcar e o café, chegarão a ultrapassar este cultivo na desgraçada parte francesa de São Domingos. E então, qual deve ser a sorte da infeliz Cuba se continuam as travas das nossas antigas leis, se segue com o peso enorme que Vossa Excelência pode ver nos documentos adjuntos de números 1 e 2?

Enquanto não se preencher o vazio que atualmente existe no consumo da Europa; enquanto vier menos açúcar do que o necessário para os seus mercados, todos venderemos bem e venderemos a um preço, com a diferença de que sendo infinitamente maiores os lucros dos brasileiros, os progressos de suas fazendas o serão em igual proporção. Mas, considerando o caso não tão remoto de que a quantidade de frutos coloniais exceda a do consumo atual, é evidente que quem puder vender por menos arruinará forçosamente a quem não puder igualá-lo.

Não é necessário esperar por essa simples experiência. Já a tivemos em 1787, 1788, 1789 e 1790, quando se viram repletos de açúcar os armazéns da Península sem saber o que fazer com a sobra de Havana; porque o privilegiado São Domingos não nos deixava lugar nos mercados estrangeiros. Sua ruína nos tirou, então, de embaraços, e nosso sábio governo que os expulsou e que justamente temeu que isto se repetisse, esqueceu, como devia, a estreiteza de suas antigas máximas e abriu em Havana, para o comércio estrangeiro, as diferentes portas que Vossa Excelência pode ver no documento que incluo com o número 3.

Digne-se, Vossa Excelência, a deter-se aqui para a sua justa consideração, e depois de comparar a notável diferença que existe entre aquelas circunstâncias e as críticas atuais, examine o tamanho dessas graças feitas ao comércio de Havana e todas as suas consequências.

São Domingos não tinha nem a quarta parte da proteção e das vantagens que tem o Brasil. O negro Cristóvão e o mulato Petión não ameaçavam Cuba com cinquenta mil homens de guerra de tão temíveis qualidades. A monarquia desfrutava das minas do México e em vez de necessitar dos auxílios de Havana, regava ali todos os anos, para a construção de navios, compra de tabaco e pagamentos diversos, mais de dois milhões de pesos. Então, não havia más tentações nem tentadores, entretanto, um governo sábio que, sem outro impulso que o das representações que lhe fiz como Procurador de Havana, sem outro estímulo que o do seu interesse bem entendido, fez de Havana a exceção que devia; esqueceu para com ela todas as antigas regras, liberou os frutos novos de dízimos e devolveu todo tipo de direitos aos nacionais que fossem ao estrangeiro. Também lhes permite que sem vir à Península, levem por direito os frutos menores, e para fomentar a extração de açúcar e café concede, enfim, que os mesmos estrangeiros entrem naquele porto com negros, máquinas, tábuas, tonéis e outros artigos de menor importância que reunidos chegam a valer e a extrair de nós, em um ano, mais de três milhões de pesos.

Em meu papel de Axiomas, indiquei a Vossa Excelência os resultados portentosos deste sistema benéfico e agora apresento a Vossa Excelência seus interessantes detalhes no documento que acompanha, de número 4. Nele verá Vossa Excelência que, apesar das cruéis alternativas que na mesma época sentiram todos os comércios do mundo e apesar, também, das nossas tarifas, que só parecem calculadas para fomentar o contrabando, os privilégios concedidos ao comércio de Havana e sua posterior liberdade fizeram o milagre de que no lugar de duzentas e sessenta e quatro, fossem mil cento e quatorze as naves mercantes que anualmente atracam naquele porto; que as rendas Reais quadruplicaram, no mínimo, a sua renda, e que os comerciantes metropolitanos que tanto gritaram contra a admissão de neutrais em Havana durante a guerra de 1796, encontraram na paz de Amiens, que, no lugar das duzentas e sessenta e quatro naves que antes podiam utilizar naquele tráfico, fossem cinco as que necessitaram, e que hoje mesmo desfrutam desta vantagem no meio da atual pobreza e dos atuais estorvos da nossa navegação e da concorrência ilimitada de estrangeiros.

E, para dar a este ponto toda a luz que merece, acompanho também com um documento de número 5 outro estado que demonstra o que valiam os valores que o comércio nacional introduziu em Havana antes da admissão de neutrais e na época posterior da paz de Amiens. Note Vossa Excelência que em ano comum, excluídos os registros de Canárias, não passavam de oitenta e cinco os que iam da Península, e o valor, não dos lucros, mas sim do capital de todos eles, não alcançou o aumento que, mesmo com nossas tarifas, teve o Erário de 1796 para cá. Que golpe de luz tão irresistível! Que campo para refletir! Mas é preciso respeitar a ocupada atenção de Vossa Excelência e seguir como um relâmpago.

Ainda sem estes resultados, que só impõem silêncio ao interesse mal-entendido ou a sua constante mania de amontoar vozes e fatos indigestos contra os invariáveis princípios da boa economia, disse e outras mil vezes direi com igual confiança que a situação crítica da Ilha de Cuba e sua interessante conservação pede – em detrimento de toda outra consideração – a mais ampla e preferente proteção do governo. Mas, para que me empenho em repetir tantas vezes o que Sua Majestade mesmo disse, o que Sua Majestade declarou na Real Ordem que em forma de cópia acompanho com o número 6?

A justificativa do rei e seu paternal desvelo pelo bem de seus vassalos, sem impulso alheio, manifesta ao seu Conselho esse iminente risco e seus ardentes desejos de recorrer a tanta urgência. E contra tão expresso mandato há ainda quem se manifeste? Sim, Senhor Excelentíssimo. Dizem uns que a parte Oriental, e não a Ocidental, é a que corre esse risco de que Sua Majestade fala. Pois, há algum muro ou fosso inexpugnável que as separa? Há, na parte Ocidental, o que se necessita para resistir a Enrique e a Petión? Não são comuns a toda a Ilha esses e demais perigos que apresentamos antes? O ponto e porto ocidental de Havana não é o que mais interessa à Monarquia Espanhola naquela preciosa Ilha? Acaso são menores seus riscos porque possuem atualmente a maior riqueza ou a maior quantidade de frutos? Não é esse, precisamente, o que mais deve assustar-nos e mais nos afasta da possibilidade de manter as nossas antigas regras?

Outros replicam que não é a mesma coisa conhecer o risco e conhecer os riscos de evitá-lo; que se deve esperar a este respeito a consulta pedida ao Conselho, ainda mais quando passam por cima de reclamações de Corpos tão respeitáveis como os Consulados peninsulares e a atenção devida às leis existentes... A pluma cai de minhas mãos quando vejo que esses respeitos, tão dignos de minha consideração, podem deter a ação do governo no momento em que vê sobre si o fogo que nos devorará e a água com que pode apagá-lo; no momento em que vê que Cuba perecerá e perecerá rapidamente, se rapidamente não obtiver – em tudo quanto for possível – as vantagens do Brasil.

Além disso, este Conselho, com unanimidade de votos e em sessão pleníssima, disse a Sua Majestade, por duas vezes, que agora não convém privar Havana do livre-comércio de estrangeiros (consultas sobre negros e proclama) e que, no caso de haver dado ordens para proibi-lo, elas não seriam válidas. O demais segue seu passo e a esse passo não podem ir os auxílios que pede Cuba.

E que valor pode ter os gritos do interesse contra os gritos da justiça? E sem ir tão longe, que estima merecem os gritos do interesse cego contra o poderoso clamor do interesse do Estado? Que bem produziu em trezentos anos o ditoso monopólio? Nossa *Gazeta* publica que – desde que Lisboa não o exerce sobre o Brasil – floresce mais seu comércio. O da Grã-Bretanha com os anglo-americanos teve pela mesma razão um assombroso incremento. Nós mesmos, em Havana, em meio a tantos infortúnios, reveses e estorvos, vemos um grande aumento na navegação e nos capitais nacionais. E ainda...

Que querem os Consulados? Que Havana volte ao ano 1790? E como se fará este milagre estando tão diminuídos, tão entorpecidos os seus recursos e tão aumentadas as necessidades e os perigos de Cuba? Então, quando tinha aquela Ilha a metade do que hoje tem de extrair, não consentiam que os estrangeiros tirassem dali – em troca de negros, utensílios etc. – um terço da colheita ou talvez uma metade? E hoje, que falta esse grande escoadouro em razão do impedimento do comércio de negros, fala-se em voltar a 1790? Isto é possível? Suponhamos que o fosse e que em favor dessas quiméricas vantagens do monopólio deveriam ser queimados os frutos de Cuba. Mas, poderia o Erário fechar os olhos e não ver que perderia mais do que valem, não os lucros, mas sim os capitais que nosso comércio utilizava no tráfico de Cuba? Poder-se-ia querer que voltasse a navegação de Cuba a 1790 e que se debilitasse o baluarte das nossas Américas e fosse presa fácil de tantos invejosos?

Consumo-me quando me vejo forçado a insistir nessas verdades. Mas aflijo-me mais do que quando tocava nos riscos que por tantos e tão diversos caminhos ameaçavam o país onde nasci e considerava que estava a mil léguas o seu urgentíssimo remédio.

Minha situação hoje é outra. O céu e a ilustração de Vossa Excelência facilitaram-me a audiência direta com o venerado Pai de todos os espanhóis e, cheio de consolo, depois de haver posto em sua justa consideração e na de seu primeiro Conselheiro as razões que levam Cuba, não por privilégio, mas sim por rigorosa justiça e utilidade do Estado, a precisar das vantagens concedidas ao Brasil, cumprirei com gosto o oferecimento com que termino o papel de minhas verdades.

Já disse que aquele oferecimento reduziu-se somente a apresentar os meios de tirar do livre-comércio de Cuba, *estabelecido como corresponde*, o que fosse necessário para facilitar um empréstimo de vinte milhões de duros. E supondo agora o que em um papel separado demonstrarei depois, isto é, que para semelhante objeto basta a soma anual de vinte e quatro ou vinte e oito milhões de moedas de cobre, direi onde pode encontrar-se ou proporcionar-se essa soma.

Quando os Condes de Ricla e O'Reilly estabeleceram-se em Havana para promover o fomento e a fortificação daquele interessante ponto, calcularam de maneira escrupulosa os seus gastos, fixados em um milhão, duzentos e cinquenta mil duros. As rendas Reais da Ilha não passavam, então, de trezentos mil duros e foi disposto que viesse do México tudo o que custassem as novas fortificações projetadas, o cômputo anual de setecentos mil pesos para gastos com a guarnição e o de cento e cinquenta mil pesos para reparos de fortificação, além do que necessitassem a Marinha e a Colônia. A guarnição tem a mesma força e seus soldos são os mesmos, e só houve incremento nos empregados de Rendas; mas este e outros novos gastos que são indispensáveis não podem alcançar meio milhão de pesetas e sempre teremos claro que, aproximando-se hoje de quatro milhões de pesos os rendimentos das contribuições de Cuba, deve haver uma sobra anual naquelas Caixas muito maior do que os citados vinte e quatro ou vinte e oito milhões de moedas de cobre.

Se Vossa Excelência duvida da exatidão deste raciocínio e da certeza infalível de que essa sobra utiliza-se, hoje, sem a devida ordem, digne-se dar uma olhada sobre o estado que apresento com o número 7, e nele, ou em suas notas encontrará, *primeiro*, que os gastos anuais naturais daquela possessão são, em ano comum, de dois trilhões, oitenta e cinco mil, trezentos e sessenta e quatro pesos; *segundo*, que entre esses gastos, os dos militares e empregados só chegam a oitocentos e trinta e cinco mil, cento e sessenta e um pesos; e *terceiro*, que o resto dos gastos aumenta muitíssimo mais (um milhão, duzentos e cinquenta mil, duzentos e três pesos) e isto em duas partidas (uma de dez milhões, setenta e cinco mil, oitocentos e noventa e cinco pesos, e outra de nove milhões, setecentos e cinquenta e dois mil, setecentos e noventa e nove em haver), que por si só expressam as reformas que merecem. Estas três observações demonstram, a meu ver, que se examinarmos bem a matéria, não é mito o que haveria de acrescentar-se ao cálculo que fizeram os Condes de Ricla e O'Reilly para os gastos de Cuba; mas sem avançar tanto, parece-me que é preciso que Vossa Excelência conheça que, nos atuais rendimentos daquele Erário, existe, ao menos, a sobra que buscamos em nosso auxílio.

Bem sei que sobre aquelas rendas caíram as necessidades da Marinha, a Fábrica de Tabacos, as duas Floridas, os navios de guerra que por ali passam e ainda das expedições de Terra Firme; mas sei também que nisso não há ordem, e me encho, não direi de escândalo, mas, de confusão, quando ao mesmo tempo em que ouço dizer que os marinheiros de Havana não são pagos, recordo que me escreveu o Tesoureiro-Geral daquelas Caixas que, no ano anterior (1815), foram entregues àquela Marinha entre seiscentos mil e setecentos mil duros; e que não vinha mais do México, nos tempos felizes em que se construíam navios. Se tudo fosse proporcionado ao nosso inventário e recursos, creio firmemente que com a entrada que houve nas Caixas Reais de Havana, ter-se-ia atendido a tudo o que se deveria atender e quando não houvesse a sobra que se busca para o imediato socorro da Mãe Pátria, ter-se-ia visto com mais clareza o interesse do Estado em aumentar e não secar essa fonte de socorros tão urgentes atualmente.

Deixo indicado o primeiro e mais natural auxílio que poderia tirar-se da Ilha de Cuba no que se refere as atuais angústias de sua Mãe Pátria; mas não creia Vossa Excelência que meditava sobre isso quando fiz o oferecimento com que concluía meu papel. Sem perder de vista o fácil e urgente arranjo que pede tamanha desordem, concebi então e apresento agora a Vossa Excelência no papel de número 8 um novo recurso para as rendas e amortização dos vinte milhões de duros, dizendo outra vez que, apesar deste novo gravame, em vez de minguar, aumentarão os atuais rendimentos da Ilha de Cuba, *se seu livre-comércio for estabelecido como corresponde.*

A prosperidade que procuramos depende, necessariamente, das produções daquela Ilha, e elas, em vez de crescerem, minguarão ou desaparecerão se não gozarem, *primeiro*, da mesma livre extração que as do Brasil; *segundo*, se esta extração não for protegida com tarifas racionais; *terceiro*, se não se procurar ordenar e diminuir os gravames ou cargas públicas, estabelecendo-as, administrando-as e aplicando-as com discernimento; *quarto*, se não se facilitarem os braços que faltam e que são indispensáveis; *quinto* e último – ainda que tão urgente quanto o primeiro –, se não se tomarem medidas para a futura segurança daquela Ilha e sua união duradoura com a Mãe Pátria.

SEGURANÇA FUTURA E TRANQUILIDADE DA ILHA

Desculpadas ou desculpáveis seriam as medidas propostas se simultaneamente não se tomarem outras que evitem uma catástrofe, mesmo quando não da mesma intensidade, mas muito semelhante ao fim que teve a de São Domingos. Os negros de Cuba estão por mil razões em situação diferente daquela em que estiveram os de São Domingos e têm o poderoso freio da maioria dos brancos, mas nos povoados procriam mais do que eles e desde hoje podem contar com o poderoso apoio de seu vizinho Enrique. Não o dissimulemos. O perigo é iminente e muito grande, e o mais importante é que sobre ele repousam as nações europeias, deixando consolidar uns estabelecimentos muito mais temíveis que os mouros do Mediterrâneo.

Contribuirá eficazmente para a salvação de Cuba o rápido aumento no número e poder dos brancos; mas eu não me tranquilizo só com esta medida, porque já disse que os negros procriam muito nos povoados e sempre tenho em mente sua propagação nas férteis moradas de Enrique e Petión. As três grandes Antilhas – ou seja, Cuba, São Domingos e Jamaica – quase se tocam. A raça negra pode ser considerada unida nestas duas últimas e está muito próxima de um milhão de almas, mesmo nestas circunstâncias. Cuba não pode ter completa segurança a não ser *branqueando* seus negros. Não nos confundamos, repito. Não há momento a perder. Tomemos já os caminhos que hoje nos recomenda a política e que antes nos indicou a justiça.

A legislação europeia, ainda que agora mesmo se mostre tão humana com essa desgraçada raça, conserva no essencial o seu primitivo rigor. Publica que foi crueldade arrancá-la de seu solo e conduzi-la à força para a espantosa escravidão e trabalha com afinco para que não se façam mais vítimas. Mas o que fez ou tentou a favor das vítimas que tem? Afrouxou, acaso, as terríveis correntes da escravidão que a maioria arrasta? Olha com melhores olhos os poucos que conseguem sair desse cativeiro? Moderou, por ventura, a cruel e eterna ignomínia que, ainda em liberdade, acompanha esse sangue inocente? A Espanha pode orgulhar-se de ser e sempre ter sido a mais piedosa e humana com os escravos negros; mas também mantém em perpétuo vilipêndio o libertado e seus descendentes.

Este constante motivo de separação e ódio foi sempre oposto às primeiras regras da justiça e da política; mas nos dias de hoje é um delírio querer defender este apoio do poderio de Cristóvão. Conheço a força das preocupações e as dificuldades e riscos que tem querê-las destruir ou atacar de repente, e vejo, com pesar, que não havendo, como não há, tempo a perder na cura do mal, é necessário muito tato para arrancar as suas raízes;

mas quero, pelo menos, que por sábios artífices se trace, num instante, o plano que deve seguir para *branquear nossos negros*, ou seja, para identificar na América os descendentes da África com os descendentes da Europa. Quero que, no tempo necessário em que, com prudência, se pense em destruir a escravidão – para o qual não são poucas as tarefas – se trate sobre o que não se pensou, ou seja, apagar a sua memória.

A própria Natureza indica-nos o caminho mais fácil e seguro a seguir. Ela nos mostra que a cor negra cede à cor branca e que desaparece se a mistura de ambas as raças for repetida; também observamos a inclinação decidida que os frutos dessas mesclas têm em direção à gente branca.

Ampliemos, pois, tão venturosos caminhos. Protejamos essas mesclas em vez de impedi-las e habilitemos seus frutos para o completo gozo dos direitos civis. Esta medida vale mais, no meu entender, que todas as que possam ser tomadas para a presente e futura segurança de Cuba, porque de imediato diminui o número dos nossos inimigos domésticos unindo-nos aos mulatos e, a longo prazo, *branqueará* todos os nossos negros.

Não creio que agora deva estender-me mais sobre este importantíssimo ponto e me parece que ocupei demasiado a atenção de Vossa Excelência; mas não posso concluir sem atacar de novo o maior inimigo de todas as minhas ideias e pretensões, quero dizer, o temor de que Cuba adquira forças que a inclinem a separar-se de sua Metrópole e do domínio de seu dono. Em nenhuma parte da América é mais remoto esse temor ou em nenhuma é mais fácil precavê-lo. Mas, ainda que assim não fosse, cabe na razão ou na política que esse vago e longínquo perigo impeça as medidas que, com o apoio do interesse e da justiça nacional, pede a situação crítica de Cuba? Pode preservar a insurreição o mesmo descontentamento ou desespero que a produz? E este descontentamento ou desespero não abre as portas de Cuba para alguma nação invejosa?

Disse que, em nenhuma parte das Américas é mais remoto, agora, o temor de insurreição, e se dissesse impossível, diria uma verdade que não se fundamenta na bondade de caráter dos habitantes daquela Ilha, porque são homens como os demais e sujeitos, todos, aos mesmos extravios. Mas não vejo em nenhuma outra parte das nossas Américas o equilíbrio que ali existe entre europeus e naturais, entre brancos e negros, entre livres e escravos; e se aumentar os brancos pelo temor a Cristóvão, pela mediação da Metrópole e por sua contínua e recíproca comunicação será, por si mesmo, um poderoso obstáculo para a alteração da ordem estabelecida. Quando Havana era pobre, não havia havaneses na Espanha. Agora temo-nos em todas as carreiras, contando-se talvez aos milhares os que aqui passam a sua vida, e esses reféns podem chegar a ser tudo o que necessitamos se nosso amado soberano conceder, como corresponde, o livre-comércio a Cuba, e seguir o útil plano de atrair com benefícios àqueles filhos da Espanha, fazendo que Cuba seja em todos os sentidos uma de suas províncias. Este é o meu desejo, menos com vistas ao bem momentâneo e mais para levar ao sepulcro o doce consolo de que meus paisanos se conservarão no tempo como fiéis vassalos de Sua Majestade Católica, como sempre foi e como sempre será.

Francisco de Arango y Parreño.
Madri, 25 de agosto de 1816.

Documento nº 3

ESCRAVIDÃO E SOCIEDADE

NOTAS E DOCUMENTOS PARA A HISTÓRIA DA ESCRAVIDÃO NEGRA EM CUBA

EDUARDO TORRES-CUEVAS
EUSEBIO REYES

Observações sobre a sorte dos negros da África considerados em sua própria pátria e levados para as Antilhas espanholas, publicadas por Dom Juan Bernardo O'Gavan

Na sessão das Cortes do dia 23 de março passado, foi feita uma proposição para o estabelecimento de leis penais, capazes de destruir absolutamente o tráfico de negros; lembra o famoso tratado celebrado entre a nossa Corte e a Inglaterra em 1817 e pinta-se com as cores mais odiosas a remoção dos africanos para as nossas Antilhas. Para propor o que for mais conveniente sobre a matéria, nomeou-se uma comissão de indivíduos, sem dúvida do maior mérito; mas por desgraça nenhum deles é habitante das ilhas espanholas no Ultramar, nem se presume que estejam informados a fundo sobre o que convém à prosperidade daqueles países e sobre a legislação especial que assegure os seus interesses.

Não é meu objetivo fazer apologia da escravidão, nem interpretar com mal sentido a moção do senhor deputado envolta em tanto calor filantrópico e que, acaso, incitará na ilha de Cuba outra convulsão sanguinária, semelhante a que produziu, em 1812, uma arenga da mesma natureza pronunciada nas Cortes extraordinárias, mas sim, apresentar ao público e à consideração do Congresso algumas observações gerais e documentos que podem ilustrar a matéria, e assegurar o acerto na determinação soberana.

O amor ao país em que nasci e ao que devo a confiança de encarregar-me por duas vezes de representar seus direitos e defendê-lo no augusto Congresso espanhol, colocam-me na necessidade de não guardar silêncio nesta ocasião em que vejo altamente comprometida e ameaçada a sua tranquilidade e existência.

Apresento à luz pública um capítulo das instruções da deputação provincial de Havana e a representação que uma das corporações mais respeitáveis daquela capital e mais interessada na prosperidade da ilha de Cuba dirigiu ao rei; porque esses documentos são muito importantes para esclarecer e decidir a questão e para revelar as verdadeiras ideias e os planos políticos cobertos com o título elogioso de HUMANIDADE E FILANTROPIA. Mas, antes, será oportuno apresentar algumas reflexões gerais tiradas em grande parte de um filósofo que examinou de perto a situação e os costumes dos africanos em seu país natal e também ao serem transportados e estabelecidos nas colônias da Zona Tórrida, avaliando o grave negócio da transplantação de negros por experiência própria e com sinceridade; não com exageradas declarações inglesas nem com teorias vãs e quiméricas, que na maioria das vezes conduz ao precipício.

Não sou, ele diz, defensor da escravidão, mas sim do trabalhador, sem o qual não há produção, nem população, nem força, nem riqueza, nem poder, nem nenhum meio de aperfeiçoar a inteligência dos homens para impedi-los de cair na barbárie, no embrutecimento, em todas as desordens, em todas as misérias. O trabalho está determinado pelo próprio Deus. Só sob esta condição podem aperfeiçoar a sua inteligência e gozar de todos os seus benefícios.

Nos climas frios, o homem é escravo de suas necessidades: a natureza o cerca por todos os lados e zela sem interrupção para obrigá-lo ao trabalho. Nos climas quentes, o legislador é chamado a desempenhar as augustas funções da natureza. As leis civis, a religião, todas as instituições devem, como ela, estimular o homem em todos os instantes de sua vida e compeli-lo ao trabalho: sem este, não haverá nenhuma organização social, nenhum meio de aperfeiçoar a espécie humana.

Para apoiar tais verdades, interpelou as nações, os anais dos tempos mais remotos e os mais modernos, a história de todos os povos situados entre os trópicos e doze graus além. Neles não se encontra nenhuma organização pública, nenhum poder sem o TRABALHO, ao qual é preciso obrigar e compelir o maior número de homens. O que aconteceu em todos os tempos tem, seguramente, uma relação imediata com a natureza das coisas e é impossível desviar-se desta senda sem cometer erros tão funestos como os que arruinaram as colônias francesas.

Esta coação que se faz obrigando os homens ao trabalho é uma desgraça, sem dúvida, mas menor e menos funesta que a desordem, a miséria, a estupidez e todos os açoites que desolam e destroem os povos ociosos, como os do centro da África. Ali certamente o cuidado do legislador torna-se penoso e complicado. A natureza, longe de ajudá-lo, parece negar-lhe toda a assistência. Uma atmosfera abrasadora e um calor constante debilitam o corpo, produzem certa torpeza em todos os membros e desviam do trabalho. O desenvolvimento de todas as forças físicas e morais é detido sem cessar por certa ação secreta que aquieta toda a energia e submerge o homem em uma espécie de estupidez, reduzindo-o, quase, ao estado dos brutos: e se lhe permite algumas pequenas combinações que o fazem superior aos outros animais, priva-o, entretanto, das impressões profundas e do exercício contínuo do espírito e da razão.

Ali o negro teria costumes suaves se estivesse sujeito às leis; mas no estado selvagem, a desordem das paixões e a impetuosidade de seus movimentos o conduzem à atrocidade: o amor, os ciúmes, a superstição, um ressentimento, um ódio implacável são as paixões que o precipitam em excessos de todo tipo: *in ignes furiasque ruunt*.

Considere-se que ali se encontram em abundância os dons de uma terra fértil e não se necessitam muitas aptidões físicas, e será fácil conceber que nesse país o homem é muito estúpido, excessivamente preguiçoso, dista muito de toda civilização e deve estar na classe dos seres mais desgraçados da terra, como, com efeito, está. Sua história só apresenta crueldades, desordem, barbárie, crimes, miséria, devastação, sem compensação de nenhum tipo. Jamais existiu um governo mais tirânico que o desses selvagens, nem se violou de maneira mais atroz os direitos do homem do que nessa parte do mundo. Ali são infinitos os reizetes déspotas que desde tempos imemoriais dedicam-se a uma guerra sangrenta e interminável. Apenas vinte anos atrás, Ahomet, rei de Juida, exterminou a raça dos Aradas. Ali existiu em todos os tempos a escravidão mais absurda. Antes do comércio dos europeus, contra o qual tanto se declama com tão pouco conhecimento, todos os prisioneiros eram inevitavelmente degolados pelo vencedor.

Quando um tirano de Benin ou Juida está perto de morrer, manda que todas as suas mulheres, seus favoritos, com quarenta, cinquenta e muitas vezes cem dos seus escravos, sejam enterrados com ele para servi-lo no outro mundo; e essa horrível cerimônia se renova todos os anos para contentamento dos deuses.

O príncipe exerce ali o direito de vida e morte sobre os seus súditos e a menor suspeita basta para confiscar todos os bens e toda a família do réu. Se uma das mulheres do rei, uma princesa ou mesmo algum dos seus amantes sai para passear, é preciso que, ao escutar o grito dos guardas que os precedem, todos os homens e mulheres dobrem-se ou prostrem-se, colocando o rosto na terra para não vê-los, sob pena de morte.

Todos acreditam na transmigração das almas. Supersticiosos ao extremo, cometem crimes que consideram agradáveis aos céus. Quando morrem aceitam renascer escravos: o temor da morte os amedronta menos que o temor ao trabalho que, com efeito, é muito penoso e difícil de obter nesses lugares ardentes.

Os mais miseráveis dos marinheiros europeus ali são vistos e tratados como os príncipes do país, apenas por ser brancos; e, entretanto, nenhum deles jamais resolveu estabelecer-se entre os africanos. Tão miserável é a sorte desses selvagens em sua própria pátria!

Indicaremos agora as imensas vantagens da transplantação dos negros para as nossas Antilhas e qualquer um que seja imparcial, livrando-se de preocupações, julgará sem dúvida a favor da sorte que desfrutavam sob nosso regime e direção.

É bem difícil conduzir este povo selvagem para a civilização. Seriam necessárias leis muito extraordinárias para tamanha empresa e é possível assegurar que nenhuma produziria efeito em seu país natal. Os que tentaram instituir estabelecimentos de cultura colonial na África não conseguiram nem jamais conseguirão alcançar o objetivo de suas risonhas teorias. A experiência justifica essa assertiva. Ela nos ensina que se certos povos de países quentes podem ser civilizados forçando-os ao trabalho, este meio só não bastaria para os que se encontram situados nos trópicos, principalmente no centro da África; esses homens não podem tornar-se laboriosos e participar da ordem social, a não ser levando-os para um clima mais moderado.

Os negros africanos são os mais indolentes e preguiçosos entre todos os homens conhecidos, mas tornam-se capazes ao trabalho nas fazendas das Antilhas, e seus filhos *crioulos* são verdadeiramente robustos: sua força física e moral aumentam à medida que se afastam de sua origem e habituam-se ao trabalho desde a infância. A diferença entre o negro crioulo e o africano é muito palpável e, com certeza, até em sua fisionomia e em suas formas exteriores existe pouca semelhança.

Pela humanidade BEM ENTENDIDA e para melhorar a sorte desses selvagens devem os sábios legisladores não somente compeli-los ao trabalho, mas facilitar e proteger a sua remoção a um clima mais moderado como o das nossas Antilhas. Ali o calor é muito mais suave, porque o vento do leste e a brisa quase constante, passando por mais de mil léguas sobre as águas do mar, fazem a temperatura das nossas ilhas benignas e mesmo deliciosas.

Semelhante transformação da espécie humana pela mera transferência a um clima mais suave onde possa adquirir um grau próximo da perfeição é fato constante que merece toda a atenção dos filósofos e dos legisladores, muito mais do que as quiméricas arengas de homens fascinados por doutrinas sedutoras ou empenhados em arruinar ricas províncias do Ultramar ao apresentar aos olhos dos incautos a adoção, por parte delas, dos negros africanos, como horrorosa e desumana. A todas essas pomposas declarações, tiradas de obras inglesas, podemos responder com *latet anguis in herba*.

Não foi nem certamente uma má combinação, nem uma desgraça para o negro, tirá-lo dos horrores da África para transformá-lo no lavrador das nossas ilhas. A sua situação em seu país natal era absolutamente deplorável e entre nós goza de certo grau de civilização e de uma sorte preferível à do povo pobre da Europa e dos demais lavradores e obreiros. A condição destes homens, que se consideram livres, é muito mais desgraçada, pois estão submetidos à escravidão de suas NECESSIDADES que é muito mais dura porque não os abandona jamais. Ela os rodeia e os inquieta de dia e de noite e em todos os instantes de sua vida. Estão sitiados pela força ativa da natureza, que trabalha sem cessar. Entretanto, se lhes dizemos que são LIVRES, acreditam, porque seus semelhantes não têm o direito de CONDUZI-LOS AO TRABALHO; mas as necessidades, exigentes por todo lado, ensinam a este pobre lavrador e a este artesão ou obreiro que não pode descansar, e que é forçoso obedecer ao seu impulso e satisfazê-las, como um senhor absoluto e inexorável.

E de que serve esta liberdade quando não lhe proporciona os meios de subsistir? Qual é, então, a sensação de ver-se vivamente afetado? A dor da NECESSIDADE NÃO SATISFEITA. Se examinarmos com atenção, a liberdade que a sociedade lhe concede pode ser chamada de A FACULDADE DE MORRER DE FOME, que não é a mais própria para consolá-la. Entretanto, esse homem que se diz LIVRE experimenta o jugo mais imperioso, pois a necessidade lhe submete à vontade de outro homem, de quem suplica socorros e de quem recebe com resignação o desprezo ou vitupérios, que são os companheiros habituais da miséria.

Se compararmos estas duas classes de homens destinados pela ordem social a suportar todo o peso dos trabalhos penosos, vejo o negro em sua infância como a criança branca da aldeia, no meio de sua família, sujeita à autoridade paterna, entretanto mais bem cuidado e melhor alimentado que o pobre lavrador: em sua juventude torna-se forte e laborioso, começa a experimentar os prazeres do amor, e seu amo não tem nenhum interesse em contrariar as suas inclinações, antes favorece um enlace legítimo. Cedo goza das vantagens da propriedade: ajudam-no a formar a sua casa ou seu BOHIO; é-lhe dada uma porção de terra que cultiva para si e que eles chamam de CONUCO; criam animais e aves de várias espécies e também cavalos, cerdos, galinhas, etc. De tudo pode dispor ao seu arbítrio com a mesma liberdade que qualquer outro proprietário. Jamais foi visto entre nós que um amo obrigue seu servo a que lhe dê ou lhe venda por menos do valor justo o produto de seu trabalho ou de sua atividade. Nisto vão em harmonia e perfeitamente conciliados o interesse do senhor e as regras da justiça.

O negro vive no meio de sua família, com sua mulher e seus filhos e na sua casa e no seu campo. Tem a liberdade da pesca e da caça e, quando é laborioso e dotado de algum talento, desfruta de comodidades e ainda de certo grau de luxo. Em suas enfermidades é assistido com esmero; em sua velhice, longe de inquietar-se com sua própria subsistência e a de sua família, vê-se cuidado com generosidade. Quando adquire a quantia necessária para comprar a sua liberdade, torna-se um homem livre e dispõe de todas as faculdades. Nossas leis especiais favorecem altamente o bom trato e a liberdade dos negros, abrindo-lhes todos os caminhos oportunos. Enfim, estes homens, que na África seriam feras indomáveis, conhecem entre nós e praticam as máximas da religião de paz, amor, doçura e tornam-se membros da grande sociedade evangélica. É digno de nota que nenhum dos nossos libertos jamais tentou voltar para as selvas em que nasceram, para esse país que os anglomaníacos representam como habitado por homens livres e felizes.

Que os inimigos de tão benéfica transformação dos negros voltem os olhos para as choças dos pobres aldeães e para a sorte dos jornaleiros e lavradores da Europa. Qual é a sorte dos que se veem reduzidos a pequenas propriedades, quando a pedra ou as geadas destroem as suas colheitas; quando um incêndio devora seus campos e suas casas; quando uma epidemia faz adoecer seu gado; quando suas mulheres e seus filhos são atormentados pela fome; quando angustiados pelo peso dos impostos, perseguidos pelos exatores, vendem seus móveis, seus utensílios e suas bestas e acabam abandonando a sua casa e até o seu povoado?

E qual é a sorte dos que carecem de toda a propriedade, que só contam com seus braços para subsistir e que, tendo nascido sem talentos e sem habilidades, veem-se submersos na última classe do povo? Será possível calcular exatamente toda a amargura de sua penosa situação? Não se encontram na dependência absoluta do rico para conseguir uma subsistência mínima? Não se veem muitas vezes forçados a violar as propriedades alheias com punhal na mão e a cometer outros crimes que os conduzem ao patíbulo, porque não encontram outro meio de aplacar a fome e satisfazer às necessidades mais urgentes? E o TRABALHO, que é o ato de servidão que exigimos do negro em nossas ilhas, não é o único recurso que invoca o lavrador e o artesão europeu? Cada um desses miseráveis está à disposição do rico e é seu verdadeiro escravo doze horas por dia em troca de uma peseta ou talvez menos. Esta pequena soma só serve para a manutenção frugal do trabalhador e de sua família, talvez numerosa e, entretanto, é preciso descontar os dias de inação e de doença. E o que reserva para o triste período de uma velhice humilhante? O lastimoso recurso da mendicância.

Este quadro comparativo e muito exato é o que os nossos legisladores devem ter em mente e examinar sem preconceitos ao considerar o tratado celebrado entre nós e os ingleses em 1817: este tratado arrancado à custa da nossa debilidade devido às circunstâncias da época faz-nos estar em pior condição que os portugueses, e levanta entre nós um tribunal estrangeiro para que nos fiscalize, nos INQUISICIONE e nos condene dentro do nosso próprio território, apesar de ser declarado LIVRE E INDEPENDENTE.

Deste grave negócio depende essencialmente a felicidade e a existência da ilha de Cuba. Sem os braços africanos que necessita para o cultivo de seus imensos terrenos, será um vasto deserto dentro de poucos anos e se cumprirão os votos dos inimigos eternos de nossa prosperidade agrícola e comercial e de nossa navegação. Será oportuno para a ilustração do Congresso que se peça à Secretaria da Governação de Ultramar as estatísticas que entreguei ao senhor Ministro, onde consta o número de negros que existem nas Antilhas e nas possessões inglesas, tanto nas espanholas como nas de outras potências, e qual é a respectiva proporção entre brancos e negros de cada colônia. Desses dados deduz-se o verdadeiro espírito dos estrangeiros e de seus adeptos, ao pretender executar um tratado vergonhoso e depreciativo para uma nação que proclamou gloriosamente a sua independência, e que querem afogar em sua origem um dos mananciais mais fecundos de sua riqueza ultramarinha.

É forçoso recordar que a ilha de Cuba sempre permaneceu fiel à Mãe Pátria, mesmo nas circunstâncias mais críticas e difíceis, auxiliando-a com generosidade em todas as suas calamidades e aflições. Seus interesses estiveram e estão intimamente ligados aos da Península, e seria doloroso que leis pouco meditadas e que dessem um golpe mortal na sua prosperidade a fizessem ceder ao movimento comum que hoje agita o continente americano e que adota medidas pouco favoráveis ao sistema de união com as províncias europeias. Os povos daqui e de lá conhecem muito bem o que mais lhes importa para a sua conservação e felicidade, que são os objetos supremos de toda a ação política, aos quais estão subordinadas todas às demais considerações. Não devemos perder de vista que muito próximo daquela bela ilha, a maior que se conhece no mapa da terra, o antemuro do novo mundo, a admiração e a inveja de todas as nações, existe um governo sábio, liberal em princípios e prática, poderoso e ativo, que procura estender sobre ela uma mão benéfica e atraí-la por todos os meios para o seu sistema de liberdade e engrandecimento, dando-lhe recursos abundantes para a sua agricultura e seu comércio, e a Espanha não pode cedê-la jamais. Já foi dito há muito tempo: "Se a arbitrariedade ou a imprudência dos que mandam não têm limites, os têm a paciência dos povos".

Ao concluir estas indicações, nascidas do amor mais puro e mais ardente pelo país em que nasci, como parte da nação espanhola, repetirei as palavras de um político francês dos nossos dias lamentando a sorte da ilha de São Domingos. Tratando dos erros cometidos pelo governo revolucionário com as suas colônias, situadas na Zona Tórrida, que foram tão funestos para elas mesmas e para a metrópole, disse: "Estes erros propagam-se ainda mais facilmente e são ainda mais terríveis enquanto estes remotos e desgraçados lugares não forem bem conhecidos; a maior parte dos que devem ministrar-lhes as leis não somente não os conhecem, como não podem conhecê-los e encontram-se dominados por preconceitos inteiramente contrários ao que é essencial estabelecer para conservá-los e para precavê-los dos ERROS DA LEGISLAÇÃO, QUE SÃO O MAIS CRUEL AÇOITE DAS NAÇÕES".

Madri, 3 de abril de 1821 – Juan Bernardo O'Gavan.

Juan Bernardo O'Gavan: Observações sobre a sorte dos negros da África considerados em sua própria pátria e levados para as Antilhas espanholas e reclamação contra o tratado celebrado com os ingleses no ano de 1817.

Capítulo sétimo das instruções da Deputação Provincial de Havana. Tráfico de negros

Se os decretos do rei nos desgraçados seis anos de 1814 a 1820 devem ser examinados pelas Cortes, com mais razão devem ser vistos os tratados e, especialmente, o concluído com a Grã-Bretanha para a abolição total de negros na costa da África. Ao olhar-se este assunto sob qualquer aspecto, perceber-se-á que ele foi conduzido com precipitação e interesse mesquinho, que não se respeitaram direitos sagrados e que não se consideraram as reflexões ditadas pela política, pela justiça e pela verdadeira conveniência pública.

Se de parte da Grã-Bretanha só tiveram influência as considerações de uma generosa e popular filantropia, esta obraria igualmente e se destacaria em todos os tratados que sobre o mesmo assunto fez com outras nações. Como, então, exigiu igual abolição repentina e absoluta do rei de Portugal e do Brasil? Sendo bem sabido que este gabinete jamais resiste e nem pode resistir às sugestões da política britânica.

De todas as províncias do império espanhol, a mais interessada e prejudicada neste negócio é a ilha de Cuba. Nenhuma outra tinha feito o tráfico africano diretamente com navios e capitais próprios. Assim, os danos causados pelo repentino cessar ao norte do Equador são incalculáveis. A quantidade recebida para o seu ressarcimento é mínima e quase nula. E se não se conseguir algum tempo, o menor que se concede em todos os tratados para não causar efeitos retroativos, ficará a nação com uma carga enorme de obrigações e dívidas com os seus próprios súditos, para indenizá-los dos danos de uma medida tão frívola e superficial, assim como degradante e inábil, na maneira como foi executada e nos efeitos que está produzindo.

Não se trata da permanência do comércio de escravos. As luzes do século a isto resistem. Trata-se de sua abolição geral e total, mas prudente, bem entendida e conciliadora de todos os interesses públicos e particulares. Enquanto uma nação fizer este comércio, para a população africana é igual ou pior que se todas as nações o fizessem. Pior, dizemos, porque sendo única o fará, como o faz, com todos os vícios do monopólio. E o único resultado será que essa nação privilegiada cresça e engrandeça, como estão crescendo no Brasil os engenhos de açúcar e de café, com capitais e outras ajudas dos filantrópicos ingleses, com a ruína iminente da ilha de Cuba e demais possessões que cultivam iguais frutos e com desonra e vergonha de nossa nação, se seus representantes o veem e consentem.

O Consulado fez várias representações neste negócio que não foram respondidas e na forma de cópia acompanharão as suas instruções particulares. A elas se refere esta comissão, opinando que se deve solicitar ao Congresso, o mais rápido possível, a absoluta igualdade entre espanhóis e portugueses no referido tráfico: que como o rei de Portugal reservou-se a faculdade de aboli-lo em seus Estados quando e como for conveniente, assim também o fará o rei da Espanha com o acordo e a deliberação das Cortes: ou, pelo menos, que se conceda um tempo que não exceda nem diminua os anos para a abolição total, a fim de que possam ser ressarcidos os prejuízos causados, que se exonere o Erário nacional do seu peso e que se consiga que as fazendas desta ilha se abasteçam de braços e especialmente de FÊMEAS africanas para a conservação da espécie e das propriedades, como aconteceu com as ilhas inglesas a quem se concedeu um tempo de dez anos com iguais desígnios. E que não se diga que, se isto fosse concedido, haveria de devolver à Inglaterra suas quatrocentas mil libras esterlinas, porque estas deverão aplicar-se e não serão suficientes para os danos anteriores ao tratado, do qual existem muitas reclamações pendentes. Mas, se assim fosse, esta ilha poderia colocar tal soma à disposição do governo, fazendo este novo sacrifício para eximir-se do mal irreparável que ameaça a sua agricultura e o seu comércio.

IMPRESSÃO E ACABAMENTO:
YANGRAF Fone/Fax: 2095-7722
e-mail:santana@yangraf.com.br